U0541699

西北民族大学民族学优势学科建设项目资助

西北民族大学"新丝绸之路经济带"项目"'西—兰—乌'产业带与'丝绸之路'经济带产业协同发展研究"（项目编号：XSCZl201603）阶段性成果

甘肃省高等学校科研项目"'一带一路'背景下甘肃省产业园区转型升级研究"（项目编号：2017B-84）阶段性成果

西北区域经济发展研究

——基于"丝绸之路经济带"视角

陈永奎 孙阿凡 郭蕙兰 张春丽 著

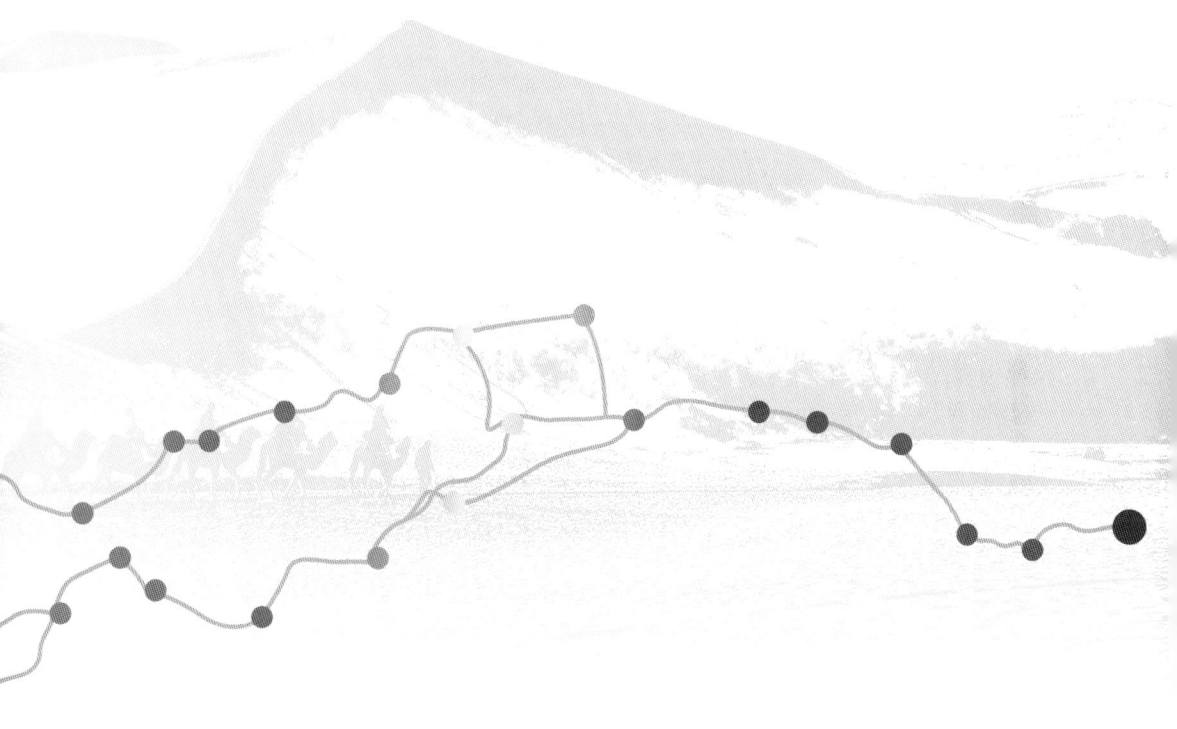

中国社会科学出版社

图书在版编目（CIP）数据

西北区域经济发展研究：基于"丝绸之路经济带"视角/陈永奎等著. —北京：中国社会科学出版社，2019.6
ISBN 978-7-5203-4563-7

Ⅰ.①西… Ⅱ.①陈… Ⅲ.①区域经济发展—研究—西北地区 Ⅳ.①F127.4

中国版本图书馆 CIP 数据核字（2019）第 110165 号

出 版 人	赵剑英	
责任编辑	刘晓红	
责任校对	周晓东	
责任印制	戴 宽	
出　　版	中国社会科学出版社	
社　　址	北京鼓楼西大街甲 158 号	
邮　　编	100720	
网　　址	http：//www.csspw.cn	
发 行 部	010-84083685	
门 市 部	010-84029450	
经　　销	新华书店及其他书店	
印刷装订	北京市十月印刷有限公司	
版　　次	2019 年 6 月第 1 版	
印　　次	2019 年 6 月第 1 次印刷	
开　　本	710×1000　1/16	
印　　张	15	
插　　页	2	
字　　数	231 千字	
定　　价	78.00 元	

凡购买中国社会科学出版社图书，如有质量问题请与本社营销中心联系调换
电话：010-84083683
版权所有　侵权必究

前　言

"丝绸之路经济带"是在古丝绸之路基础上形成的一个新的社会经济发展带，这个经济发展带东连发达的亚太经济圈，西至发达的欧洲经济圈，但沿线则是发展相对落后的区域。具体来说，主要包括东亚5国、中亚5国、西亚20国及辐射到的欧洲、东南亚、非洲10余国，共计40多个国家30多亿人口，横跨亚欧大陆，是当前世界上最长、发展潜力最大的一条经济带。从国内来看，主要包括西部9省区和东部5省，涉及的城市有海口、昆明、南宁、广州、福州、杭州、成都、重庆、连云港、南京、西安、乌鲁木齐等。根据"丝绸之路经济带"发展倡议，在坚持开放合作、和谐包容、市场运作和"互利互赢"的原则下，通过政策沟通、道路联通、贸易畅通、货币流通和民心相通，促进各国的平等参与、互利共赢的一个新型经济发展带。

"丝绸之路经济带"是促进沿线各国合作、发展的重要举措，也是促进我国西部边疆地区社会经济发展与社会稳定的重要途径，是新时期我国发展中的一项重大战略。西北地区作为"丝绸之路经济带"国内段的前沿，积极融入该战略，有利于促进地区经济社会的快速发展。发展过程中，西部地区应该按照国家发展规划，遵循区域发展规律，充分发挥自身优势，通过与周边国家和地区的经济交流，促进对外开放的发展。提高对外商品和服务贸易水平的同时，加强对外资本市场、技术市场等的发展，培育并形成西北地区经济增长极，进而促进全国经济空间结构的协调。西北地区产业结构优化需要在现有基础上积极利用自身优势，突出特色，互补互利，避免重复。总体上既要发挥新疆独特的区位优势和向西开放重要窗口的作用，深化与中亚、南亚、西亚等国家交流合作，形成丝绸之路经济带上重要的交通枢纽和商贸物流中心；同时要发挥陕、甘、宁、青的综合经济优势和民族人文优势，打造西安内陆型改革开放新高地，形成面向中亚、南亚、西亚国家的商贸物流枢纽、特色产业和人文交流基地。西北地区需要通过多种途径优化资源配置，从而提高区域经济竞争力，其核心是通过正确选择竞争战略，创造竞争优势，实现赶超；内容则包括产业、人力资源、经济综合实力、科学技术、对外开放、基础设施和企业竞争力等。生态环境建设是西北地区"丝绸之路经济带"建设过程中的一项重要内容，良好的生态环境是经济发展的基础，但是西北地区生态环境相对脆弱，这不仅不能为"丝绸之路经济带"的建设奠定环境基础，反而制约了其建设。因此，融入"丝绸之路经济带"建设过程中，西北地区要把生态环境建设作为一项重要任务予以推行，特别是西北地区与周边国家和地区有着共同的生态环境特征，这使环境建设可以成为沿线各国合作的内容。通过生态环境建设合作，不仅改变西北地区的生态环境，同时也改变周边国家和地区的生态环境，进而为"丝绸之路经济带"建设提供良好的环境基础。"丝绸之路经济带"建设过程中，西北地区还应扩大对外投资，从政府、企业等不同层面积极推进企业的"走出去"，这不仅有利于扩大企业经营面，提高企业在国际市场上的竞争力，也为我国经济的对外发展塑造有利形象。金融作为现代经济的核心，需要在"丝绸之路经济带"建设过程中加快发展，为整个战略的推行提供有效的资金保障。西北地区金融业发展相对滞后，这成为制约西北地区发展的重要因素，因此，抓住"丝绸之路经济带"建设的机遇，加快银行、保险、证券等行业的发展，可以为"丝绸之路经济带"建设提供良好的金融基础。总之，"丝绸之路经济带"建设为西北地区的发展提供了良好的机遇，西北地区要从自身实际出发，同时结合"丝绸之路经济带"建设的要求，促进各个方面的发展。本书在编写过程中，陈永奎进行了全书框架和内容的设计，并编写了第一章、孙阿凡编写了第二章和第三章、张春丽编写了第四章和第五章、郭蕙兰编写了第六章和第七章。

  本书只是对"丝绸之路经济带"背景下西北地区经济发展的一些思考，由于笔者的知识有限，错误和不足在所难免，恳请学界同人批评指正。

本书在写作过程中参考了大量的文献，对直接引用的文献尽可能一一列出，对参阅的文献同样一一列出，如有遗漏，实非故意，敬请原文献作者谅解。在此对所有引用文献和参阅文献的作者表示诚挚的谢意！

陈永奎

2018 年 11 月 22 日

目 录

第一章 "丝绸之路经济带"与西北地区经济发展 ……………… 1

 第一节 "丝绸之路经济带"概述 ………………………………… 1

 第二节 "丝绸之路经济带"下西北地区经济发展 …………… 29

第二章 "丝绸之路经济带"背景下西北地区产业结构优化 ……… 42

 第一节 产业结构概述 …………………………………………… 42

 第二节 西北地区产业结构分析 ………………………………… 44

 第三节 西北地区融入"丝绸之路经济带"的产业结构优化 …………………………………………… 62

第三章 "丝绸之路经济带"背景下西北地区经济竞争力 ……… 72

 第一节 区域竞争力概述 ………………………………………… 72

 第二节 西北地区经济竞争力分析 ……………………………… 75

 第三节 "丝绸之路经济带"背景下西北地区提升经济竞争力的途径 ………………………………… 89

第四章 "丝绸之路经济带"背景下西北地区生态环境建设 …… 97

 第一节 生态环境概述 …………………………………………… 97

 第二节 西北地区生态环境现状 ……………………………… 101

 第三节 "丝绸之路经济带"背景下西北地区生态环境建设途径 ………………………………………… 127

第五章 "丝绸之路经济带"背景下西北地区对外贸易 …… 132

第一节 对外贸易概述 …… 132

第二节 西北地区对外贸易发展现状 …… 138

第三节 "丝绸之路经济带"背景下西北地区对外贸易发展途径 …… 149

第六章 "丝绸之路经济带"背景下西北地区对外投资 …… 155

第一节 对外投资概述 …… 155

第二节 西北地区对外投资现状 …… 164

第三节 "丝绸之路经济带"背景下西北地区对外投资对策 …… 171

第七章 "丝绸之路经济带"背景下西北地区金融发展 …… 183

第一节 金融与区域经济发展 …… 183

第二节 西北地区金融发展现状 …… 190

第三节 "丝绸之路经济带"背景下西北地区金融发展对策 …… 222

参考文献 …… 226

第一章 "丝绸之路经济带"与西北地区经济发展

第一节 "丝绸之路经济带"概述

2013年9月7日，习近平总书记对哈萨克斯坦发表了题为《弘扬人民友谊共创美好未来》的重要演讲，全面阐述中国对中亚国家睦邻友好合作政策，倡议共同建设"丝绸之路经济带"，并通过"丝绸之路经济带"的建设促进沿线各国的发展、造福沿线各国。"丝绸之路经济带"是促进沿线各国合作、发展的重要举措，也是促进我国西部边疆地区社会经济发展与稳定的重要途径，是新时期我国发展的一项重大战略。

一 "丝绸之路经济带"的内涵

"丝绸之路"在公元前5世纪至7世纪就出现，是当时欧亚民族迁移过程中主要进行商贸往来、相互交流的通道。自1877年李希霍芬（F. von Richthofen）提出"丝绸之路"概念以来，相关方面的内容得到了广泛的研究。古丝绸之路是始于中国长安直到罗马帝国，共有七千多英里。这条"丝绸之路"是古代中国与世界各国进行商贸往来、文化交流、政治交往等的重要通道，其发展对促进各国之间的经济发展、文化交流等起到了重要的促进作用，并形成了一些开放城市。

"丝绸之路经济带"是以"丝绸之路"综合交通通道为展开空间，以沿线交通基础设施和中心城市为依托，以域内贸易和生产要素自由流动优化配置为动力，以区域经济一体化安排为手段，以实现快速增长和关联带动作用为目的的中国—中亚跨国带状经济合作区。[①]"丝绸之路经济带"是一个新的社会经济发展带，这个经济发展带东连发达的亚太经济圈，西至发达的欧洲经济圈，但沿线是发展相对落后的区域。具体来说，主要包括东亚5国、中亚5国、西亚20国及辐射到的欧洲、东南亚、非洲10余国，共计40多个国家30多亿人口，横跨亚欧大陆，是当前世界上最长、发展潜力最大的一条经济带。从国内来看，主要包括西部9省区和东部5省，涉及的城市有海口、昆明、南宁、广州、福州、杭州、成都、重庆、连云港、南京、西安、乌鲁木齐等。根据"丝绸之路经济带"发展倡议，在坚持开放合作、和谐包容、市场运作和互利互赢的原则下，通过政策沟通、道路联通、贸易畅通、货币流通和民心相通（以下简称"五通"），促进各国的平等参与、互利共赢的一个新型经济发展带。

"丝绸之路经济带"是新的发展条件下的一种新的区域经济发展空间，其内涵主要包括以下几个方面：

（一）"丝绸之路经济带"的根本动力是要素的"点—轴"集聚

"丝绸之路经济带"是一个涉及40多个国家30多亿人口的带状经济带，它的典型特点是两端发展较好而中间呈现经济发展"洼地"，这种区域经济发展布局一方面体现为各区域间发展差异较大，发展水平各异。两端区域经济发展水平较高，在技术、基础设施、人才培养等各个方面都呈现出较好的发展势头；中间区域整体经济发展水平相对较低，这种差异就要求"丝绸之路经济带"各国和地区在发展过程中，在互利互赢的原则下相互协调、和谐共进，发展较好的国家要依靠自己先进的技术等带动发展相对滞后的国家，最终促进各国的共同发展。另一方面这种发展差异为各国的合作提供了基础。虽然"丝绸之路经济带"沿线各国在发展水平上存在一定差异，但是沿线各国间的互补性较强，发展较好的国家在技术、人才等方面具有一定的优势，发展相对落后的国家具有资源、市场等方面的优势，只要各国之间坚持平等互利的原

[①] 朱显平、邹向阳：《中国—中亚新丝绸之路经济发展带构想》，《东北亚论坛》2006年第5期。

则，那么各国之间具有广阔的合作前景，必将促进整个经济带的整体发展。在"丝绸之路经济带"发展过程中，根本的是各种要素的"点—轴"集聚。首先，各种要素向节点城市集聚。"丝绸之路经济带"发展的空间基础就是节点城市，以节点城市为基础形成发展轴。"丝绸之路经济带"节点城市在发展过程中需通过各种要素的集聚，通过资本、技术、劳动力等各种要素向节点城市集聚，使节点城市能够形成一个区域增长极，带动周边地区的发展，各节点城市通过要素的集聚辐射各自的区域，这些区域最终连成一个发展带。其次，各种要素向发展轴集聚。在各种要素向节点城市集聚的同时也向发展带集聚，充分发挥经济带的发展潜力，形成新的经济发展带。最后，各要素在节点城市和经济带的协调集聚。各种要素向节点城市和经济带的集聚要协调，各节点城市要根据自身的发展基础和发展优势进行产业布局和功能划分，形成科学合理的城市功能划分，进而促进整个经济带的协调发展。

（二）"丝绸之路经济带"的关键是要素的自由流动

"丝绸之路经济带"的建设关键是要实现各种要素的自由流动，只有要素的自由流动才能形成要素集聚、产业发展、经济协调、共同进步的发展经济带。要素的自由流动是建立在以下几个方面的基础之上的。首先，要素流动的基础设施建设。公路、铁路、管道、网络等各种要素流动的基础设施建设必须完善，完善的基础设施建设是实现要素自由流动的基础。"丝绸之路经济带"各国自然条件、地貌地形等差异较大，道路、管道等基础设施的建设也存在较大的差异，并面临众多的挑战。"丝绸之路经济带"建设过程中，必须突破各种制约，形成沿线各国之间道路、管道等基础设施的互通，降低要素自由流动的成本，为要素在"丝绸之路经济带"各国之间的流动提供基础。其次，要素流动的体制机制。"丝绸之路经济带"涉及的国家众多、区域广泛，各国的要素禀赋、发展条件、要素流动的制度等存在较大的差异，而"丝绸之路经济带"的建设需要各国之间共同协商，建立起相对统一的要素流动体制机制，促进各国之间要素的公开、公平、公正地顺畅流动，同时也要保障满足各国的要素流动管理目标，实现要素的跨国框架，形成要素流动的高效协调机制。最后，要素流动的协调机制。生产要素的自由流动将各种分散的经济活动进行了优化和系统化，这使原来各国分散的经济活动必须融入"丝绸之路经济带"整体经济活动中来,但是要素的自由流动一方面会促进流入地的经济发展,即流入地要素稀缺的制约可以通过要素的流入而解决,进而促进流入地的经济发展。另一方面,随着要素的流入加强了本国经济的竞争,对本国经济的发展形成一定的压力。因此,"丝绸之路经济带"各国之间本着平等互利的原则,建立要素流动的协调机制,通过要素的自由流动,依托本地的发展优势,强化社会生产分工,提高本地经济发展的竞争力,进而促进本国的经济发展。

(三)"丝绸之路经济带"核心是各国的共同利益

"丝绸之路经济带"建设涉及40多个国家,这些国家发展程度不同、发展水平差异较大,每个国家都有自己的发展优势,同时也有自己在发展过程中的制约因素。在当今开放发展的世界里,各国都需要通过加快开放,破解自身发展困境,提高发展水平,这正是"丝绸之路经济带"建设的内生基础和核心。各国在发展过程中体现了共同的利益,这些共同利益成为"丝绸之路经济带"建设的核心。首先,通过融入区域经济发展,实现自身利益。"丝绸之路经济带"各国的经济发展资源优势不同,技术、自然资源、市场等要素差异较大,但在发展过程中,由于各种基础设施的落后,这些国家在世界经济发展中的融入度相对较低,通过"丝绸之路经济带"的建设,使各国在新的发展区域中积极参与,优势互补,发挥自己在世界分工中的作用,进而提高自己的经济发展水平,这是各国共同的利益。其次,转变经济发展方式,提高经济发展水平。"丝绸之路经济带"沿线国家中,有些国家自然资源丰富但是技术水平相对较低,很多国家是依靠出口天然气、石油等自然资源为主,这种粗放经济发展方式已经不能适应当前国际经济发展态势,特别是受到国际大宗商品市场的影响,使本国经济发展出现很大的不稳定性。因此,积极参与"丝绸之路经济带"的建设,可以吸收其他国家的技术等,转变本国经济发展方式,提高发展水平。最后,将各种优势转化为共同利益。"丝绸之路经济带"各国之间的地缘优势、经济上的互补优势、发展过程中的互相依托优势、技术上的互促优势等成为各国形成共同利益的基础,在本着互利互惠原则的前提下,打造互利互赢的利益共同体。

（四）"丝绸之路经济带"的目标是形成区域经济一体化组织

"丝绸之路经济带"的建设与其他国际间的经济合作组织不同，它是包含经济、政治、社会、文化等多领域合作和发展的一个新的区域合作组织，但经济合作是基础，最终要形成区域经济一体化组织。首先，经济发展实现一体化。通过"丝绸之路经济带"的建设，使各参与国都能积极地融入经济建设和发展中来，但是各国不再是简单的竞争，而是合作基础上的协调发展，充分发挥本国优势同时，利用其他国家的优势弥补自身发展中的缺陷，促进本国经济的发展。这种发展途径需要建立一体化的经济组织，通过组织协调实现各参与国的共同发展。其次，市场发展一体化。"丝绸之路经济带"国家在发展的过程中，本着互惠互利、共同发展的原则，各国之间通过优势互补，逐步形成统一的市场。通过市场一体化促进各种要素的自由流动、产业结构的优化布局等，使各国既能得到国外市场的支撑，同时也促进本国市场的发展。最后，经济政策一体化。在统一市场形成的基础上，"丝绸之路经济带"各国之间逐步形成统一的经济政策，在统一经济政策的规范下，各国之间可以进行平等的合作与竞争，促进本国社会经济的发展。

二 "丝绸之路经济带"的理论基础

（一）区位理论

区位理论是在地租学、比较成本学、地理学等学科的理论基础上发展起来的。区位理论的发展为社会经济发展过程中的产业布局、要素流动、空间合作等提供了重要的理论指导，随着社会经济的发展，这些理论不断完善，继而对区域经济的发展提供了重要的指导。区位理论中，经典的有农业区位论、工业区位论、中心地理论等，这些理论对其他区域发展理论奠定了重要的基础。

1. 农业区位论[1][2]

杜能是现代西方区位理论的先驱者，其《孤立国》是第一部关于

---

[1] 刘良灿：《试析杜能的区位理论在我国农村城镇化建设中的应用》，《云南行政学院学报》2003年第1期。

[2] 李瑜、郑少锋：《农业区位理论与西部退耕还林区农业产业布局研究》，《农业现代化研究》2007年第2期。

区位理论的古典名著。他研究了孤立国的产生布局：不仅充分讨论了农业、林业、牧业的布局，而且考虑了工业的布局。根据当时德国农业和市场的关系，杜能摸索出因地价不同而引起的农业的分布现象，创立了农业区位理论，奠定了区域经济理论的学科基础。19世纪初，德国普鲁士进行了农业制度改革，取缔了所有依附于土地所有者的隶属关系，所有的国民都可拥有动产，并可自由分割及买卖。由于土地的自由买卖关系，在这一时期出现了大量独立的农业企业家和农业劳动者，并产生了农业企业式经营，杜能试图研究和解答企业型农业建立时代的合理农业生产方式。他从一个假想空间（孤立国）出发，以城市（市场）为中心，采用单因子"孤立化"的分析方法，只考察在一个均质的假想空间里，农业生产方式的配置与城市距离的关系。根据其提出的七大假设，给出一般地租收入公式：

$R = pQ - CQ - KtQ = (P - C - Kt)Q$

其中，R 为地租收入，P 为农产品的市场价格，C 为农产品的单位生产费用，Q 为农产品的生产量（等同于销售量），K 为距城市（市场）的距离，t 为农产品的运费率。因地租收入 R 对同样的作物而言，P、C 不变，R 随离市场距离增加而减少，地租收入公式可变形为：

$r = \alpha - Kt$，[$r = R/Q$ 为地租率，$\alpha = (P - C)$ 为常数]

当地租收入为零时，即使耕作技术可能，经济上也不合理，而成为某种作物的耕作极限，两种作物分布圈的实际界限取决于在同一地点种植不同作物的比较利益。在市场（运费为零）点的地租收入和耕作极限连接的曲线被称为地租曲线，每种作物的地租曲线，其斜率大小由运费率所决定。对所有农业生产方式的土地利用进行计算，得出各种方式地租曲线的高度及斜率。因农场主选择最大地租收入的农作物进行生产，从而形成了以城市为中心的农业土地利用的杜能圈结构：第一圈地主要生产蔬菜、水果等产品。第二圈地主要发展林业生产，向城市出售燃料和木材。第三、第四、第五圈地主要生产谷物。第六圈地主要经营畜牧业。而根据离城市的距离不同，各个圈地又有不同的耕作制度。关于工业布局，杜能认为，不要把所有的工厂都集中在首都中心，大部分应设在原料价格最低的地方。杜能的理论模式过于理想化，假设前提较多，考虑因素比较简单，但从中我们还是可以总结出一些很有价值的东西：①工业全集中在大城市并不是最好的。杜能把生产费用最小和销售价格最低看成生产布局的最高原则。为此，工业生产布局一方面要考虑接近消费地，另一方面还必须考虑接近原料产地。②城市和农村的发展是紧密联系在一起的。③要根据区位和农业生产特点选择相应的耕作制度进行农业生产。农业区位理论对农业资源配置和产业布局提供了重要的指导，对当前"丝绸之路经济带"的发展提供了重要的借鉴。

2. 工业区位论[①][②]

德国经济学家韦伯是工业区位理论的奠基者，提出研究工业区位理论的中心问题，他研究的目的不是想要叙述近代资本主义社会中工业区位的具体移动情况，而是试图寻找工业区位移动的规律，判明各个影响工业区位的因素及其作用大小。

韦伯的前提假设主要有以下四个：

第一，纯理论的探讨中，假定非经济因素（例如政策、政治制度、民族、气候、技术差别等）不起作用，只探讨影响工业区位的经济因素（他称作区位因素）。"区位因素是影响工业生产活动在甲处进行而不在乙处进行的经济因素"。

第二，把影响工业区位的经济因素（区位因素）分为两类，一类是"区域因素"，另一类是"位置因素"。其中区域因素是影响工业分散于各个区域的因素，位置因素是促使工业集中于某几个地方的因素。同时韦伯还区分了普通因素和特殊因素：普通因素是对一般工业都有影响的因素，如运输成本、工资、租金等；特殊因素是只对特定工业有影响的因素，如制造业需要一定湿度的空气或一定纯度的水等。由此，得出他要探讨的是"区域因素"中的"普通因素"，并假定可以按照这种因素分析方法来确定工业区位；对"位置因素"则是在存在工业集中倾向的情况下才考虑的。

第三，构成区域因素的普通因素主要是成本项目，一般有七个：①地价；②厂房、机器设备和其他固定资本的费用；③原料动力和燃料的成本；④运输成本；⑤工资；⑥利息；⑦固定资本折旧。在上述普通

---

① 魏伟忠、张旭昆：《区位理论分析传统述评》，《浙江社会科学》2005年第5期。
② 保建云：《企业区位理论的古典基础》，《人文杂志》2002年第4期。

因素中,他认为实际上起作用的只有第4项和第5项。

第四,为了考察运输成本与工资这两个因素对工业区位的影响,韦伯还作了以下的假定:假定原料的所在地、产品的消费地点与范围是已知的;假定劳动力没有流动性;假定每一个有可能发展工业的地区有一定的劳动力供给地;假定每类工业的工资率是固定的,在这个工资率之下,劳动力可以充分供给。

运输指向、劳动力指向、集聚指向的分析构成了韦伯工业区位理论的核心内容,也是其总体指向分析的基础。韦伯的运输指向理论以运输成本分析为基础,总结出运输指向定律,并利用当时的运价体系和运输系统进行实证检验,为企业区位理论研究奠定了运费分析的方法论基础。韦伯认为,运输成本取决于三个因素:一是运输系统的类型和使用范围;二是地区的自然状况和道路类别;三是货物本身的属性,即除重量外由货物属性决定使用何种运输工具的性质。据此,他引入"广布原料""地方原料""原料指数""区位重"等概念对企业生产活动的最小运输成本点区位选择进行分析。韦伯得出这样的结论:其一,一般而言,具有高区位重的工业被引向原料地,低区位重的工业被引向消费地,即原料指数(M.I.)>1或区位重(L.W.)≤2的所有工业都配置在消费地;其二,纯原料绝不会把生产捆在自己的原料产地上,因为它们被加工成产品时没有失重,原料重量总是接近等于产品重量,其原料指数(M.I.)≤1。换句话说,就是失重原料可能把生产引向其原料来源地,失重原料决定的原料指数(M.I.)>1是必然的,即原料指数的分子一定等于或大于产品重量加地方原料的剩余重量。

韦伯在劳动力成本分析的基础上,应用等运费线对生产活动过程中区位选择的劳动力指向条件、工业特征及劳动力指向的环境条件和发展趋势进行研究,构建起劳动力指向理论,为企业区位理论研究奠定了劳动力要素分析的方法论基础。他提出劳动力成本只有从一个地方到另一个地方发生变化时,才能成为区位因素,同时引入"劳动力区位"概念。通过分析,韦伯得出以下结论:区位从运输成本最小点能够转到一个更有利的区位,只有在新的地点,劳动力成本可能产生的节约比追加的运输成本大的情况下才能发生,由于劳动力区位而产生的工业生产偏差依赖于以下三个因素:一是区位图和劳动力区位的地理位置;二是围绕区位图上运费最小点的等运费系列；三是每单位产品重量劳动力区位的节指数。工业的劳动力指向，就其依赖于工业的一般特性而言取决于劳动力系数。正因为工业生产偏差依赖于劳动力系数的大小，所以可以将工业集中在少数劳动力区位，且劳动力系数越高，劳动力指向的倾向就越强。在韦伯体系中，劳动力系数是指与给定工业区位重心联系的劳动力成本的大小，它构成决定工业劳动力偏差的一般特征。可以用公式表述为：劳动力系数 = 劳动力成本 ÷ 区位重量。与此相关联，韦伯体系的劳动力成本指数则是指在一个国家给定的发展阶段，每吨产品必须使用的平均劳动力成本。

韦伯在经济活动集聚因素和分散因素分析的基础上，研究了生产活动的集聚规律，利用实际的制造业系数对此进行实证检验，并对其发展趋势进行分析，进而构建起集聚指向理论，为企业区位理论研究奠定了极化效应与扩散效应分析的方法论基础。韦伯认为，集聚因素是一种优势，或者是一种生产的廉价，或者是生产在很大程度上被带到某一点所产生的市场化。分散因素是由于生产的分散化（生产在多个地方）而形成的生产廉价。对于任意一个集中化的工业，集聚因素和分散因素相互作用总能产生单位产品的一定成本指数，该指数是集中化规模的函数，集聚经济函数可简略为一个工业的经济函数。高级集聚阶段的基本因素可细分为三类：一是技术设备的发展，二是劳动力组织的发展，三是整体经济组织良好的适应性。分散因素随土地价值的上升而增长，因为伴随集聚产生了对土地需求的增加，分散趋势都是从经济地租上涨开始的，因而可以把分散因素作为经济地租的各种结果来分析。

韦伯得出的集聚指向规律是：其一，集聚节约额比运输指向或劳动力指向带来的生产费用节约额大时，便产生集聚。一般而言，发生集聚指向可能性的区位总是多数工厂相互临近的区域。其二，单个生产单元在一定情况下，只要它的临界等运费线与其他足够多的生产单元的临界等运费线交叉形成集聚单元，那么它将和它们一起集中。其三，集聚中心是临界等运费线相交的公共部分，因为在公共部分，存在集中生产的、没有阻碍作用的偏差成本点，集聚中心的精确区位就是区位图上运输成本最小点。孤立的生产单元同其他就近的生产单元不会贸然集聚，而是同刚好能满足集聚单元必需规模的最小生产单元发生集聚。这些生产单元能够吸引很远的生产单元,首先吸引那些较小的生产单元,而后吸引较大的生产单元。其四,只有那些围绕运输成本最小点的较高层生产单元的等运费线距离越来越大时,较高级的集聚将排除较低级的集聚,距离之大一是足以集结交叉部分所要求较高级集聚的生产量,二是形成较大的交叉部分并因此提供了单个生产单元更有利的集聚点。其五,集聚指向对劳动力指向的本质影响,助长了劳动力指向在少数区位集中化的内在倾向。韦伯在对运输指向集聚进行分析时,还推算出集聚公式。此外,韦伯还研究了生产活动的总体指向规律,为企业区位理论的一般均衡分析奠定了方法论基础。他首先对生产阶段组织与运输指向及劳动力指向、生产过程和集聚进行纯理论分析,继而从经验实证角度进行考察和验证。其次对独立工业生产过程的联合、原材料联系、市场联系进行分析,得出有关总体指向的一般结论。最后,韦伯试图通过在修正经济系统中制造业的配置以揭示区位纯理论的局限性。

3. 中心地理论[1][2][3]

中心地理论是关于三角形经济中心（市场、聚落、城市）和正六边形市场区（销售区、商业服务区）的企业、事业分布的区位理论。其奠基人是德国地理学家克里斯塔勒,德国经济学家廖什则继承和发展了这种理论,从而开辟了人文地理数量运动的先河。

克里斯塔勒对德国南部进行了研究和考察后发现,在城镇居民点的空间结构和城镇农村的关系上存在一定的规律性。南德在 19 世纪时,工业曾有一定的发展,并形成了一些市场型城镇,然而发展到现在并没有进一步形成新的工业城镇化,而是发展成为德国主要农业区。事实证明,城镇的发展和城镇的区位并非完全由自然环境所控制。

为研究方便,中心地理论首先作出以下假设:①研究的地区为地表均质的平原,资源均匀分布;②人口和购买力均匀分布;③在各个方向上,交通运输同样方便和容易。在上述假设下:服务于农村人口的最有效方式是把中心地均匀地布置在农村,这种布置的好处在于,能使每一

---

[1] T. R. 威利姆斯、张文合:《中心地理论》,《地理译报》1988 年第 9 期。
[2] 王耀中、贺辉:《基于中心地理论的服务业空间布局研究新进展》,《湖南财政经济学院学报》2014 年第 4 期。
[3] 葛本中:《中心地理论评介及其发展趋势研究》,《安徽师范大学学报》1989 年第 2 期。

居民点位于其中心地的吸引范围内,并得到中心地所提供的货物和服务。

一个独立的城镇化其影响范围多倾向于圆形,这是因为圆形区域可以在离中心地最短的距离范围内最大限度地包含必要的门槛入口,亦即距离最近,最便于提供货物和服务的地点,应位于圆形商业区的中心。但是相邻中心地的圆形影响范围常产生重叠交叉,为克服这一困难,将中心地圆周区体系用六边形体系代替。这是一个等级层次的中心地,为说明中心地理论还需要引入更高等级的中心地。由于等级更高,规模更大的中心地所服务的人口数更多,同时它们还要服务等级较低的中心地,所以它数据较少。

克里斯塔勒提出了中心地和它们的吸引范围排列的三种可能模型:①市场最优原则;②交通最优原则;③行政最优原则。根据市场最优原则,较高等级的中心地安排要确保消费者最容易和中心地发生联系,中心地易于组织商品的集散和流通。与交通最优原则和行政最优原则相比,这种布局方式中心地数目较多,但影响范围较少,克里斯塔勒认为,这种中心地模型是三种模型中最基本的一个。根据交通最优原则,在中心地体系的组织中,如果交通运输费用所占比重较大,利用这种布局方式是较合理的,连接两个高级中心地的直接通道并不通过任何低级中心地。但在交通最优原则下,两个同级中心地之间交通线中点处形成一次级中心。行政最优原则布局方式与上述两种布局方式相比最大不同点在于:各中心地的服务地区范围具有明确界限,互不补充,即经济区和行政区保持一致。各级行政区都由位于六边形中心点的行政中心管理,基层行政中心位于六边形的各角,最小的行政管理单位由7个基层单位组成。

以上三种模型中,等级较高的中心地服务于等级较低中心地的数目各自是不同的。在市场最优原则下,每一个较高等级的中心地除了服务于本身,还要服务于六边形各角上的六个较低级的中心地。但是这些较低级的中心地又被三个较高级的中心地所分割。也就是说,较高级的中心地除了服务于自己,还要服务于六个较低级中心地的1/3,即总数是$3:1+(1/3\times6)=3$。在交通最优原则下,每一个较低级的中心地被两个较高级的中心地所分割,这样每个较高级的中心地除服务于本身,还服务于六个较低级中心地的1/2，总数为4：1+（1/2×6）=4。在行政最优原则下，六个较低级的中心地完全位于较高级中心地的影响范围内，因而总数为7：1+（1×6）=7。若用K表示该数目，其他中心地模型将给出K=9，12，13，16等。在实际中，一般K值都较大。虽然克里斯塔勒提出的K值不一定适合所有的地区，但这种思想是非常重要的。

1940年，德国经济学家廖什提出了与克里斯塔勒中心地理论极其相似的中心地模型。两个理论虽然有许多相同之处，但也存在差别。假设方面，克里斯塔勒只强调人口有规律地分布，但廖什的模型中市场区六边形结构具有经济理论基础，同时考虑了人口和需求因素，通过商品的显性成本和需求曲线来界定市场区，从而获得每个部门的空间均衡。当厂商不再有动机进入这个市场时，六边形市场区内达到稳定的空间经济均衡。此外，廖什认为一个特定等级的中心与次一等级中心之间的比例参数是变化的，而非常数，该参数称为蜂巢系数。布局过程方面，廖什的理论是按照各种商品必要的运输距离，自下而上构建中心地的市场系统（低级中心地—中级中心地—高级中心地），不同于克里斯塔勒的由上而下的布局。值得注意的是，廖什的模型属于非等级系统，并且高级中心地不一定具有低级中心地所有的职能，即使是同一等级的中心地供给的商品也可能不同。故商品的流向并不一定全是从高级中心地流向低级中心地，也有可能从低级中心地向高级中心地供给商品，并且同一等级的中心地由于中心职能的专业化，可以互相供给商品。廖什的模型同时考虑了供给和生产，比只考虑中心地商品供给的克里斯塔勒的模型更接近现实。

（二）区域空间结构理论

区域空间结构理论对区域经济发展的生产力布局、区域的均衡和非均衡发展、区域发展战略的选择等起到了重要的指导作用，这些理论主要包括以下几个方面。

1. 发展极理论[1][2]

"发展极"是法国经济学家佩鲁于1955年提出的，他在分析经济

---

[1] 马春文、张东辉：《发展经济学》，高等教育出版社2010年版，第206页。

[2] 孔翔：《发展极理论的现实意义与农村发展极构建》，《农业现代化研究》1999年第4期。

发展中的不均衡问题时提出了"发展极"理论。在分析方法上，佩鲁的特点是不从总量指标上衡量国民经济的发展成果，而是主张把经济分解为部门、行业和工业项目，主张以非总量的方法安排计划。佩鲁认为，从空间上看增长在不同地区是以不同的速度进行的。主导产业和有创新能力的行业增长速度最快，这些主导产业和有创新能力的行业在空间上的集聚，形成一种中心，这种中心就是指资本与技术高度集中、具有规模经济效益、自身增长迅速，并对邻近地区产生强大辐射作用的一些地区和区内大城市中心。这些中心的功能是多样化的，如生产中心、贸易中心、金融中心、信息中心等。通过这些中心的优先增长，可以带动周边地区的经济发展，然后再通过不同的渠道向外扩散，最终对整个经济产生影响。这些中心地区就是所谓的"发展极"。佩鲁认为这种不平衡增长现象产生于少数地区对其他地区的支配效应。"支配"是指一些经济单位利用不对称或不可逆或部分不可逆的效应控制或影响其他经济单位的现象。支配作用可能因历史或偶然因素产生，也可能由结构或制度因素而产生。但一般来说，支配效应的主要决定因素是创新能力在地区间的差异，经济规模、交易能力、技术水平和经营性质的差别决定了各个地区的创新能力不同。如果一个经济单位拥有较大的生产规模、先进的生产技术，具备影响商品交换的种种条件，它就有可能成为支配单位。支配单位可以是企业、行业或地区。处于支配地位的企业或行业对该地区的经济发展有重要的影响；处于支配地位的地区对整个经济具有推动作用。一个支配性地区产生外部经济效应的能力越大，其推动作用越强。由于创新、支配和推动等活动的出现、强化和消失，经济增长可以视为由一系列不平衡机制构成的过程。

发展极的形成是一系列条件共同作用的结果。佩鲁认为，发展极的形成至少应具备三方面的条件：一是在一个地区内存在具有创新能力的企业群体和企业家群体。经济发展的直接推动力是少数有冒险精神、勇于革新的企业家的创新活动。一项创新取得成功，不仅有利于企业自身的发展壮大，而且还会对其他企业产生示范效用，从而形成大批追随者；由于创新活动及其传递，企业间相互影响、相互促进、共同发展，最终形成对周边地区产生影响和支配的发展极。二是必须具有规模经济效益。除了创新能力及其主体外，发育成为发展极的地区或城市中心还须有相当规模的资本、技术和人才存量,通过不断投资扩大经济规模,提高技术水平和经济效率,形成规模经济效益。三是要有适宜经济发展的外部环境。发展极的发育需要有良好的投资和生产环境,这样才能集聚资本、人才和技术,并在此前提下形成生产要素的合理配置,使经济得到快速增长进而成为其带动作用的发展极。

2. 循环积累因果理论①②

1957年瑞典经济学家缪尔达尔在《经济理论和不发达地区》一书中,提出了"地理上的二元经济"结构理论,用"循环积累因果关系论"来说明地理上的二元经济产生的原因及其如何消除的问题。利用"扩散效应"和"回流效应"概念,说明了经济发达地区优先发展对其他落后地区的促进作用和不利影响,提出了如何既充分发挥发达地区的带头作用,又采取适当的对策来刺激落后地区的发展,以缩小区域间发展水平的差异。上循环("扩散效应"):资本、劳动力等生产要素从发达地区向不发达地区流动导致区域差距缩小的结果;下循环("回流效应"):资本、劳动力等生产要素从不发达地区向发达地区流动导致区域差距扩大的结果。

"循环积累因果理论"认为,一个动态的社会经济过程是各种社会经济因素相互关联、相互影响、互为因果的累积结果。在区域经济发展中,由于规模经济和聚集经济的存在,人均收入、工资和利润水平等要素收益的区域差异会吸引资本、劳动、技术、资源等要素由落后地区向发达地区流动,产生"回流效应",从而使落后地区越来越落后;而发达地区发展到一定程度后因人口过多、交通拥挤、环境污染、资源短缺等原因引起生产成本上升,竞争加剧,外部经济效益下降等导致资本、劳动、技术等要素倒向落后地区流动,即产生"扩散效应",从而促进和带动落后地区的发展。回流效应的结果使经济发达地区越来越发达,经济落后地区越来越落后。而且由于市场机制的作用,回流效应总是先于和大于扩展效应,如果一个区域的发展速度一旦超过了平均发展速

---

① 施薇薇:《欠发达地区如何走出贫困的循环积累》,《乡镇经济》2008年第2期。
② 李双元、王征兵:《循环积累因果原理与我国农业国际竞争力》,《经济问题探索》2005年第3期。

度，这一地区就获得了连续积累的竞争优势，市场的力量通常倾向于增加而不是减少区域经济差异。在市场机制作用下，发达地区在发展过程中不断积累对自己有利的因素，而落后地区则不断积累对自己不利的因素。因此，由于循环积累因果的作用使经济在空间上出现了"地理二元经济"结构：即经济发达地区和经济不发达地区同时存在。

3. 赫尔希曼的不平衡增长理论[1][2]

美国经济学家赫尔希曼在1958年出版的《经济发展战略》中，对平衡增长理论进行了批评，提出了不平衡增长理论。他倡导把不平衡增长看作经济发展的最佳方式，提出了"发展是一连串不均衡的锁链"的命题。赫尔希曼认为，在投资资源有限的情况下，发展中国家取得经济增长的最有效途径是实施优先发展的不平衡增长战略。赫尔希曼提出了不平衡增长的两条路径：其一，"短缺发展"。也就是先对直接生产性活动投资，随着直接生产性活动投资的发展，必然会引起社会预摊性资本短缺，从而提高直接生产性活动投资的机会成本，这样就迫使投资向社会预摊性资本转移。其二，"过剩发展"。即先对社会预摊性资本投资，随着社会预摊性资本投资不断增加，其机会成本也会增加，从而相对地降低直接生产性活动的成本，这就促使人们增加对直接生产性活动资本投资。赫尔希曼认为，根据"引致决策最大化"原则，发展中国家应精心选择和优先发展国民经济产业结构中关联效应最大的产业。由于产业间内在关联的存在，一个产业的一项投资通过关联效应机制传递到其他产业，引起这些产业的连锁投资。赫尔希曼认为，选择"关联效应"大的产业进行投资，其效益会大于对"关联效应"小的产业的投资。所以，不平衡增长的过程，应由"关联效应"大的产业的牵动来加以实现。所谓"关联"是指经济运行中一个部门在投入和产出上与其他部门之间的关系。这种关联可以区分为"前向关联"和"后向关联"，"前向关联"是指一个部门和吸收它的产出的部门之间的联系；"后向关联"是指一个部门和它提供投入的部门之间的联系。

---

[1] 马春文、张东辉：《发展经济学》，高等教育出版社2010年版，第204页。
[2] 夏锦文、王波：《国外产业平衡增长和不平衡增长理论综述》，《经济纵横》2005年第9期。

（三）区域经济一体化理论

根据区域经济一体化的理论体系主要包括关税同盟理论、共同市场理论和区域经济一体化理论等。

1. 关税同盟理论①②

关税同盟是指成员国之间相互取消关税和其他贸易壁垒，对外实施共同关税保护的一种区域经济一体化形式。1950 年，维纳在其代表性著作《关税同盟理论》中系统地提出了关税同盟理论。传统理论认为，关税同盟一定可以增加成员国的福利。维纳指出了这些早期关税同盟理论的非准确性，提出了"贸易创造"和"贸易转移"概念，认为建立关税同盟得益与否，取决于这二者的实际成果，从而将定量分析用于对关税同盟的经济效应的研究中，奠定了关税同盟理论的基础。贸易创造效应是指由经济一体化引起的，产品的来源地由资源耗费较高的本国生产者转向资源耗费较低的成员国生产者，这种转移体现了经济开始走向自由贸易来配置资源，因此有可能利于福利水平的增长；而贸易转移效应是指由经济一体化引起的，产品的来源地由资源耗费较低的非成员国生产者转向资源耗费较高的成员国生产者，这种转移代表了经济背离了自由贸易的自由配置，因此可能带来福利水平的降低，所以各成员国形成关税同盟以后的净福利效应取决于贸易创造效应和贸易转移效应的对比。

2. 共同市场理论③

共同市场，是指两个或两个以上的国家或经济体通过达成某种协议，不仅实现了自由贸易，建立了共同的对外关税，还实现了服务、资本和劳动力的自由流动的国际经济一体化组织。共同市场是在成员内完全废除关税与数量限制，建立统一的对非成员的关税，并允许生产要素在成员间完全自由移动。米德和伍顿两位经济学家对共同市场理论进行了详细的分析。在共同市场中，由于阻碍生产要素流动的壁垒已被消除，使生产要素在逐利动机驱使下，向尽可能获得最大收益的地区流

---

① 罗黎明、刘东旭：《关税同盟理论研究综述》，《合作经济与科技》2003 年第 3 期。
② 宋岩、侯铁珊：《关税同盟理论的发展与福利效应评析》，《首都经济贸易大学学报》2005 年第 2 期。
③ 梁双陆、程小军：《国际区域经济一体化理论综述》，《经济问题探索》2007 年第 1 期。

动,但由于社会、政治和人类的生活习性等原因,又使劳动这种生产要素并不一定会因共同市场的建立而出现大规模的流动。而资本则不然,只要资本存在收益的不相等,即资本的边际生产率在不同地区存在一定的差异,那么它就会不停地流动,直到各地的边际生产率相等为止。共同市场理论主要是探讨在关税同盟的基础上消除生产要素自由流动的障碍以后成员国所获得的经济效应。当经济一体化演进到共同市场之后,区内不仅实现了贸易自由化,其要素可以在区内自由流动,从而形成一种超越国界的大市场。一方面,使生产在共同市场的范围内沿着生产可能线重新组合,从而提高了资源的配置效应。另一方面,区内生产量和贸易量的扩大使生产可能线向外扩张,促进了区内生产的增长和发展。共同市场的目的就是消除贸易保护主义,把被保护主义分割的国内市场统一成为一个大市场,通过大市场内的激烈竞争,实现专业化、大批量生产等方面的利益。

3. 区域经济一体化理论[①]

区域经济一体化是对不同经济主体之间在空间上相互关系的界定。作为一种空间过程,区域经济一体化的最基本特征是各种生产要素在空间上的有序流动。区域经济主体为了地区利益的取得,推动劳动力、资本、技术和资源等生产要素按照地区禀赋而有机组合,形成经济在空间上的集聚,进而推动经济在空间上的扩散,最后实现区域经济的均衡协调布局态势与资源优化配置格局。区域经济一体化的实现一般要经过四个阶段:一是贸易一体化阶段。从取消对商品流动的限制、消除贸易壁垒和市场开放做起,形成一个经济区共同发展的共识。二是要素一体化阶段。实行生产要素的自由流动,包括人员自由往来、基础设施共建共享和产业转移等。产业发展走向融合,中心城市产业方向逐渐明朗,产城融合成为必然趋势。三是政策一体化阶段。区域内经济政策的协调一致,政策范围包括共同制订区域规划,明确区域功能定位,淡化行政区划的影响,加强合作,强化区际经济关系,根据发展需要尽可能超越行政区划限制,对区域空间布局提出战略性的发展方案,建立区域合作项

[①] 孙久文:《区域经济一体化:理论、意义与"十三五"时期发展思路》,《区域经济评论》2015 年第 6 期。

目实施保障机制和制定相应制度，并且在基本公共服务均等化的相关政策、生态环境补偿的相关政策上实现一体化。四是完全一体化阶段。当贸易一体化和要素一体化的全面实现、所有政策的全面统一之后，就进入到完全一体化阶段。

三 "丝绸之路经济带"的建设原则

"丝绸之路经济带"涉及众多的国家，每个国家都有自身的利益需求、发展基础、发展目标等，使众多的国家能够进行共同努力，协调推进"丝绸之路经济带"的建设，需要秉承各国都能够接受的、共同的原则。在《推动共建丝绸之路经济带和21世纪海上丝绸之路的愿景和行动》中，明确指出恪守联合国宪章的宗旨和原则，遵守和平共处五项原则，即尊重各种主权和领土完整、互不侵犯、互不干涉内政、和平共处、平等互利，坚持开放合作、和谐包容、市场运作和互利互赢原则。

（一）坚持开放合作原则

"丝绸之路经济带"相关的国家基于但不限于古代"丝绸之路"的范围，各国和国际、地区组织均可参与，让共建成果惠及更广泛的区域。

"丝绸之路经济带"的建设坚持开放合作的原则，其范围不只是古代丝路途经国家，其他国家也可以广泛参与。"丝绸之路经济带"的建设是在当前国际经济发展较低迷的大背景下提出的，各国在发展过程中由于技术、市场、要素等因素的制约，特别是技术创新迅速推进，压力空前加剧，"丝绸之路经济带"的建设使各国能够加强合作，充分发挥自己的优势，促进本国经济的发展。其本着向所有国家、地区和组织进行开放，不排斥任何国家和地区，只要有意愿加入的国家都可以加入的理念予以开放吸纳。合作是"丝绸之路经济带"建设的又一重要原则，各参与国在平等、自愿、互利的前提下，可以广泛地开展各类合作，各国在合作过程中要兼顾他国利益。在开放合作的原则下，各参与国都是"丝绸之路经济带"的建设者和受益者，都能从"丝绸之路经济带"的建设过程中获得各自的利益，各国之间充分利用国际、国内的发展机会和条件，各尽所能，发挥各自的优势和长处，共同发展。

(二) 坚持和谐包容原则

倡导文明宽容，尊重各国发展道路和模式的选择，加强不同文明之间的对话，求同存异、兼容并蓄、和平共处、共生共荣。

"丝绸之路经济带"的建设坚持和谐包容的原则，使各参与国能够相互尊重、平等协作。"丝绸之路经济带"涉及亚洲、欧洲等众多的国家，这些国家由于历史、文化、社会等各个方面的发展存在差异，因此，各国都有自身的发展道路、社会制度、文化传承。这些差异是由历史发展形成的，对本国的社会经济发展起到了积极的促进作用。"丝绸之路经济带"建设过程中，应当充分尊重各国的历史、文化、制度等，保障各国发展道路和发展模式的自主性。并且各国之间能够进行平等对话，通过构建多领域、多层次的合作机制，对不同发展水平、不同发展道路、不同文化、不同制度等进行协调，使各国能够在自身发展道路上与其他国家形成经济共享、政治互信、文化包容、和平共处、共生共荣的命运共同体，成为激活全球经济发展的新的增长带。

(三) 坚持市场运作原则

遵循市场规律和国际通行规则，充分发挥市场在资源配置中的决定性作用和各类企业的主体作用，同时发挥好政府的作用。

"丝绸之路经济带"的建设要发挥政府的宏观指导作用，同时要充分遵循市场规律和国际通行规则。"丝绸之路经济带"是跨越国界的社会经济发展组织，在遵循市场规律的基础上首先要发挥各国政府、跨国非政府组织的宏观协调和引导作用，只有通过各国政府间的协调沟通、宏观规划、政策支持、服务指导等，才能形成积极有效、运行顺畅、利益协调的经济合作机制，各经济主体在经济合作过程中才能有章可循，并得到政府的积极支持。在经济合作过程中，遇到问题时可以通过政府间的协作沟通，积极解决。在发挥政府宏观指导作用的条件下要充分遵循市场规律，市场在资源配置中的主导作用是经济运行的必然选择，"丝绸之路经济带"的建设同样要充分遵循市场规律，各种要素的流动、资源的配置等要按照市场的调节进行，使经济运行能够符合各国的经济发展要求。同时，在"丝绸之路经济带"建设过程中要充分发挥企业的主体作用，通过建立完善的利益导向机制，充分激发企业的活力，使各企业在实现自身利益的同时能够推动"丝绸之路经济带"目标的实现。总之,"丝绸之路经济带"的建设要充分遵循市场规律,激发企业活力,同时要发挥政府的指导作用,促进经济的健康可持续发展。

(四) 坚持互利互赢原则

兼顾各方利益和关切,寻求利益契合点和合作最大公约数,体现各方智慧和创意,各施所长,各尽所能,把各方优势和潜力充分发挥出来。

"丝绸之路经济带"建设坚持互利共赢原则,各参与国本着发挥优势、借鉴长处、相互合作的理念,通过积极参与、共同建设,使各国都能够从中获得更大利益。"丝绸之路经济带"的建设要把各国利益契合点作为重要基础。"丝绸之路经济带"的建设不是某一个或者某几个国家处于主导、实现自身利益,而是各参与国平等协商、共同建设,各国之间相互尊重各自的利益,积极寻求多国之间利益的契合点,在实现本国利益的同时促进他国利益的实现。"丝绸之路经济带"实现互利互赢要充分发挥各国优势和潜力。现实中,各参与国的发展基础、发展条件、发展优势等不同,有的国家能源富集、有的国家劳动力资源丰富、有的国家技术领先、有的国家区位优势明显,这些优势为"丝绸之路经济带"的建设提供了良好的基础,因此要充分发挥各国的优势,同时消除各国在发展过程中的制约因素,相互补充,促进各国的共同发展。

四 "丝绸之路经济带"建设的重点

沿线各国资源禀赋各异,经济互补性较强,彼此合作潜力和空间很大。以政策沟通、设施联通、贸易畅通、资金融通、民心相通为主要内容。

(一) 政策沟通

在《推动共建丝绸之路经济带和21世纪海上丝绸之路的愿景与行动》中指出,加强政策沟通是"丝绸之路经济带"建设的重要保障。加强政府间合作,积极构建多层次政府间宏观政策沟通交流机制,深化利益融合,积极政治互信,达成合作新共识。沿线各国可以就经济发展战略和对策进行充分交流对接,共同制定推进区域合作的规划和措施,协商解决合作中的问题，共同为务实合作及大型项目实施提供政策支持。

政策沟通是"丝绸之路经济带"建设的重要基础，各国在政治互信、利益融合基础上积极构建"丝绸之路经济带"的政策体系，推动"丝绸之路经济带"项目的实施。政策沟通是"丝绸之路经济带"建设过程中的完整政策体系的沟通，包括经济、政策、文化、制度等各个方面。通过政策沟通"丝绸之路经济带"各国共同构建安全稳定的发展环境，促进地区社会经济发展和繁荣稳定，形成利益共享的新型区域发展新机制。政策沟通需要多层次的政策体系的形成，各国层面的沟通是基础和保障。在此条件下，各地区之间需要建立具体的沟通交流政策，推动贸易、投资、人员往来等的顺利发展，特别是通过各种交流合作，加快各地区之间的利益共同体的建设，形成共享发展的合作机制。

目前，随着"丝绸之路经济带"的建设，在政策沟通方面取得了长足的发展。我国政府发布了一系列推动"丝绸之路经济带"建设的政策文件，如《共建"一带一路"：理念、实践与中国的贡献》《推动"一带一路"能源合作的愿景与行动》《文化部"一带一路"文化发展行动计划（2016—2020）》《推动共建丝绸之路经济带和21世纪海上丝绸之路的愿景与行动》《"一带一路"生态环境保护规划》等，这些政策文件的发布，为"丝绸之路经济带"各国政策的制定提供了重要的指导，保障了平等、互利、共享的"丝绸之路经济带"发展。中国提出的共建"一带一路"倡议已得到100多个国家和国际组织的响应，先后与沿线国家和国际组织签署了50多份"一带一路"政府间合作协议、合作备忘录等。中国极为重视国际组织在"丝绸之路经济带"建设中的作用，积极与有关国际组织签署合作协议。截至2017年5月，中国已经与联合国开发计划署、联合国儿童基金会、联合国工业发展组织、联合国欧洲经济委员会、国际电信联盟等19个国际组织签署了合作文件，这些文件推进了中国与沿线国家的战略对接，促进了相互之间的政策沟通，在顶层设计上为"丝绸之路经济带"建设合作提供了政策支持。

中国有"丝绸之路经济带"的建设构想，而"丝绸之路"沿线国家也有相似的战略，如俄罗斯的欧亚经济联盟战略、哈萨克斯坦的

"光明之路"新经济政策、波兰的"琥珀之路"等。2014年，中国国家主席习近平倡议将"丝绸之路经济带"同俄罗斯的"欧亚经济联盟"、蒙古国"草原之路"对接，2016年三国共同签署了《建设中蒙俄经济走廊规划纲要》。此外，与哈萨克斯坦、白俄罗斯、捷克等国的对接合作文件已经签署，与塔吉克斯坦、波兰、匈牙利等国的合作对接也已经在规划中。从目前来看，中国已经意识到了与沿线国家相关政策对接的重要性，将之视为推动"丝绸之路经济带"建设的重要途径。但无论是中国倡导的"丝绸之路经济带"，还是沿线国家各自的战略构想，大部分内容尚处在试运行阶段，因此这方面的政策沟通也处在初步实施阶段。但是中国政府确定了良好的开端，即对沿线国家本身战略的重视，积极寻找双方合作对接点，为"丝绸之路经济带"的有效推进提供了务实的方向。[1]

(二) 设施联通

在《推动共建丝绸之路经济带和21世纪海上丝绸之路的愿景与行动》中指出，基础设施互联互通是"丝绸之路经济带"建设的优先领域。在尊重相关国家主权和安全关切的基础上，沿线国家宜加强基础设施建设规划、技术标准体系的对接，共同推进国际骨干通道建设，逐步形成连接亚洲各次区域以及亚欧非之间的基础设施网络。强化基础设施绿色低碳化建设和运营管理，在建设中充分考虑气候变化影响。抓住交通基础设施的关键通道、关键节点和重点工程，优先打通缺失路段，畅通"瓶颈"路段，配套完善道路安全防护设施和交通管理设施设备，提升道路通达水平。加快能源基础设施互联互通合作，共同维护输油、输气管道等运输通道安全，推进跨境电力与输电通道建设，积极开展区域电网升级改造合作。共同推进跨境光缆等通信干线网络建设，提高国际通信互联互通水平，畅通信息"丝绸之路"，加快推进双边跨境光缆等建设，规划建设洲际海底光缆项目，完善空中（卫星）信息通道，扩大信息交流与合作。

设施联通是"丝绸之路经济带"建设的重要设施基础，通过设

---

[1] 李兴：《"丝绸之路经济带"："五通"进程与未来展望》，《贵州省党校学报》2017年第5期。

联通可以形成从太平洋到波罗的海的运输大通道，逐步形成连接东亚、西亚、南亚的交通运输网络，为各参与国积极参与到"丝绸之路经济带"的建设中来奠定基础。为了促进设施联通，我国政府与"丝绸之路"参与国签订了一系列的合作协议，并且在设施联通方面取得了明显的成效。我国政府与乌兹别克斯坦、土耳其、白俄罗斯政府签订的国际运输及战略合作协定；与阿富汗签订的《信息技术合作谅解备忘录》；与波兰签署的水资源领域合作谅解备忘录；与俄罗斯、蒙古、白俄罗斯、德国、波兰等国签署的深化中欧班列合作协议；我国海关总署与国际道路运输联盟签署的《国际公路运输公约》合作文件等。随着"丝绸之路经济带"建设的发展，交通设施的联通也加快发展。铁路运输方面，中欧班列持续扩大规模，不仅增加了已有的班列次数，而且开辟了新的路线。截至 2017 年 5 月 19 日，中欧班列开行已累计突破 4000 列。国内开行城市增加到 28 个，到达欧洲 11 个国家 29 个城市，运输时间比传统海运节省近 1 个月。此外，我国高铁技术逐渐成熟，中方为非洲国家援助和融资修建的铁路、公路均已超过 5000 公里，还培训了 16 万多名人才。在航空运输方面，自中国"丝绸之路经济带"倡议提出后，我国民航已与 43 个"一带一路"沿线国家实现空中直航，每周共有 4200 个航班；国航、南航、东航等国内航空公司加大对"一带一路"沿线市场的运力投放，新开辟沿线国家航线 240 条，国际旅客占比呈逐年上升趋势。在通信方面也有实质性进展，中国三大运营商将自 2017 年 10 月 1 日起降低漫游语音及流量资费，涵盖全部"一带一路"沿线 64 个国家。即将在 2018 年投入使用的"北斗"系统将率先为沿线国家服务。中欧"丝绸之路"高通量卫星也进入评估阶段，未来将向"丝绸之路"沿线国家提供大容量、低价格的宽带接入。[①]

（三）贸易畅通

投资贸易合作是"丝绸之路经济带"建设的重点内容。宜着力研究解决投资贸易便利化问题，消除投资和贸易壁垒，构建区域内和各国良好的营商环境，积极开展同沿线国家和地区共商建自由贸易区，激发

[①] 李兴：《"丝绸之路经济带"："五通"进程与未来展望》，《贵州省党校学报》2017 年第 5 期。

释放合作潜力，做大做好合作"蛋糕"。沿线国家宜加强信息互换、监管互认、执法互助的海关合作，以及检验检疫、认证认可、标准计量、统计信息等方面的双多边合作，推动世界贸易组织《贸易便利化协定》生效和实施。改善边境口岸通关设施条件，加快边境口岸"单一窗口"建设，降低通关成本，提升通关能力。加强供应链安全与便利化合作，推进跨境监管程序协调，推动检验检疫证书国际互联网核查，开展"经认证的经营者"（AEO）互认。降低非关税壁垒，共同提高技术性贸易措施透明度，提高贸易自由化和便利化水平。拓宽贸易领域，优化贸易结构，挖掘贸易新增长点，促进贸易平衡。创新贸易方式，发展跨境电子商务等新的商业业态。建立健全服务贸易促进体系，巩固和扩大传统贸易，大力发展现代服务贸易。把投资和贸易有机结合起来，以投资带动贸易发展。

贸易畅通是"丝绸之路经济带"建设的基本手段，各参与国在"丝绸之路"建设过程中要积极促进贸易畅通，同时各参与国从贸易畅通中获益。通过各国的共同努力，形成便利化的贸易机制，降低投资和贸易成本，促进区域合作。"丝绸之路经济带"建设以来，区域贸易合作取得了明显的成效。我国政府已与巴基斯坦、白俄罗斯、蒙古等30个国家签署了经贸合作协议。与格鲁吉亚签订自贸协定文件，与摩尔多瓦签订自贸协定谅解备忘录，与吉尔吉斯斯坦签署关于共同推动产能与投资合作重点项目的谅解备忘录，与捷克、匈牙利签署中小企业合作谅解备忘录，与塞尔维亚签署关于制定农业经贸投资行动计划的备忘录等。我国政府与"丝绸之路"沿线国家政府部门通力合作，努力为经贸合作提供一切可能的便利。为适应中国与"丝绸之路经济带"日益密切的经贸联系，中国海关总署在2017年推进涵盖口岸开放与监管、自贸区建设、执法合作等领域的12项重点工作，海关货物通关时间将缩减1/3，推动贸易畅通和设施联通服务"丝绸之路经济带"建设。此外，海关总署还与哈萨克斯坦、荷兰、波兰等国海关部门签署海关合作文件，深化沿线海关"信息互换、监管互认、执法互助"合作。2016年我国与"一带一路"沿线国家进出口总额为6.3万亿元人民币，增长0.6%。其中出口3.8万亿元，增长0.7%；进口2.4万亿元，增长0.5%。在沿线国家新签对外承包工程合同为1260亿美元，增长36%。

对沿线国家直接投资145亿美元，占我国对外投资总额的8.5%。我国与沿线国家的经济已经深度融合，我国企业已经在"一带一路"沿线20多个国家建设了56个经贸合作区，涉及多个领域，累计投资超过185亿美元，为东道国创造了近11亿美元的税收和18万个就业岗位。通过设施联通的推动，中国与沿线国家的产品市场得到扩大，各自产品找到了更多新的市场，如得益于"丝绸之路经济带"的倡议，波兰的苹果等农产品得以进入中国市场，中国的民企也开拓了中东欧的农机市场。自"丝绸之路经济带"提出以来，中国共有47家央企参与或投资"丝绸之路经济带"沿线国家的企业合作，在能源、产能合作、园区合作等方面带动了沿线国家经济发展，同时也实现了自身年均销售的增长。①

（四）资金融通

在《推动共建丝绸之路经济带和21世纪海上丝绸之路的愿景与行动》中指出，资金融通是"丝绸之路经济带"建设的重要支撑。深化金融合作，推进亚洲货币稳定体系、投融资体系和信用体系建设。扩大沿线国家双边本币互换、结算的范围和规模。推动亚洲债券市场的开放和发展。共同推进亚洲基础设施和投资银行、金砖国家开发银行筹建，有关各方就建立上海合作组织融资机构开展磋商。加快丝路基金组建运营。深化中国—东盟银行联合体、上合组织银行联合体务实合作，以银团贷款、银行授信等方式开展多边金融合作。支持沿线国家政府和信用等级较高的企业以及金融机构在中国境内发行人民币债券，符合条件的中国境内金融机构和企业可以在境外发行人民币债券和外币债券，鼓励在沿线国家使用所筹资金。加强金融监管合作，推动签署双边监管合作谅解备忘录，逐步在区域内建立高效监管协调机制。完善风险应对和危机处置制度安排，构建区域性金融风险预警系统，形成应对跨境风险和危机处置的交流合作机制。加强征信管理部门、征信机构和评级机构之间的跨境交流与合作。充分发挥丝路基金以及各国主权基金作用，引导商业性股权基金和社会资金共同参与"丝绸之路经济带"重点项目建设。

---

① 李兴：《"丝绸之路经济带"："五通"进程与未来展望》，《贵州省党校学报》2017年第5期。

资金融通是促进"丝绸之路经济带"建设的重要支撑,特别是沿线各发展相对落后的国家,资金短缺是制约这些国家发展的重要因素。在"丝绸之路经济带"建设过程中,通过各种措施积极促进资金融通,特别是各国在重点项目建设过程中的资金短缺问题得到有效解决。"丝绸之路经济带"建设以来,资金融通在政策、合作协议、具体实施等各个方面都得到了长足的发展。我国已与多个沿线国家及国际金融机构签署相关合作协议。我国财政部与亚洲开发银行、欧洲复兴开发银行、欧洲投资银行等多边开发机构签署关于加强在"丝绸之路经济带"倡议下相关领域合作的谅解备忘录。"丝绸之路"基金与上海合作组织银联体同意签署关于伙伴关系基础的备忘录,"丝绸之路"基金与乌兹别克斯坦国家对外经济银行签署合作协议,中国进出口银行与联合国工业发展组织签署促进沿线国家可持续工业发展有关合作的联合声明等。自"丝绸之路经济带"提出以来,我国先后倡导成立了亚洲基础设施投资银行,"丝绸之路"国际银行,中哈产能合作基金,中俄地区合作发展基金,设立"丝绸之路"基金,并在2017年宣布新增资金1000亿元人民币,以及"丝绸之路经济带"建设中基础设施、产能合作、金融合作的专项贷款等。国家开发银行拟三年内落实2500亿元"一带一路"专项贷款。中国进出口银行将设立"一带一路"专项贷款额度(1000亿元等值人民币)和"一带一路"基础设施专项贷款额度(300亿元等值人民币)。2017年4月,中国银监会正式发布《关于提升银行业服务实体经济质效的指导意见》,强调在风险可控的前提下,遵循国际通行规则,为"一带一路"建设提供长期、稳定、可持续的金融服务。我国以雄厚的资金实力,搭建资金平台,为"丝绸之路经济带"建设提供充足的资金保障。我国以相应的金融机构为合作平台,与其他金融机构开展合作,共同为"丝绸之路经济带"发展提供资金支持。如通过亚投行与世界银行签署谅解备忘录,加强两个机构之间的合作与知识共享;我国财政部联合多边开发银行设立多边开发融资合作中心;中国人民银行与国际货币基金组织合作建立基金组织——中国能力建设中心,为"一带一路"沿线国家提供金融培训;等等。2017年,亚洲金融合作协会正式成立,中国工商银行与巴基斯坦、乌兹别克斯坦等国主要银行共同发起了"一带一路"银行合作行动计划,建立常态化的银行合作交流机制。①

（五）民心相通

在《推动共建丝绸之路经济带和 21 世纪海上丝绸之路的愿景与行动》中指出，民心相通是"一带一路"建设的社会根基。传承和弘扬丝路友好合作精神，广泛开展文化交流、学术往来、人才交流合作、媒体合作、青年和妇女交往、志愿者服务等，为深化多变合作奠定坚实的民意基础。扩大相互间留学生规模，开展合作办学，中国每年向沿线国家提供 1 万个政府奖学金名额；加强旅游合作，扩大旅游规模，互办旅游推广周、宣传月活动，联合打造具有"丝绸之路"特色的国际精品旅游线路和旅游产品，提高沿线国家游客签证便利化水平。强化与周边国家在传染病疫情信息沟通、防治技术交流、专业人才培养等方面的合作，提高合作处理突发公共卫生事件的能力。加强科技合作，共建联合实验室（研究中心）、国际技术转移中心、海上合作中心，促进科技人员交流，合作开展重大科技攻关，共同提升科技创新能力。整合现有资源，积极开拓和推进与沿线国家之间立法机构、主要党派和政治组织的友好往来。开展城市交流合作，欢迎沿线国家重要城市之间互结友好城市，以人文交流为重点，突出务实合作，形成更多鲜活的合作范例。加强沿线国家民间组织的交流与合作，重点面向基层民众，广泛开展教育医疗、减贫开发、生物多样性和生态环保等各类公益慈善活动，促进沿线贫困地区生产生活条件的改善。加强文化传媒的国际交流合作，积极利用网络平台，运用新媒体工具，塑造和谐友好的文化生态和舆论环境。

民心相通作为"一带一路"的社会根基，是"丝绸之路经济带"建设的出发点和落脚点，"丝绸之路经济带"的建设最终是要让沿线国家的人民从中受益，共享"丝绸之路经济带"建设成果。自"丝绸之路经济带"建设以来，我国积极通过多种渠道和努力实现民心相通。我国向有关国家增加民生投入，开展对外援助。作为当前全球第二大经济体，我国有着雄厚的实力并愿意对外提供援助。如在 2017 年 5 月的"一带一路"高峰论坛上，我国宣布将增大对沿线发展中国家的援助力

---

① 李兴：《"丝绸之路经济带"："五通"进程与未来展望》，《贵州省党校学报》2017 年第 5 期。

度，向沿线国家提供 20 亿元人民币的紧急粮食援助。此外中国还向"丝绸之路"沿线国家派出援助医疗队，为沿线国家捐建教育、医疗、交通基础设施等，为沿线国家提供食品、帐篷等难民援助项目，直接为当地民生服务。在改善当地民众生活的同时，促进了民心相通。我国与沿线国家开展文化交流合作。如与黎巴嫩政府签署文化协定执行计划，与突尼斯、土耳其政府签署互设文化中心的协定，与意大利签署关于加强经贸、文化和科技合作的行动计划（2017—2020 年）。截至 2016 年，我国已经在 11 个"丝绸之路"沿线国家设立了中国文化中心。此外，我国还通过举办专题文化论坛、文化交流年、文物巡展等，促进中国民众与"丝绸之路"沿线国家民众对于彼此历史文化的了解。

我国通过旅游合作促进民心相通。一方面我国已与波兰、乌兹别克斯坦、柬埔寨等国签订政府间旅游合作协议、合作备忘录等。另外，多边层面的旅游合作也已展开，中国—中东欧、中俄蒙等一系列多边旅游合作机制已经建立。在市场开发方面，我国连续 3 年以"美丽中国——丝绸之路旅游年"为主题，在全球开展了一系列富有成效的宣传推广活动，"丝绸之路"旅游品牌影响力得到大幅提升。通过陆上"丝绸之路"旅游推广联盟等，推动沿线国家、地区、省市在客源互送、线路共建、目的地共推等方面加强横向合作。在意大利、匈牙利等国新设立了旅游办事处，搭建多个新的宣传推广平台，着力开拓新兴客源市场。由于签证政策的放宽，我国游客在已开展旅游合作的"丝绸之路"沿线国家，基本可以实现说走就走。政策的便利，使通过旅游往来于中国和"丝绸之路"沿线国家的人将越来越多，国家旅游局预计，"十三五"期间，我国将为"一带一路"沿线国家输送 1.5 亿人次游客和超过 2000 亿美元的旅游消费。旅游的增多，能够促进民间往来的频繁，增进中国与"丝绸之路"沿线国家对彼此的深入了解。

文教合作促进民心相通。自"丝绸之路经济带"倡议提出后，教育领域是推动"丝绸之路"建设"民心相通"的重点。我国主要是通过加强语言互通，仅 2016 年就公派了 1036 人出国进行语言培训，同时接受 17 万"丝绸之路"沿线国家人员来华学习汉语。2017 年 4 月，亚欧高等教育资历互认协作工作组全体成员就建立亚欧高等教育资历互认联盟达成共识，联盟的建立必将为促进亚欧在高等教育合作交流，尤其是资历互认和质量保障领域的互联互通搭建绿色通道和立交桥。文化出版方面，到 2016 年年底，中国已与"丝绸之路"沿线国家签署了政府间文化交流合作协定，实现了全覆盖。关于"丝绸之路经济带"沿线国家介绍的图书出版物等大量发行。在智库交流层面，中国智库出版了 400 多本与"一带一路"相关的图书。此外，中国还与"丝绸之路"沿线国家合作举办电影节，出口影视作品，举办文化研讨会等，增进民间的相互了解。[①]

第二节 "丝绸之路经济带"下西北地区经济发展

"丝绸之路经济带"建设是我国对外开放和合作的新举措，是全球社会经济发展新格局下我国开放发展的新途径。"丝绸之路经济带"建设使沿线各国都形成一个发展整体，各国、各地区之间通过各种要素的交流，互通有无、发挥优势，形成一个新的具有潜力的发展经济带。在"丝绸之路经济带"建设过程中，西北地区作为我国"丝绸之路经济带"建设的重要区域，积极融入"丝绸之路经济带"的建设中，加快区域社会经济的发展。

一 "丝绸之路经济带"建设对西北区域发展的意义

"丝绸之路经济带"建设是我国向西开放战略布局的重要体现，在当前全球经济一体化发展的新形势下，也是推动西部地区经济发展的重要力量。纵观各国发展历史，对外开放对各国经济的发展具有举足轻重的作用，通常一个国家的对外开放水平与经济发展是密切相关的。我国自 1978 年改革开放以来，各地区的经济发展已经充分表明，对外开放对经济发展具有重要的促进作用。改革开放之初，我国经济发展相对落后，各省区间发展差异较小，对外贸易的商品有限，对外开放水平低。后来，积极发挥沿海地区的地理优势，积极引进外资、技术、管理经验等，使沿海地区的产业结构得到了优化，对外贸易水平不断提高，利用

---

① 李兴：《"丝绸之路经济带"："五通"进程与未来展望》，《贵州省党校学报》2017 年第 5 期。

外资效率有效提升,引进了先进的管理经验。经过30多年的发展,我国全方位开放新格局已经形成,通过对外开放,充分利用国内、国外"两个市场",促进了我国经济的快速发展和产业结构的转型升级。而中西部地区相对于东部地区来说,由于受地理位置、发展基础等条件的制约,对外开放的水平较低,在吸引外资、技术引进、对外贸易等方面都落后于东部地区。"丝绸之路经济带"的建设,为西北地区的对外开放提供了良好的发展机会,对促进西北区域经济发展具有重要意义。

(一)提高西北区域对外开放水平

区域对外开放水平对区域经济的发展具有重要的促进作用。通过对外开放加强与国外商品贸易、资本交流、技术交流等,促进本地区的经济发展。在对外贸易中,可以发挥本地区优势,出口那些生产成本较低、具有比较优势的产品和服务,同时进口那些本地区资源稀缺、不具有比较优势的产品,以降低该类产品的成本。

西北地区在发展过程中,对外贸易发展水平较低,对外贸易对本区域经济发展的带动效应不显著。从表1-1可以看出,2012—2016年西北地区各省区的商品进出口总额变化较小,并且在全国的占比也较低。以2016年为例,全国商品进出口总额为36856亿美元,陕西的商品进出口总额为299亿美元,新疆为176亿美元,占比相对较高,但是远远低于全国各省区的平均水平;甘肃、宁夏和青海三省区的商品进出口总额水平更低,分别为68亿美元、32亿美元和15亿美元,这种低水平的进出口贸易状况,使各省区自身的比较优势没有充分发挥。对外商品贸易是促进本地区产业发展的重要途径,2009年我国已成为货物出口贸易额世界第一、进口贸易额世界第二的国家,这对我国的生产发展起到了积极的促进作用,也极大地推动了我国的产业结构调整优化。而西北地区各省区的进出口贸易水平普遍较低,进出口贸易对本省区的促进作用不明显。"丝绸之路经济带"的建设为西北省区提高对外商品贸易水平提供了机遇。西北各省区充分发挥各地的资源优势、地理区位优势、文化优势、产业优势等,加强与周边国家的商品交流,进而促进本省区相关产业的发展,同时提高贸易收益水平,为本省区的经济发展奠定基础。西北各省区在"丝绸之路经济带"建设过程中,充分利用各省区的地缘优势等,加大与周边国家的商品贸易,同时要发挥自身优势，积极发展对方国家所需商品的生产，形成密切的合作关系，积极融入世界经济发展中来。

表1-1　　2012—2016年全国及西北地区进出口统计　　单位：亿美元

省份＼年份	2012	2013	2014	2015	2016
全国	38671	41590	43015	39530	36856
陕西	148	201	274	305	299
甘肃	89	102	86	80	68
青海	12	14	17	19	15
宁夏	22	32	54	37	32
新疆	251	276	277	197	176

资料来源：《中国统计年鉴》（2013—2017）。

西北地区外资利用水平低。外商投资是对外开放中发展外向型经济的又一重要途径，通过吸引外商投资可以有效地缓解发展过程中的资本短缺问题。西北地区由于发展基础相对较差，资本紧张是制约地区经济发展的重要因素。但是，在30多年的发展过程中，西北地区利用外资水平低，外商投资对地区经济发展的带动作用不明显，相比于东部地区，利用外资的水平较差，仍然有很大的发展空间（见表1-2）。

表1-2　2012年和2016年各省注册登记外商投资企业数和投资额

省份	2012年 外商投资企业年末注册登记数（户）	占全国比例（%）	外商企业投资总额（亿美元）	占全国比例（%）	2016年 外商投资企业年末注册登记数（户）	占全国比例（%）	外商企业投资总额（亿美元）	占全国比例（%）
北京	26535	6.02	1494	4.76	30401	6.02	4274	8.34
天津	11491	2.61	1189	3.79	13339	2.64	2226	4.34
河北	7426	1.69	490	1.56	7268	1.44	848	1.65

续表

省份	2012年 外商投资企业年末注册登记数(户)	占全国比例(%)	外商企业投资总额(亿美元)	占全国比例(%)	2016年 外商投资企业年末注册登记数(户)	占全国比例(%)	外商企业投资总额(亿美元)	占全国比例(%)
山西	3623	0.82	320	1.02	3699	0.73	422	0.82
内蒙古	3114	0.71	258	0.82	3362	0.67	411	0.80
辽宁	17960	4.08	1856	5.91	16949	3.36	2133	4.16
吉林	4298	0.98	239	0.76	3853	0.76	356	0.69
黑龙江	5039	1.14	222	0.71	4227	0.84	283	0.55
上海	61461	13.95	4138	13.17	79410	15.72	7342	14.33
江苏	50461	11.45	6250	19.90	55938	11.07	8799	17.17
浙江	29595	6.72	2178	6.94	34442	6.82	3199	6.24
安徽	4466	1.01	400	1.27	5549	1.10	673	1.31
福建	23381	5.31	1457	4.64	28351	5.61	2263	4.42
江西	7334	1.66	539	1.71	6918	1.37	777	1.52
山东	25885	5.87	1581	5.03	28527	5.65	2519	4.92
河南	10168	2.31	463	1.48	8058	1.60	822	1.60
湖北	8023	1.82	583	1.86	8976	1.78	993	1.94
湖南	4882	1.11	384	1.22	6677	1.32	580	1.13
广东	98564	22.37	4786	15.24	119688	23.69	7816	15.25
广西	3773	0.86	311	0.99	4485	0.89	437	0.85
海南	3105	0.70	271	0.86	2660	0.53	760	1.48
重庆	4461	1.01	537	1.71	5555	1.10	881	1.72
四川	9107	2.07	640	2.04	10370	2.05	942	1.84
贵州	1688	0.38	77	0.24	1511	0.30	237	0.46
云南	3956	0.90	226	0.72	4087	0.81	330	0.64
西藏	208	0.05	11	0.04	236	0.05	23	0.04
陕西	5983	1.36	311	0.99	5953	1.18	561	1.09

续表

省份	2012年 外商投资企业年末注册登记数(户)	占全国比例(%)	外商企业投资总额(亿美元)	占全国比例(%)	2016年 外商投资企业年末注册登记数(户)	占全国比例(%)	外商企业投资总额(亿美元)	占全国比例(%)
甘肃	2262	0.51	70	0.22	2079	0.41	75	0.15
青海	347	0.08	28	0.09	440	0.09	75	0.15
宁夏	476	0.11	31	0.10	651	0.13	87	0.17
新疆	1311	0.30	67	0.21	1474	0.29	97	0.19
东部	355864	80.81	25689	81.80	416973	82.54	42179	82.32
中部	47833	10.86	3149	10.03	47957	9.49	4906	9.57
西部	36686	8.33	2567	8.17	40203	7.96	4156	8.11
西北	10379	2.36	507	1.61	10597	2.10	895	1.75

资料来源：《中国统计年鉴》(2013、2017)。

从表1-2可以看出，2012年全国外商投资企业年末注册登记数发展非常不均衡，主要集中在东部发达省份，东部地区共有355864户，占80.81%；中部地区共有47833户，占10.86%；西部地区有36686户，占8.33%。可见，西部地区的外商投资发展水平与全国相比较为落后。西北地区只有10379户，占2.36%，陕西省有5983户，占1.36%，甘肃有2262户，占0.51%，青海有347户，占0.08%，宁夏有476户，占0.11%，新疆有1311户，占0.30%。可见，西北地区的外商投资发展水平更低，吸引外资能力有限，外商投资对本省区的经济带动作用不明显。从2012年年末外商企业投资总额来看，区域之间的差异较大，东部地区外商企业投资总额25689亿美元，占全国外商企业投资总额的81.80%，中部地区外商企业投资总额为3149亿美元，占10.03%，西部地区外商企业投资总额为2567亿美元，占8.17%，全国东中西部外商企业投资差异巨大，西部地区占比明显较低。从西北地区来看，西北地区2012年年末外商企业投资总额为507亿美元，占1.61%，其中，陕西外商企业投资311亿美元，占0.99%，甘肃外商企业投资总额为70亿美元，占0.22%，青海外商企业投资28亿美元，占0.09%，宁夏外商企业投资31亿美元，占0.1%，新疆外商企业投资67亿美元，占0.21%，可见，西北各省区的外商企业投资额同样处于较低的水平。经过五年的发展，到2016年年末全国外商投资企业数和投资金额都大幅度增加，但主要是东部地区出现了增加，中西部地区增加较小，外商投资企业年末注册登记数甚至出现了相对下降。2016年年末，西北地区外商投资企业年末注册登记数10597户，占全国的2.10%，比2012年下降了0.26个百分点，这种不均衡的发展，造成了西北地区外商投资企业数量少、投资规模小，外商投资的带动作用没有有效发挥。

"丝绸之路经济带"的建设可使西北地区加强与周边国家以及其他国家的经济合作，扩大对外开放水平，扩大对外贸易，促进本地区相关商品的生产，同时可以加强与"丝绸之路经济带"国家的投资合作，积极吸引外资，提高西北地区的吸引外资能力，缓解发展过程中的资本制约。

(二) 培育新的经济增长极，促进我国经济空间结构的优化

根据增长极理论，区域经济增长极是一个区经济发展的新的力量，增长极可以形成规模经济，当规模经济形成之后，对其他经济产生支配效应、乘数效应、极化效应和扩散效应等，这些经济效应就是经济增长极对区域经济发展的重要影响。改革开放以来，中国经济整体增长同时伴随着区域发展的阶段性不平衡。

2016年，我国不变价GDP已增长为1978年的32.3倍，年均复合增速达到9.6%。但整体的高增长也伴随着区域间明显的非平衡，这既体现了经济本身结构特征的非线性变化，也反映出发展中大国在初期资源约束下获取起飞动能的配置顺序。从以现价GDP计算的区域相对地位来看，我国各省(直辖市、自治区)的体量和位序自改革开放以来也发生了重大变化。以1978年和2016年各省(直辖市、自治区)GDP占全国GDP比重为指标的比较显示，相对地位上升和下降的省份各占半数(分别为15个和16个)。从区域分布来看，东部是明显的增长极，而东北地区滞后最多。从我国改革开放以后的情况来看，东部10省的GDP占比从43.6%上升至52.3%，东北3省份额从14.0%下降至

6.78%，西部12省从17.5%下降至16.2%，中部6省从21.6%下降至20.6%。在东部整体亮眼的增长表现中，沿海五省尤为突出，尽管上海从榜首降至中游，但广东、江苏、山东、浙江稳居全国前四，福建的GDP占比也接近翻番，而中、西部地区中，内蒙古和河南是为数不多的亮点代表。东北三省相对份额萎缩严重，辽宁从GDP排名前三的省份跌至中游，黑龙江GDP占比缩水了一半以上，甘肃、山西、河北、四川相对经济体量也明显下滑。区域经济增长极的演变是理解中国区域政策导向和区域发展动态的重要视角，以珠三角、长三角为代表的沿海省份是改革开放以来中国经济最重要的增长极。在改革开放初期，只有将大量的资本、能源、劳动力等生产要素集中于靠近原料和终端消费市场的最具发展条件的区域，才能产生集聚效应，从而实现通过区域经济的跨越式发展直接推动国民经济的快速增长。无论是20世纪80年代初经济特区建设的起步，还是90年代上海的浦东开发均体现了率先突破的战略意图，也是"三步走"战略中前两步实现的关键。在1978—2016年，东部地区的各省年均实际复合增长率均值达到11.3%，在1978—2000年更是高达11.5%，而同期中部、西部、东北地区各省年均实际复合增长率均值分别为9.8%、9.4%和8.5%。不仅开放的先后决定了初始的增长极分布，令东部地区成为最早的工业化高地，随着大型经济体内部市场的形成，东部的产业结构也顺应趋势转型升级，其突出的表现就是第三产业不断向东部地区集聚。根据历年各省（直辖市、自治区）GDP的产业贡献指标，我们计算出1978—2016年各省三大产业对于GDP增长的累计贡献率。对比沿海增长极中的东部五省，从其经济增长的产业驱动力来看，第三产业累计贡献率越大，GDP年均实际复合增长率越高。区域结构分化带来了区域政策调整的自然需求，而增长极流动是缩小区域差异和经济持续增长的关键。随着单一增长极成功带动经济起飞，21世纪初我国开始布局全面的区域发展战略，西部大开发、振兴东北等老工业基地、促进中部地区崛起就是将经济增长的区域推动转为四个板块多轮并进，在经济增速出现区域分化情形下实现再平衡。根据计算，在这三项战略推出之后，西部、东北、中部地区各省年均实际复合增长率均值与东部地区的差异较之前分别缩小了2.6%、2.3%和2.0%。但在走向区域平衡增长的过程中，仍然存在区域内省份增长不平衡、追赶速度持续力不够的现象。在2003—2016年，中部、西部地区各省年均实际复合增长率均值较东部地区分别高出2.0%、0.8%，而东北地区则落后0.5%。[①]

由此可见，我国区域经济发展不平衡依然突出，西北地区虽然取得了一定的进步，但是与其他地区相比依然落后。"丝绸之路经济带"的建设，为西北地区增长极的形成提供了良好的机遇，充分利用国外和国内的资源、要素、市场等，促进西北地区产业发展，形成新的经济增长极。在西北经济增长极形成过程中，"一带一路"、京津冀协同发展、长江经济带三大战略的协调推进，使西北经济增长极在产业选择、战略布局等方面要兼顾与其他经济增长极的协同，从而促进我国经济空间结构的优化。

(三)促进西北地区产业结构优化

产业结构是一个地区发展水平的重要标志，按照产业结构演进规律，一个地区产业结构的优化不仅实现了产业结构的合理化和高级化，同时也促进了地区经济健康、可持续发展。自改革开放以来，西北地区产业结构也得到了长足的发展，同时也实现了一定的优化，但是与全国其他省份相比，产业结构仍然不合理，第一产业比重偏高，第二产业长期以来是以资源开发等产业为主，第三产业发展缓慢。从表1-3可以看出，西北五省区的三次产业结构比重在2012—2016年间的变化较小，特别是第一产业的比重变化更小，这种不合理的产业结构不仅制约了西北地区经济的发展，同时也影响了西北地区经济竞争力的提升。

"丝绸之路经济带"的建设为西北地区产业结构优化提供了良好的机遇。"丝绸之路经济带"建设过程中西北地区作为重要的建设地区，要抓住机遇积极融入，通过联系国内与国外，调整产业结构，促进地区经济发展。随着"丝绸之路经济带"的建设，对西北地区一系列产业的发展提供了机遇，如物流仓储、信息、金融、生态环境保护等产业，这些产业的发展一方面促进西北地区产业结构的调整，另一方面使西部地区能够积极融入"丝绸之路经济带"的建设中，并且起到应有的作用。

---

① 程实：《区域中国：增长极与政策季》，https://finance.qq.com/original/caijingzhiku/cs.html。

表 1-3　　　　2012 年和 2016 年各省三次产业构成统计

省份	2012 年 第一产业	第二产业	第三产业	省份	2016 年 第一产业	第二产业	第三产业
北京	0.8	22.7	76.5	北京	0.5	19.3	80.2
天津	1.3	51.7	47.0	天津	1.2	42.3	56.4
河北	12.0	52.7	35.3	河北	10.9	47.6	41.5
山西	5.8	55.6	38.7	山西	6.0	38.5	55.5
内蒙古	9.1	55.4	35.5	内蒙古	9.0	47.2	43.8
辽宁	8.7	53.2	38.1	辽宁	9.8	38.7	51.5
吉林	11.8	53.4	34.8	吉林	10.1	47.4	42.5
黑龙江	15.4	44.1	40.5	黑龙江	17.4	28.6	54.0
上海	0.6	38.9	60.4	上海	0.4	29.8	69.8
江苏	6.3	50.2	43.5	江苏	5.3	44.7	50.0
浙江	4.8	50.0	45.2	浙江	4.2	44.9	51.0
安徽	12.7	54.6	32.7	安徽	10.5	48.4	41.0
福建	9.0	51.7	39.3	福建	8.2	48.9	42.9
江西	11.7	53.6	34.6	江西	10.3	47.7	42.0
山东	8.6	51.5	40.0	山东	7.2	46.1	46.7
河南	12.7	56.3	30.9	河南	10.6	47.6	41.8
湖北	12.8	50.3	36.9	湖北	11.2	44.9	43.9
湖南	13.6	47.4	39.0	湖南	11.3	42.3	46.4
广东	5.0	48.5	46.5	广东	4.6	43.4	52.0
广西	16.7	47.9	35.4	广西	15.3	45.2	39.6
海南	24.9	28.2	46.9	海南	23.4	22.4	54.3
重庆	8.2	52.4	39.4	重庆	7.3	44.5	48.1
四川	13.8	51.7	34.5	四川	11.9	40.8	447.2
贵州	13.0	39.1	47.9	贵州	15.7	39.7	44.7
云南	16.0	42.9	41.1	云南	14.8	38.5	46.7
西藏	11.5	34.6	53.9	西藏	10.1	37.3	52.6
陕西	9.5	55.9	34.7	陕西	8.7	48.9	42.3
甘肃	13.8	46.0	40.2	甘肃	13.7	34.9	51.4
青海	9.3	57.7	33.0	青海	8.6	48.6	42.8
宁夏	8.5	49.5	42.0	宁夏	7.6	47.0	45.4
新疆	17.6	46.4	36.0	新疆	17.1	37.8	45.1

资料来源：《中国统计年鉴》(2013、2017)。

二 西北地区经济发展措施

在"丝绸之路经济带"建设过程中,西北地区得到了良好的发展机遇,同时也要充分抓住发展机遇,根据"丝绸之路经济带"建设目标和各地区发展实际,制定适合本区域发展的措施,依托"丝绸之路经济带"建设,促进西北地区经济发展。立足实际、面向未来,西北地区在"丝绸之路经济带"建设过程中,做好以下几个方面,促进西北地区社会经济发展。

(一)落实"五通",为区域经济发展奠定基础

2013年10月15日,习近平总书记在哈萨克斯坦议会下院议长会议时提出,全面加强两国之间政治沟通、道路联通、贸易联通、货币流通和民心相通这"五通",发挥中哈合作对"丝绸之路"途经地区区域合作的示范和带头作用,带动更多国家积极参与"丝绸之路经济带"建设。由此可见,"五通"建设对于"丝绸之路经济带"的建设具有举足轻重的作用,西北地区作为"丝绸之路经济带"建设的前沿,首先要加强"五通"建设。西北地区积极与周边国家或地区签订相关贸易或区域性贸易协定,建立"丝绸之路经济带"建设的政治框架,实现双方在贸易交流过程中具有坚实的政治保障,进而保障"丝绸之路经济带"建设的顺利推进。加强西北地区与周边国家的道路联通。"丝绸之路经济带"建设过程中,西北地区加强与周边国家和地区的基础设施建设,特别是以铁路、公路等为主的道路建设,提高西北地区与周边国家和地区的商品运载能力,降低运输成本,扩展运载内容,扩大"丝绸之路经济带"贸易内容。西北地区在"丝绸之路经济带"建设过程中,要紧密结合自身产业优势和周边国家和地区的市场需求,打造"丝绸之路经济带"的生产和贸易市场,形成集生产、贸易、销售等于一体的市场。加强人民币在"丝绸之路经济带"建设过程中的作用,"丝绸之路经济带"的建设,资本是核心和基础,随着"丝绸之路经济带"的发展,资本的顺畅流动成为重要的影响,关系着投资、贸易、文化交流等各个方面的发展,在"丝绸之路经济带"建设过程中,西北地区加强金融市场建设,扩展与沿线国家和地区进行跨境人民币结算,以此促进西北地区与周边国家和地区的国际结算、资产管理、国际贷款、贸易融资等的发展,为"丝绸

之路经济带"的建设提供金融保障。在"丝绸之路经济带"建设过程中，西北地区加强与周边国家和地区的文化交流，实现民心相通。西北地区与周边国家和地区有着很多共同的文化，因此西北地区利用这一优势，积极发展与周边国家的文化交流，进行人才培养、学术交流、科研合作、旅游合作等，积极拓展各方人员的交流往来，扩大交流范围，形成各方在文化上的互信互认，提高彼此的了解与信任，为"丝绸之路经济带"的建设奠定文化基础。

(二)建立合作协调机制

"丝绸之路经济带"的建设涉及众多的国家和地区，这些国家和地区在经济发展、经济制度、产业结构、发展程度、文化状况等方面都存在重大的差异，在差异的基础上寻求共同的目标，求同存异、共同发展。首先从国家层面上建立各种协调机制。在"丝绸之路经济带"建设过程中，各国之间已经在投资、产业发展、人员交流、商品流通等各个方面建立了相对完善的协调机制，这些协调机制为各国参与"丝绸之路经济带"建设提供了宏观指导，同时也为"丝绸之路经济带"的建设提供了保障。然而，随着"丝绸之路经济带"建设的深入发展，需要建立更加全面的协调机制，保障"丝绸之路经济带"建设顺利推进。西北地区在"丝绸之路经济带"建设过程中，以国家层面的协调机制为指导，建立地区层面的协调机制，为西北地区参与"丝绸之路经济带"的建设提供保障。西北地区要从自身和周边国家地区的发展状况出发，建立多层次、全方位的协调机制，保障"丝绸之路经济带"建设的深入发展。一是建立经济合作协调机制。"丝绸之路经济带"建设，经济建设是核心，西北地区应充分发挥自身的地理优势，与周边国家和地区建立经济协调机制，在产业发展、企业合作、资源流动等各个方面形成良好的协调机制，使各国间经济合作能够顺畅进行，形成各国间良好的经济合作氛围。二是建立文化合作协调机制。西北地区与周边国家和地区有着广泛的文化交流基础，西北地区应该充分发挥这一优势，建立与周边国家和地区文化合作协调机制，加强各国之间的文化交流合作，通过文化交流合作形成各国之间的互信互任，为其他方面的合作奠定基础。同时，通过文化交流合作，积极发展教育、人才培养、技术培训等各个方面的交流合作，形成良好的文化合作氛围。三是建立创新协调机制。"丝绸之路经济带"的建设不仅是现有技术水平基础上的合作,同时要根据各国和地区发展需求进行创新,"丝绸之路经济带"建设过程中,随着新的市场形成,对商品、服务等各个方面都提出了新的要求,因此各国之间要建立相应的创新协调机制,共同进行相关创新研究,提高"丝绸之路经济带"建设的合作水平。

(三)提升合作层次

"丝绸之路经济带"的建设是在沿线各国和地区之间深度合作基础上进行的,这种合作不是现有各国之间合作模式的简单推广,而是在现有合作基础上的进一步深化,形成更高层次的合作。"丝绸之路经济带"的建设是在全球经济快速发展、产业结构加速调整的背景下进行的新型经济合作区域建设,因此要求建立更高层次的合作,不是传统的商品货物贸易为主的合作方式。提升合作层次就要在商品货物贸易的基础上,加强技术、服务、文化、旅游等各个方面的合作。技术合作是"丝绸之路经济带"建设的必然要求。当今社会发展在很大程度上是依靠技术推进的,西北地区和周边国家地区的技术发展水平相对较低,但是随着"丝绸之路经济带"的发展,对商品、服务、运输、文化等各个方面都提出了新的要求,各国之间要加强相关领域的技术合作,形成更高水平的新技术,满足"丝绸之路经济带"建设的需求。服务合作是"丝绸之路经济带"建设的重要内容。"丝绸之路经济带"建设要改变传统的贸易方式,积极发展服务贸易,特别是在人才培养、金融、保险、投资等方面的服务贸易,各国之间加强合作,探索新的服务合作方式,形成满足"丝绸之路经济带"建设需求的服务市场。文化合作是"丝绸之路经济带"建设的又一重要内容。当今世界各国文化不断繁荣发展,文化发展已经成为各国发展中的重要组成部分,西北地区与周边国家和地区有着很多的共同文化,这为文化合作奠定了坚实的基础。因此,在"丝绸之路经济带"建设过程中,西北地区要立足共同文化需求,积极发展文化合作,促进"丝绸之路经济带"沿线国家和地区的文化繁荣。旅游合作是"丝绸之路经济带"建设的重要内容。旅游业作为当前的一个新型产业,对地方经济的发展起到了积极的促进作用,特别是西北地区及周边国家和地区,具有独特的旅游文化资源,这些资源为旅游业的发展奠定了良好的基础。但是,当前西北地区旅游业发展相对落后、旅游资源开发还不够成熟,即便西北地区在大力发展旅游业,仍未形成具有广泛吸引力的国际旅游市场。在"丝绸之路经济带"建设过程中,西北地区要加强与周边国家和地区的旅游资源开发合作,充分利用沿线国家和地区独特的旅游资源,形成国际化的旅游市场,广泛吸引世界各国人口,进而促进"丝绸之路经济带"旅游合作水平的提高。

总之,"丝绸之路经济带"建设过程中,西北地区要积极参与,充分利用这一发展机遇,在促进"丝绸之路经济带"发展的同时,也促进西北地区自身发展。但是,"丝绸之路经济带"建设是沿线各国广泛参与的新的国际合作形式,没有可供直接借用的方式,这需要在建设过程中积极探索,形成合作模式。西北地区作为"丝绸之路经济带"建设的重要成员,要从自身实际出发,积极参与,在国家宏观指导下,充分发挥自身优势,加强与周边国家和地区的深度合作,为"丝绸之路经济带"的建设发挥自身的作用。

第二章 "丝绸之路经济带"背景下西北地区产业结构优化

第一节 产业结构概述

一 产业结构的含义

产业结构，也称国民经济的部门结构，指一国或地区的国民经济体系中各产业部门之间以及各产业部门内部的构成，其形成依赖于劳动分工，并随着社会化生产中的一般分工与特殊分工而逐步形成、演变和发展，与技术变动和扩散紧密相连，是经济结构的关键组成部分。产业结构主要包括质和量两方面的含义："质"的方面，主要指国民经济中各产业的质量、产业技术等级和效率布局，凸显产业内部导向部门的相继替换规律及其相应的"结构"效益，属于狭义意义上的产业结构理论。"量"的方面，指各产业之间及其内部比例关系，即产业间的"投入—产出"比例，进而形成产业关联理论，属于广义的产业结构理论。

衡量产业结构是否合理，数量和比重需要同时考虑。具体分析产业间比例关系时，一般使用两类指标：一类是各产业的就业人数与资本等生产要素投入及其所占比重，用于表示各种"资源"在各产业间的分配形态；另一类是各产业创造的国民收入及其在全国总国民收入中所占比重，用于表示再生产的结构形态。费希尔和克拉克则将产业划分为第一、第二、第三次产业，并认为产业结构就是国民经济中三大产业部门之间的比例关系及其相互联系。

根据三次产业分类法，我们也采用通用的产业结构分类，第一产业指农业，第二产业指工业和建筑业，第三产业指第一、二产业之外的其他产业，一般分为流通部门和服务部门。

二　产业结构效应

产业结构的形成与发展直接决定和影响国家或地区的整体经济发展方向和水平，进而影响整个社会的发展。这种影响关系随着结构主义经济增长理论的发展而被界定为产业结构效应。最早由帕西内蒂（L. L. Pasinetti）提出结构改变促进经济增长的理念，指出只要不断改变的产业结构能够适应需求变动、提高技术利用率，就会推进经济增长。鲁宾逊、钱纳里、费德等学者进而从不同角度研究了产业结构对经济增长的促进作用，形成了结构主义经济增长理论，并认为二者关系密切，产业结构变化是经济增长的重要因素。

产业结构效应包括关联效应和主导产业扩散效应，这是基于产业影响的分类。产业关联效应产生于社会化大生产和产业分工形成的产业供需关联度，这种供需链使产业间互为关联，其中某个产业生产、技术等方面的变化直接或间接地对其他产业产生影响，形成关联效应。主导产业扩散效应主要指主导产业通过"不合比例"增长的作用影响其他关联产业。根据影响范围的不同，可分为回顾效应、旁侧效应和前向效应。回顾效应是针对供应链而言，即主导产业的增长可带动相关供应部门的变化；旁侧效应是针对周边影响而言，主导产业的增长可对周边地区的经济、社会、人口、就业等造成一定影响，诸如人口聚集、就业转型、社会发展等；前向效应则指主导产业的发展诱导了新产业、新技术、新材料、新能源的出现，使供应产业所供应产品的质量得到改善[①]。

从产业结构对经济增长质量的影响而言，可分为狭义维度和广义维度。①狭义维度主要指产业结构可直接导致生产组织方式差异，生产组织方式差异又会导致生产要素和技术在具体使用方向及程度上的区别，这种区别进一步决定这些投入要素利用效果的好坏，即效率高低。因此，产业结构狭义效应即指对经济增长效率的影响。合理的产业结构能

[①] 李孟刚、蒋志敏：《产业经济学》，高等教育出版社2008年版，第117页。

够促进各产业部门的协调发展,提高资源与技术利用效率,降低资源要素的"瓶颈"约束,从而促进经济增长质量的提升。②广义维度主要指产业结构对经济增长方式的影响。根据世界各国尤其是发达国家的实践经验,经济增长通常体现为三个阶段:增长初始阶段、高速增长阶段和经济发达阶段,这三个阶段的产业结构存在明显差异。增长初始阶段,整体经济发展缓慢,三大产业中农业占据国民经济的统治地位,工业和服务业基础薄弱。经济结构体现为"农业独大",多元经济结构尚在孕育中,科技水平落后,经济增长依赖劳动、资本要素的投入,属于典型的数量型经济增长模式。

高速增长阶段,整体经济增长迅速,国民经济中农业主导地位开始逐渐弱化,工业和服务业快速发展,其产值与就业比重不断提高。经济结构的"工业化"特征明显,并逐步形成多元化经济结构。这种调整诱导劳动力、资本等生产要素集聚在高效部门,提高经济效率、加快增长速度,高速的经济增长反过来又促进产业结构的调整变动。与此同时,技术结构也在不断调整。整个阶段的增长模式体现典型的数量型增长向质量型增长的"过渡模式",又被称为准质量型经济增长模式。

经济发达阶段,经济上实现了工业化,工业和服务业发达,并形成"服务化"为主的经济结构体系,服务化产值与就业比重皆超过工业,经济增长在要素投入基础上转为依靠结构转型升级、技术进步以及制度创新,属于质量型经济增长模式。

上述经济发展阶段的划分,符合经济增长过程中各产业非均衡扩张的规律。配第(1691)—克拉克(1940)定理则对该规律进行归纳,高度概括出产业结构变化的长期趋势,即随着经济的发展,第一产业的规模和劳动力所占的比重会逐渐下降;第二产业则会逐渐上升;随着进一步发展,第三产业所占比重将会超越其他,从而形成三、二、一依次递减比重的产业结构。

第二节 西北地区产业结构分析

随着西部大开发战略计划的不断深入和工业化进程的加速,依托西北地区城市和区域的优势资源,西北五省区目前已形成以石油化工、采矿业、有色金属加工、装备制造业等为主导的优势产业，以及各省区充分利用自身优势条件形成的特色农畜产品、加工产业、特色旅游业等产业。这种优势产业与"丝绸之路经济带"沿线国家的能源资源有高度相似性，将为经济带的能源合作提供良好的合作平台。

一 西北地区总体产业结构演变态势

众所周知，改革开放以来我国经济增长成就显著，1978—2015年的年均经济增长率达到了9.62%。尤其是在进入21世纪后，工业化和城市化进程的快速推进更使经济增长如虎添翼，2000—2010年年均经济增长率达到10.48%（见表2-1），为我国后期经济增长打下坚实的基础。与此同时，党中央高度重视内陆地区发展，积极推进西部大开发，在进行大规模经济建设、增强物质基础的同时，西北地区产业结构也顺应国家战略和经济发展需求发生良性变动，经历了由低级到高级的动态演变过程，基本符合产业结构演进的历史趋势。

表2-1　　　　　　1979—2016年中国GDP指数

年份	GDP指数 上年=100	年份	GDP指数 上年=100	年份	GDP指数 上年=100
1979	107.6	1992	114.2	2005	111.4
1980	107.8	1993	113.9	2006	112.7
1981	105.1	1994	113.0	2007	114.2
1982	109.0	1995	111.0	2008	109.7
1983	110.8	1996	109.9	2009	109.4
1984	115.2	1997	109.2	2010	110.6
1985	113.4	1998	107.8	2011	109.5
1986	108.9	1999	107.7	2012	107.9
1987	111.7	2000	108.5	2013	107.8
1988	111.2	2001	108.3	2014	107.3
1989	104.2	2002	109.1	2015	106.9
1990	103.9	2003	110.0	2016	106.7
1991	109.3	2004	110.1		

续表

年份	GDP 指数 上年＝100	年份	GDP 指数 上年＝100	年份	GDP 指数 上年＝100
2016 年为 1978 年的倍数			32.31		
年均经济增长率(%)			9.62		
2010 年为 2000 年的倍数			2.73		
年均经济增长率(%)			10.48		

资料来源：根据《中国统计年鉴》历年数据整理而得。

我们选择20世纪90年代为起点，通过相关统计数据的整理，发现自1992年以来西北地区产业结构调整步伐明显加快，非农产业增长显著提高。尤其是1999年国家提出"西部大开发"规划后，西北地区的基础设施建设和特色资源开发也明显增强，反映在其产业结构变动上，则体现为产业结构更加合理、高级。具体体现为第一产业占GDP的比重下降明显，1993年西北五省区农业产值占比均值高达22.23%，而到2016年占比均值则为11.14%，下降了11.09个百分点。非农产业占比则呈快速上升趋势，尤其以第三产业为重。从表2-2可以看出，第二产业占GDP比重始终较大，1993年均值为43.09%，2016年为43.44%，上升幅度较小，除甘肃、新疆外，仍然位居其他省区GDP比重的首位。同期第三产业比重上升很快，均值超过了第二产业比重，位居第一，1993年为34.72%，2016年则为45.42%，增加了10.7个百分点。但并非所有省区都呈现此状态。整体上，西北地区产业结构不断优化，在始终保持"二、三、一"型发展态势的同时，个别省区已呈现出"三、二、一"型态势。

二 第一产业结构演变态势

（一）总体演变态势

配第一克拉克定理在概括产业结构变化的长期趋势时，指出第一产业的规模和劳动力在国民经济中所占比重会随着经济发展而逐渐下降。该定理与西北五省区的经济发展完全吻合。1992年中共十四大提出发展社会主义市场以来，我国逐步建立起市场经济体制，并推行了大量的

表2-2　1993—2016年西北五省区三大产业产值结构演变

单位：%

年份	陕西	甘肃	青海	宁夏	新疆
1993	21.86:43.86:34.28	23.49:42.97:33.54	20.25:43.88:35.87	19.94:43.65:36.41	25.61:41.41:32.98
1994	20.48:43.43:36.09	22.90:42.80:33.30	23.41:41.75:34.84	21.97:41.11:36.92	28.34:37.61:34.05
1995	20.95:42.6:36.45	19.84:46.05:34.12	23.61:38.49:37.90	20.21:42.62:37.16	29.54:34.85:35.61
1996	20.61:42.30:37.09	26.04:43.18:30.78	21.94:38.01:40.05	21.28:39.69:38.98	27.67:34.82:37.51
1997	18.73:41.60:39.67	23.97:42.57:33.47	20.61:37.79:41.60	19.98:39.48:40.54	26.90:37.06:36.04
1998	18.30:41.68:40.02	22.84:42.07:35.09	19.44:38.67:41.89	19.86:38.75:41.39	26.29:35.75:37.96
1999	15.98:42.79:41.23	20.06:42.88:37.06	17.56:39.28:43.16	18.17:39.24:42.58	23.08:36.15:40.77
2000	14.31:43.38:42.31	18.44:40.05:41.52	15.22:41.27:43.51	15.60:41.16:43.24	21.13:39.42:39.44
2001	13.11:43.71:43.18	18.48:40.70:40.82	14.91:41.68:43.41	14.72:40.27:45.01	19.32:38.48:42.21
2002	12.52:44.71:42.76	17.49:40.72:41.79	13.89:42.42:43.69	14.04:40.58:45.38	18.91:37.40:43.69
2003	11.70:47.19:41.11	17.00:40.86:42.14	12.42:44.06:43.52	12.49:43.62:43.89	21.89:38.14:39.97
2004	12.21:48.91:38.88	16.98:42.24:40.77	13.02:45.42:41.56	12.16:45.44:42.40	20.88:41.40:37.72
2005	11.08:49.61:39.32	15.93:43.36:40.71	12.03:48.70:39.27	11.76:45.88:42.36	19.58:44.73:35.69
2006	10.22:51.70:38.08	14.67:45.81:39.53	10.42:51.18:38.40	10.96:48.43:40.61	17.33:47.92:34.75
2007	10.29:51.87:37.83	14.33:47.31:38.35	10.46:52.55:36.99	10.65:49.51:39.84	17.85:46.76:35.39
2008	10.30:52.79:36.91	14.60:46.43:38.97	10.36:54.69:34.94	9.88:50.67:39.45	16.52:49.50:33.98
2009	9.67:51.85:38.48	14.67:45.08:40.24	9.93:53.21:36.86	9.40:48.94:41.66	17.76:45.11:37.12
2010	9.76:53.80:36.44	14.54:48.17:37.29	9.99:55.14:34.87	9.43:49.00:41.57	19.84:47.67:32.49
2011	9.76:55.43:34.81	13.52:47.36:39.12	9.28:58.38:32.34	8.76:50.24:41.00	17.23:48.80:33.97
2012	9.48:55.86:34.66	13.81:46.02:40.17	9.34:57.69:32.97	8.52:49.52:41.96	17.60:46.39:36.02
2013	9.02:55.00:35.99	13.34:43.37:43.29	9.65:54.25:36.10	8.18:48.87:42.95	16.99:42.34:40.67
2014	8.85:54.14:37.01	13.18:42.80:44.02	9.37:53.59:37.04	7.88:48.74:43.38	16.59:42.58:40.83
2015	8.86:50.40:40.74	14.05:36.74:49.21	8.64:49.95:41.41	8.17:47.38:44.45	16.72:38.57:44.71
2016	8.73:48.92:42.35	13.66:34.94:51.41	8.60:48.59:42.81	7.62:46.97:45.40	17.09:37.79:45.12

配套政策及资本投入，西北五省区第一产业发展受其影响，增加值上涨迅猛、成效显著，其占 GDP 比重从 1993 年的 22.23% 上涨到 1996 年的 23.52%，之后开始逐年下降，2016 年占比为 11.14%；而同期全国比重从 19.3% 下降至 8.6%。由此可以看出，西北地区第一产业增加值比重总体演变呈下降趋势，但仍高于全国整体水平（见图 2-1）。

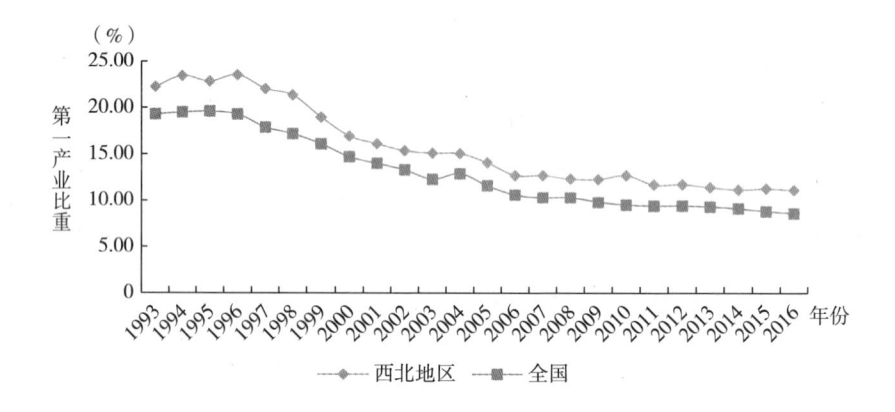

图 2-1　1993—2016 年西北地区第一产业比重与全国的比较

资料来源：根据《中国统计年鉴》历年数据整理而得。

如图 2-1 所示，西北地区农业产值在 GDP 中所占比重连续下降，尤其是自 2000 年以来，其下降程度更为明显，虽然相比全国平均水平而言仍然占比较高，但二者的差距日益缩小。1996 年，西北地区农业产值占 GDP 比重比全国平均水平高出 4.22%，但 2016 年仅高于 2.54%，这种现象与国家重视并强调西北地区发展特色及优势农业密切相关。2000 年国务院出台《关于实施西部大开发若干政策措施的通知》（国发〔2000〕33 号），提出实施西部大开发的重点任务是"加快基础设施建设；加强生态环境保护和建设；巩固农业基础地位，调整工业结构，发展特色旅游业；发展科技教育和文化卫生事业"。2002 年农业部出台《关于加快西部地区特色农业发展的意见》，特别强调要突出抓好西部地区特色农业的发展重点，即以油料、橡胶、马铃薯、杂粮、中药材和优质烟叶为核心的特色种植业；以花卉、反季节蔬菜和特色瓜果为重点的优势园艺业；以细毛羊、绒山羊和特色畜禽为中心的草地畜牧业；以稻田养鱼、养蟹和冷水性鱼类为代表的环保高效特种水产养殖业，以及以粮油制品、肉制品、果蔬制品等为主的优势农产品加工业。2004年《国务院关于进一步推进西部大开发的若干意见》中，将"加强西部地区农业与农村基础设施建设，进一步提高农民的生产生活条件"作为进一步推进西部大开发要抓好的十项重点工作中的一项。

由此可见，西北地区第一产业增加值比重的下降并不意味着其发展的萎缩；相反，在国家宏观政策的有力推动下，该地区农业综合生产能力和生产效率获得了较大程度的提高，第一产业增加值的绝对额也明显提高。1993年第一产业增加值为405.57亿元，而2016年则高达4789亿元，20多年间增长了11.81倍。

（二）西北五省区第一产业演变态势比较

第一产业主要包括种植业、畜牧业、林业和渔业，其变化的一般趋势包括两方面：一是整个农业发展速度低于工业和国民经济其他部门；二是受需求变动影响，具体产业增长速度存在差异，种植业增长速度逐渐低于畜牧业的增长速度。西北五省区实际存在的地理位置、自然资源、人文环境、经济基础等内在差异，使农业产业演变中存在区别。

如图2-2所示，西北五省区农业产业比重都呈现下降趋势，但陕西省、甘肃省所占比重明显高于青海、宁夏和新疆。

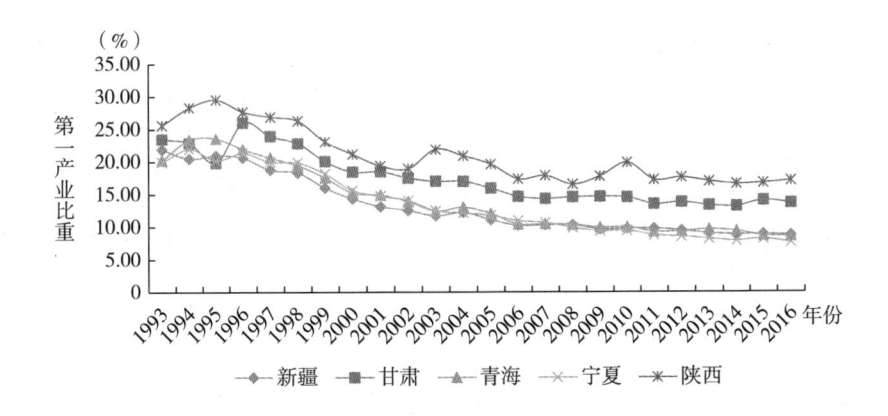

图2-2 1993—2016年西北地区五省区第一产业比重比较

资料来源：根据《中国统计年鉴》历年数据整理而得。

1. 种植业占主要地位

西北五省区农业产业中，除青海省的种植业地位次于牧业外，其他四省区种植业的占比均值都在70%左右，属于绝对优势地位。这和该区域土地广袤、耕地面积大密切相关。西北地区总土地面积约占全国总量的42%，其中耕地面积3800万公顷，占全国耕地面积的38%，并以旱地为主。例如，2003年陕西省总耕地面积是2795.82千公顷，而水田只占1%。与此同时，也存在土地质量差、生产效率低的现象。

2. 渔业、林业占比极低

受内陆高海拔、缺淡水等自然条件限制，西北五省区的农业产业结构中，渔业占比最低，除宁夏渔业占比均值为2.03%，超过1%以外，其余四省区皆不足1%，陕、甘、青、新的占比均值分别仅为0.58%、0.32%、0.24%和0.58%。林业占比略微高于渔业，但也较低。最高的陕西省占比均值也仅为3.98%，其余四省则为2%左右，甘、青、宁、新的占比均值分别为1.96%、1.98%、2.45%和1.76%。

3. 牧业地位相对重要

西北地区长期以来以其独特的自然、地理环境优势而成为我国传统畜牧业基地，2013年，我国草原总面积392832.67千公顷，西北地区119753千公顷，占全国的30.48%，其中可利用草原面积102583.9千公顷，占全部草地面积的85.66%。历史上，西北牧区始终是国家和城市居民牛羊肉的主要产区，在各个省的农业产业结构中地位重要。尤其在青海省，更是最主要的产业部门。这主要和青海省独特的地域环境有关。青海省地处"世界屋脊"青藏高原东北部，全省约85%的面积海拔在3000米以上，其典型的高原大陆性气候，加上地形复杂、水热分布不均，导致农业生产条件差异大，并形成立体垂直式的农业生态环境。与此同时，相比东部湟水流域的种植业区，西部、南部的牧业区所占面积更大，作为我国五大牧区之一，青海现有天然草场面积3858.73万公顷，居全国第四位，占全省面积的53.6%，其中可利用草场面积3345.07万公顷，占天然草场面积的87%，约为全国可利用草场面积的15.2%。这种天然草场辽阔、类型多、草质好的特点使青海省牧业发展条件优于种植业，并形成特殊的农业产业结构。

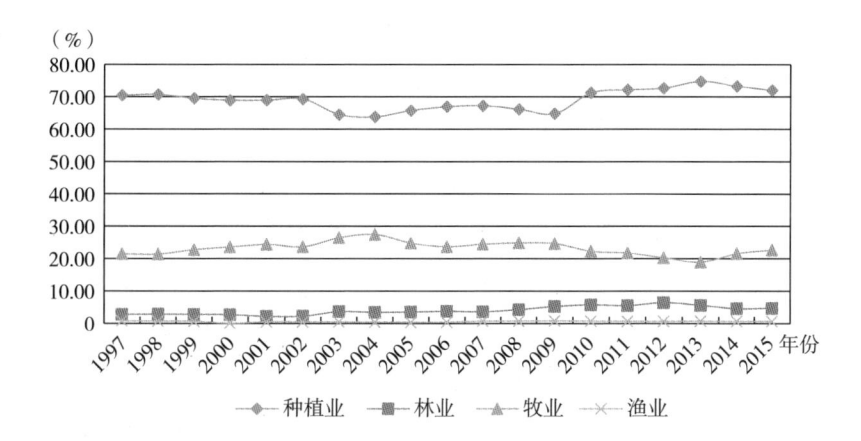

图 2−3　1997—2015 年陕西省农业内部各产业占比

资料来源：根据《中国统计年鉴》历年数据整理而得。

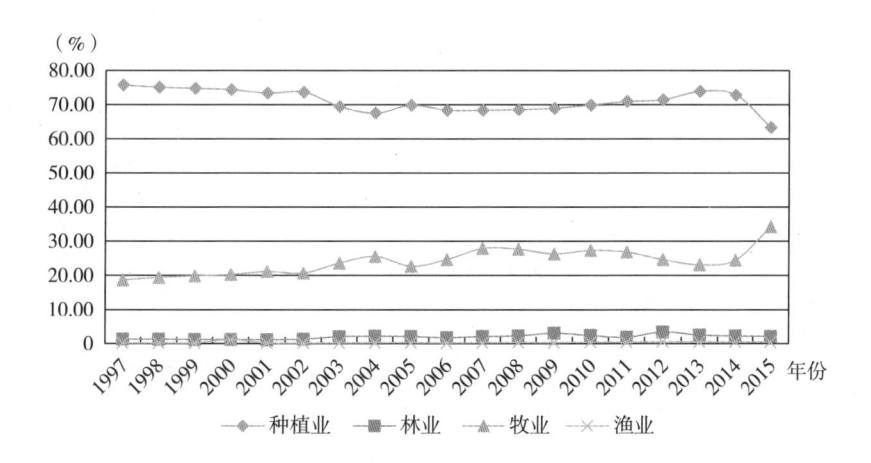

图 2−4　1997—2015 年甘肃省农业内部各产业占比

资料来源：根据《中国统计年鉴》历年数据整理而得。

三　第二产业结构演变态势

(一)总体演变态势

第二产业的发展和结构演变与国家产业政策、生产力水平提高密切相关，通常情况下呈现"轻工业→重化学工业→知识密集型工业"的发展趋势，这是由不同工业形态的投资、发展、回报特性而决定的。轻工

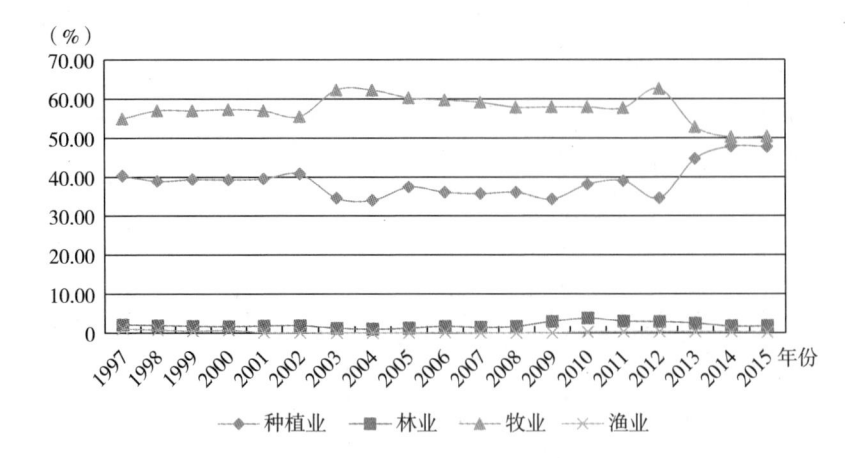

图 2-5　1997—2015 年青海省农业内部各产业占比

资料来源：根据《中国统计年鉴》历年数据整理而得。

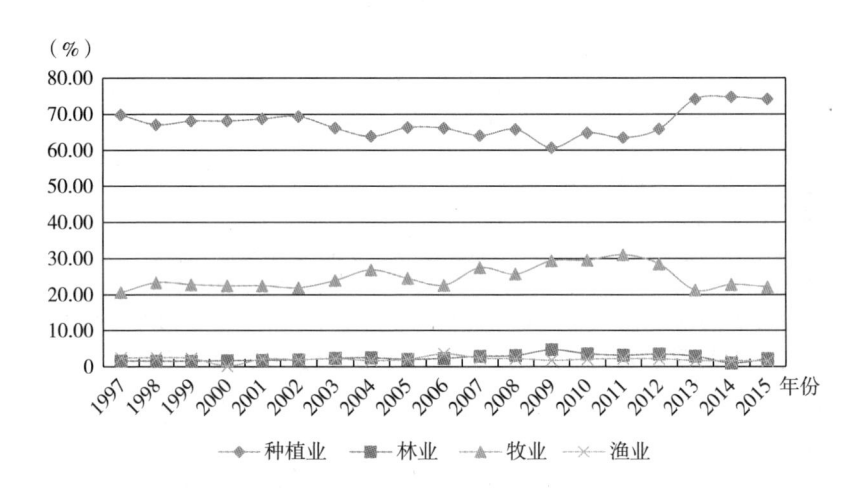

图 2-6　1997—2015 年宁夏农业内部各产业占比

资料来源：根据《中国统计年鉴》历年数据整理而得。

业投资少、建设期短、资金回收快，并因可以直接满足人民消费需要而具有比较广阔的市场；但想要支撑国家、地区工业和国民经济的更快发展，必须发展重工业，特别是机械制造业。在新技术革命的推动下，工业则以技术集约化为发展重心。

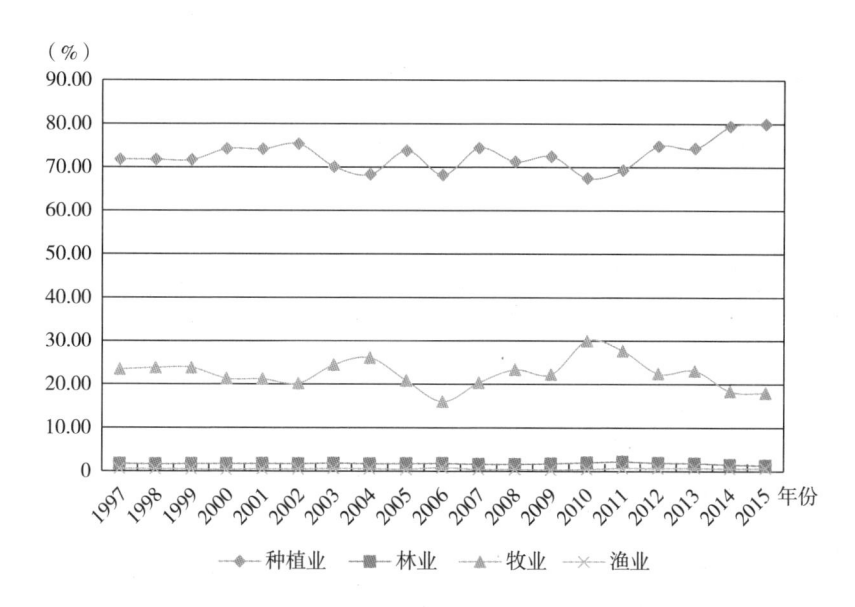

图 2-7　1997—2015 年新疆农业内部各产业占比

资料来源：根据《中国统计年鉴》历年数据整理而得。

有关产业结构演变的研究表明三大产业一般在区域发展初期呈现"一、二、三"结构，但伴随着经济发展和工业化进程的启动，会逐步转变为以工业为主的"二、一、三"或"二、三、一"形态。改革开放以来，伴随西部大开发战略的推进和工业化进程的加速启动，西北地区经济获得长足发展，并形成以工业为主的产业结构格局。如图 2-8 所示，西北五省区第二产业发展成效明显，产业比重呈现波浪式增长。1998 年，西北地区第二产业产值增加值比重均值达到最低点 39.38%，2011 年又达到最高点 52.04%，2016 年回落到 43.44%。而同期的全国第二产业增加值占 GDP 的比重由 1993 年的 46.2% 下降到 2016 年的 39.9%，下降了 6.3 个百分点，低于西北地区 3.54 个百分点。由此可知，西部大开发战略推行以来，西北地区调整第二产业结构的经济效应十分突出。

(二) 西北五省区第二产业演变态势比较

产业结构演变中，各省区在整体上升态势中存在差异，除产值比重在各省区经济地位中的差别外，还存在产业内部的差异。

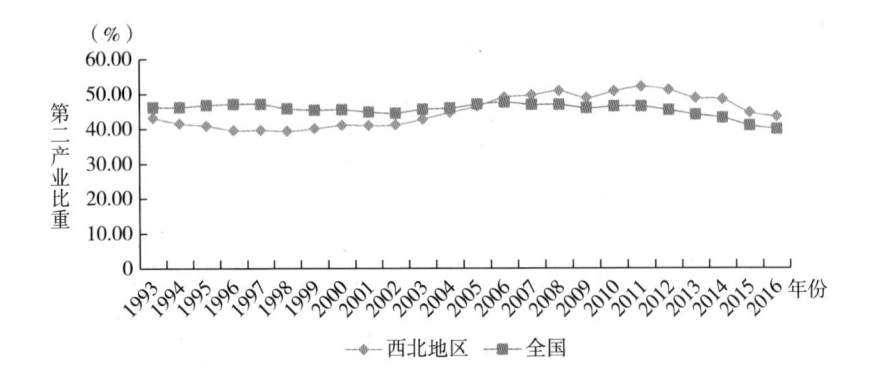

图 2-8　1993—2016 年西北地区第二产业比重与全国的比较

资料来源：根据《中国统计年鉴》历年数据整理而得。

1. 工业产值增加迅速

第二产业包括工业和建筑业两大部门，其中，工业是其迅猛发展的主要构成。近 20 年来，西北五省区在第二产业部门中，以重点项目和技术升级为核心，着力提高工业化水平，逐步形成以石油天然气开采业、冶金业、化工业、电力业及农牧产品加工业为主，且具有地区与资源优势的支柱产业，为西北地区加工制造业生产增速注入新的动力。

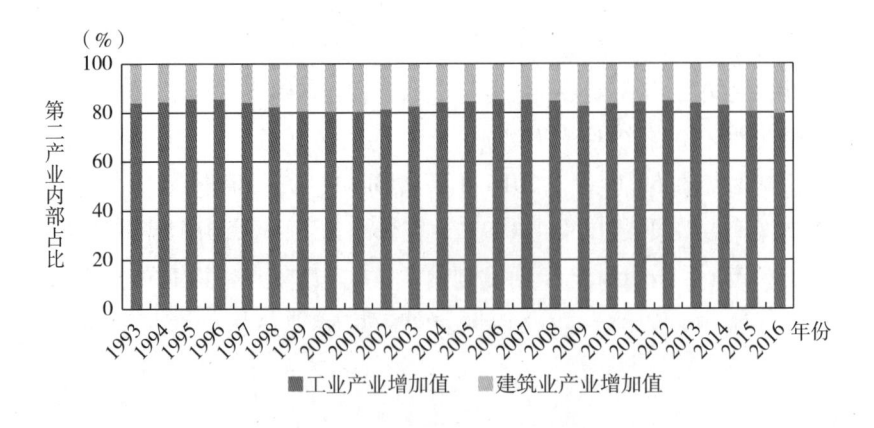

图 2-9　陕西省第二产业增加值构成

资料来源：根据《中国统计年鉴》历年数据整理而得。

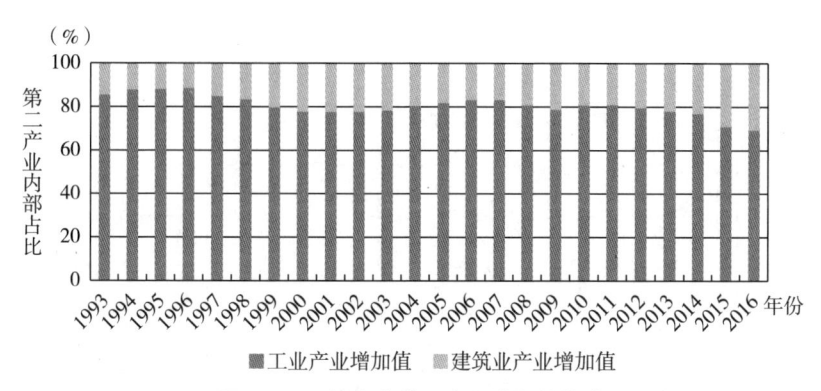

图 2-10 甘肃省第二产业增加值构成

资料来源：根据《中国统计年鉴》历年数据整理而得。

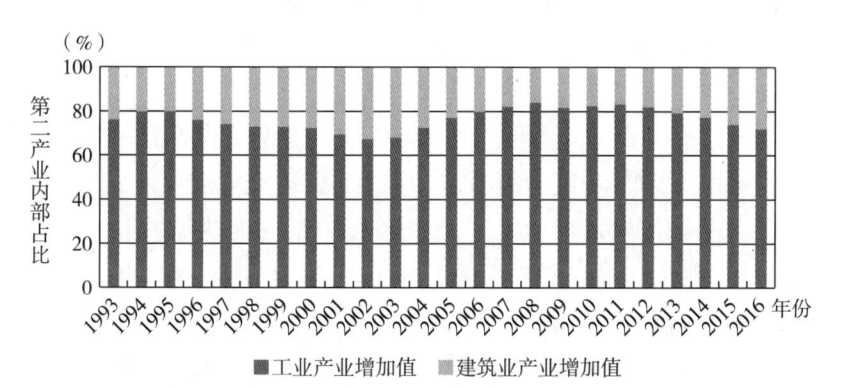

图 2-11 青海省第二产业增加值构成

资料来源：根据《中国统计年鉴》历年数据整理而得。

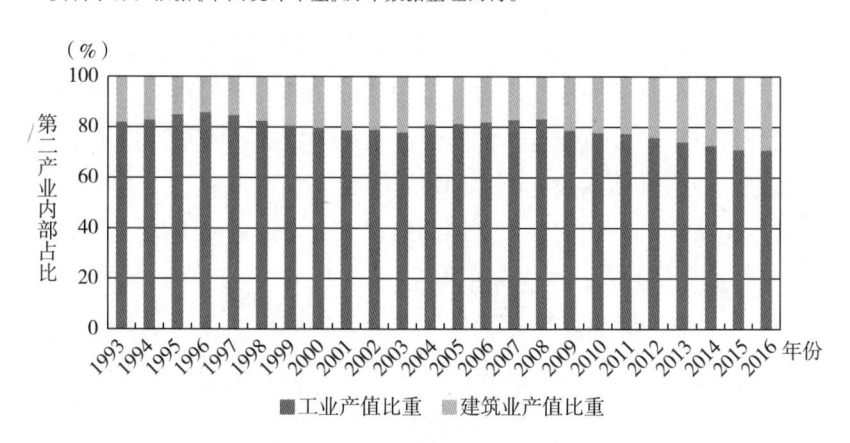

图 2-12 宁夏第二产业增加值构成

资料来源：根据《中国统计年鉴》历年数据整理而得。

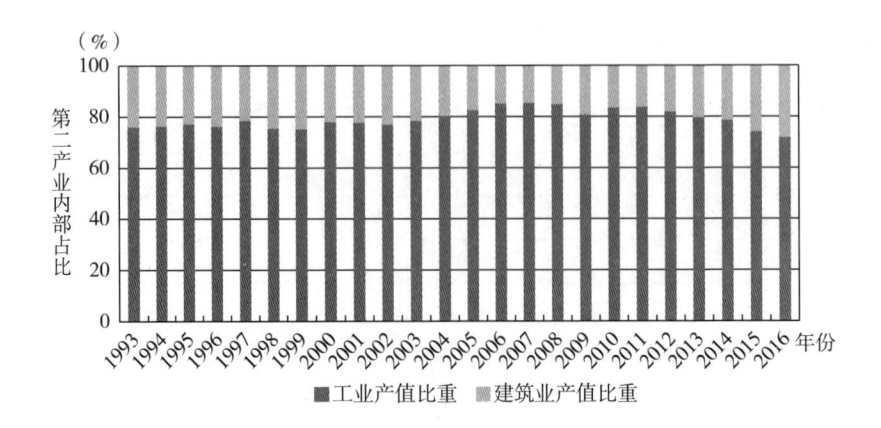

图 2-13　新疆第二产业增加值构成

资料来源：根据《中国统计年鉴》历年数据整理而得。

从图 2-9 至图 2-13 可以看到，工业产业产值在各省区第二产业中贡献极大。然而，与全国相比，西北地区工业企业规模偏小，发展水平偏低，仍具有鲜明的小型化、分散化等特点，在市场竞争中优势不明显，整体工业化进程推进略显缓慢。图 2-14 反映出 1993 年至今，西北地区第二产业产值比重 2005 年前一直低于全国比重，2005 年后开始高于全国。但从工业产值比重来看，西北地区则始终低于全国水平。陕西省发展研究中心（2004）指出，随着国家对西部地区基础设施建设力度的不断加强，市政、通信、公路、铁路等重大交通工程项目的投入，西部地区基础设施建设呈现适度超前态势。然而，这种发展态势与工业发展相对滞后呈现出明显的反差。造成这种局面的原因在于工业生产更新升级的资金不足，致使生产能力无法进一步提高，甚至还出现下滑倾向，加之产业配套体系缺乏更多的投入，尤其是对加工业重视不够，新增项目更无从谈起，从而降低了西部地区第二产业占 GDP 的份额。[①]

2. 各省区工业产值贡献率差异明显

事实上，虽然西北五省区的第二产业发展都以工业为主，但工业产值绝对值差异大，对西北地区发展贡献区别明显。其中，作为西北地区

---

① 高新才、腾堂伟、童长凤：《西部地区产业结构调整与特色优势产业发展》，载韦苇《中国西部经济发展报告》，社会科学文献出版社 2005 年版，第 197—244 页。

重要的工业大省，陕西省的产值贡献率达到40%以上，并呈现日益增长势头，2012年后开始占据半壁江山，成为最主要的工业省份；新疆次之，贡献率在20%以上，但日益降低；甘肃省的工业产值贡献率则在20%左右，并呈波动式的下降；宁夏和青海皆维持在6%左右（见图2-15）。

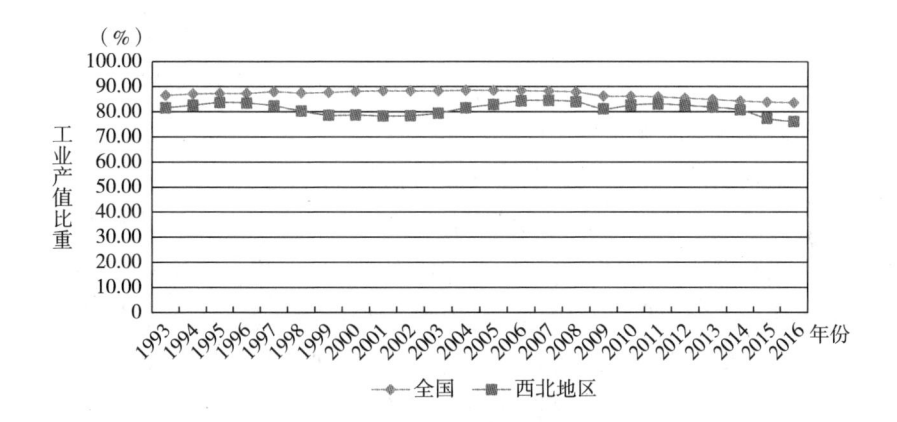

图 2-14 全国及西北地区工业产值比重

资料来源：根据《中国统计年鉴》历年数据整理而得。

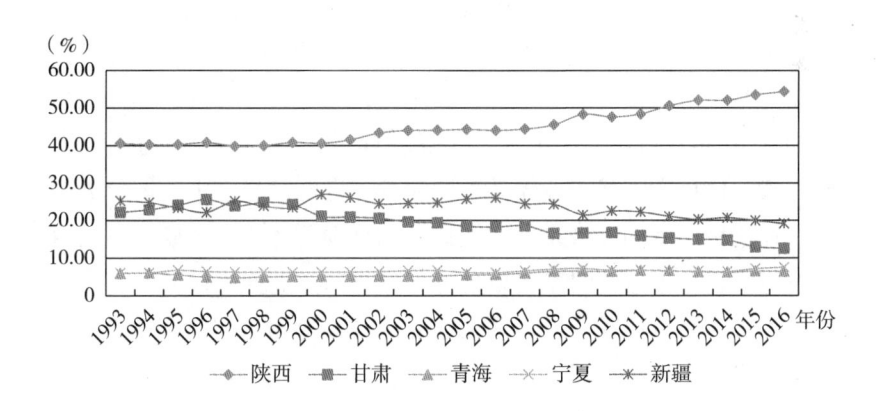

图 2-15 西北各省区工业产值贡献率

资料来源：根据《中国统计年鉴》历年数据整理而得。

这种差异和西北各省区在国家经济发展体系中战略部署、区位优势和自身经济基础有密切关系。陕西地处国家地理版图中心，对内连接东部沿海地区和西部地区，对外连通中亚地区，是古丝绸之路的起点、新亚欧大陆桥的重要枢纽。随着"丝绸之路经济带"新起点和"一带一路"重要节点建设，陕西正在成为全国新的重要综合交通枢纽。相比其他四省区，陕西省与中东部地区联系的地理区位优势更加明显，再加上其自然资源丰富，经过改革开放后"三线建设"、西部大开发等一系列国家建设和战略部署，以及国家科研、生产基地的设立，该省已形成以"关天经济区"为中心的国家高端能源化工基地、先进制造业和航空产业基地，并以其良好的产业基础奠定了承接国内外产业转移的优势基础地位，在西北地区工业发展中遥遥领先。

新疆则以其无可替代的地缘特殊性和能源地位，在我国能源安全体系中拥有极高的战略地位。从地理位置来看，新疆地处欧亚大陆腹地，扼守新亚欧大陆桥的咽喉地带，是连接中国与中亚和中东各国最为便捷的陆上通道之一，也是利用周边国家资源和市场最为便捷的省区之一。与此同时，新疆拥有丰富的石油资源，工业产业中形成以石油为主，化工、电力、钢铁、有色、煤炭等并存的格局，工业产业优势相对明显。

甘肃省作为中华人民共和国初期国家实施重化工业优先发展战略的重要布局地区，早在"一五""二五"及"三线"建设时期就已奠定了工业发展格局。从"一五"开始到20世纪50年代末，在接近空白的基础上中央将156个重点项目中的16项安排在甘肃，使甘肃在没有任何轻工业积累的基础上直接发展重工业，奠定了现代工业基础。20世纪60年代中期到70年代后期，国家进行"三线"建设，又将不少沿海内地企业迁到甘肃，使该省现代工业体系更为完善，在国民经济中的地位进一步增强。在这种历史和经济发展方式惯性的推动下，改革开放特别是西部大开发以来，甘肃省始终呈现以能源、原材料产业为主体的重工业占绝对优势的工业结构体系，也使其在西北地区拥有相对的工业优势。

相比之下，青海和宁夏无论是工业基础、历史积累，还是地缘位置、经济发展，都不及上述三省区，因此，也使其在西北地区工业产值的绝对贡献相对较低。

四　第三产业结构演变态势分析

第三产业发展水平的高低被认为是反映一个国家、地区经济发达程度与水平高低的主要指标。由于第三产业以商品和各类服务为内容，其在 GDP 中所占份额可直接代表经济社会现代化的先进层次与发展水平的高低。西部大开发中，基于传统延续和现实需求，电子、信息、航天航空等新兴产业在西北地区获得迅猛发展，促进西北地区产业结构调整、优化同时，也使第三产业持续增长。

（一）总体演变态势

从图 2-16 可以看出，20 多年来西北地区第三产业总体发展呈现日益增长态势，增长速度较快。1993 年，西北地区第三产业增加值为 598.03 亿元，2016 年则增加到 18810.03 亿元，增长了 31.45 倍，年均增长率高达 16.28%。这种高速增长态势与国家政策保障、财政大力支持密不可分。西部大开发之初，国家投资于西部地区的 3600 亿元全部来自财政性建设资金，其中，2000 亿元投资于基础设施，500 多亿元用于生态环境的投资，100 多亿元投资于社会事业建设。在国家财政投资和国债资金的引导下，西气东输、水利枢纽、青藏铁路、交通干线和西电东送等基础设施重点工程相继全面投产建设，这对西北地区第三产业的发展起到了积极推动作用。[①] 根据资料统计，西北五省区这一时期的第三产业增加值占 GDP 比重迅速提高，其均值从 1993 年的 34.61% 上升到 2016 年的 45.42%，提高了 10.81 个百分点。与全国相比，1993 年西北地区第三产业增加值比重仅高出全国整体水平 0.11%，基本持平；1996 年则达到最高水平，高出全国 3.28 个百分点，这种状态一直持续到 2004 年。自此后，西北地区第三产业增加值比重开始低于全国比重，并自 2007 年起差距幅度迅猛扩大，从 2004 年的 0.93% 增加到 2007 年的 5.22%，并于 2012 年达到差距顶峰，低于全国 8.14 个百分点，最近几年差距有所缩小，但依然维持在 6% 以上。

（二）西北五省区第三产业演变态势比较

无论从产值占 GDP 的比重，还是从就业人数占总就业人数的比重看，服务业已经成为现代经济中最具发展潜力的领域。世界各国经济发展规律也证明社会发展进入买方市场后，经济增长将更多地依靠服务业

[①] 苏建军、徐璋勇：《西部地区产业结构演变及转型发展研究》，《宁夏社会科学》2015 年第 1 期。

的带动。尤其是以信息网络技术为主要支撑的现代服务业,更是可以通过创造需求、引导消费而保障国民经济的持续快速增长。

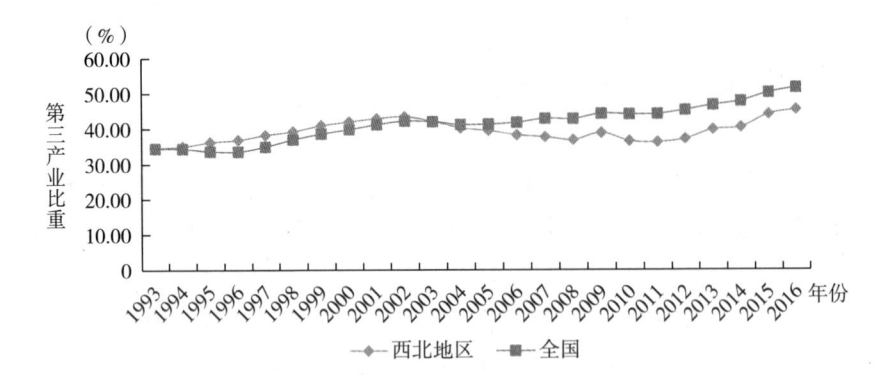

图 2–16　1993—2016 年西北地区第三产业比重与全国的比较

资料来源:根据《中国统计年鉴》历年数据整理而得。

第三产业作为综合性产业,以服务业为核心,但其包含内容和层次划分尚未统一。例如,褚志远等(2007)在分析西北五省区产业发展时将第三产业界定为四个层次:第一层次是流通部门,包括交通运输、仓储及邮电通信业、批发零售贸易以及餐饮业;第二层次是为生产和生活服务的部门,包括金融业、保险业、地质勘查业、水利管理业、房地产业、社会服务业、农林牧渔服务业、交通运输服务业、综合技术服务业等;第三层次是为科学文化水平和居民素质服务的部门,包括教育、文化艺术及广播电影电视业、卫生、体育和社会福利业、科学研究业等;第四层次是为社会公共需要服务的部门,包括国家机关、党政机构和社会团体以及军队、警察等。[①] 但通常我们在统计时分为批发和零售业,交通运输、仓储和邮政业,住宿和餐饮业;金融业;房地产业和其他行业七大部门。

从部门来看,相比发达省区,西北地区第三产业总体规模比较小,内部结构水平不高,传统服务业处于主导地位,而一些新型产业如仓储

---

① 褚志远、何炼成:《整体趋同中的结构差异——西北五省区与全国第三产业发展的比较》,《西北大学学报》(哲学社会科学版)2007 年第 3 期。

物流业、金融保险业、教育科研事业、旅游业、电子商务等发展明显滞后，尚有较大的差距提升空间。由于西北地区统计数据中住宿和餐饮业增加值缺少2003年以前的数据，因此，为统一起见，我们以2004年后全国和西北地区第三产业各行业的占比予以比较说明。从图2-17和图2-18可以看到，西北地区的其他行业增加值比例高于全国水平10个百分点左右；住宿和餐饮业增加值比例从低于全国比例逐步发展为高于全国，批发和零售业，交通运输、仓储和邮政业，金融业和房地产业四个行业的增加值则都低于全国水平。

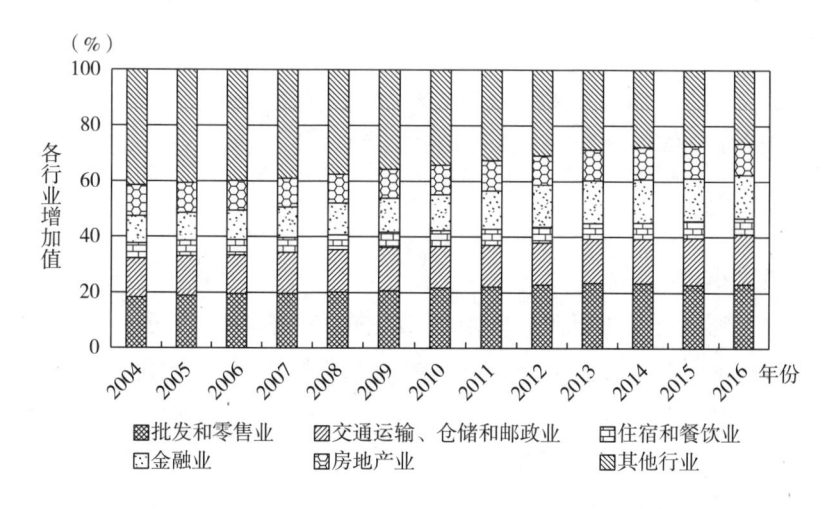

图2-17　全国第三产业各行业增加值

资料来源：根据《中国统计年鉴》历年数据整理而得。

从地区来看，1993年以来，西北五省区第三产业各行业发展增速不同。陕西省作为西北地区经济大省，其批发和零售业、住宿和餐饮业以及金融业的增速都排第一，其他行业则排名靠后；但2004年以后排名靠后的交通运输、仓储和邮政业，房地产业和其他行业的增速都提升至前三，整体发展形势喜人。宁夏在工业发展落后的情形下，其交通运输、仓储和邮政业和其他行业的增速位居第一，青海省的住宿和餐饮业增速位居第一，批发零售业和金融业增速则自2004年以来排名第二。相比之下，甘肃和新疆的各产业增速则排名相对靠后。

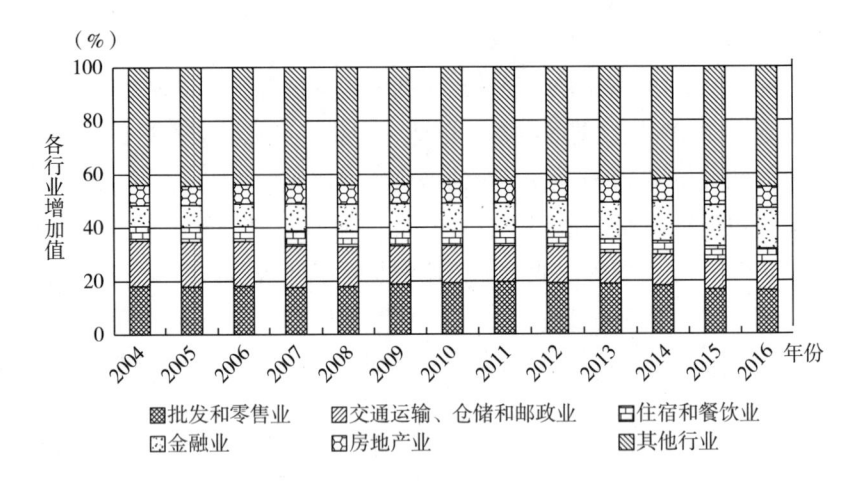

图 2-18 西北地区第三产业各行业增加值

资料来源：根据《中国统计年鉴》历年数据整理而得。

五 小结

以上通过考察分析西北地区产业结构的演进与发展，我们可以看出该地区产业结构的变化符合产业发展一般演进规律，工业化中期的特征已表露无遗。这表明西北地区产业结构已得到较好的调整，但产业高级化水平还不高，产业层级有待提高。从三大产业来看，每类产业都在发展的同时存在问题，其中，第一产业中农业现代化水平较低，没有充分发挥资源优势，并影响了整个农业效率的提高。第二产业中的工业虽有一定的竞争力，但内部结构不合理，轻加工业比较落后，过于依赖能源、矿产等资源业。第三产业中的服务业尽管发展快速，但现代化水平较低，特别是现代新兴服务业发展严重不足。

第三节 西北地区融入"丝绸之路经济带"的产业结构优化

西北地区融入"丝绸之路经济带"的产业结构优化需要在现有基础上积极利用自身优势，突出特色，互补互利，避免重复。总体上既要发挥新疆独特的区位优势和向西开放的重要窗口作用，深化与中亚、南亚、西亚等国家交流合作，形成"丝绸之路"经济带上重要的交通枢纽、商贸物流中心。还要发挥陕、甘、宁、青的综合经济优势和民族人文优势，打造西安内陆型改革开放新高地，加快兰州、西宁开发开放，推进宁夏内陆开放型经济试验区建设，形成面向中亚、南亚、西亚国家的通道、商贸物流枢纽、重要产业和人文交流基地。

一 充分利用西北地区的资源优势

资源优势是产业优势的基础，二者相辅相成、密不可分。西北地区拥有丰富独特的资源优势，在融入"丝绸之路经济带"战略发展中，需要充分利用该优势突出产业优势。

资源是个包含多重内涵的概念。马克思在《资本论》中指出"劳动和土地是财富的原始形成要素"，即将自然资源和人力因素同等对待，都视为财富不可或缺的来源。根据这种划分，资源除矿产资产外，还包括土地、水、旅游资源等自然的物化资源，以及劳动力、知识、技术、信息等以人力为主的活化资源，属于一个综合体。资源优势则指一个地区内由于某类资源赋存条件较好所呈现的优越性，要求符合资源赋存数量较大、品质较好、采选比较容易、开采或加工利用所面临的交通、市场条件较好四个条件。实际中，一个地区的资源是否具有优势，可用资源的潜在经济价值指标、数量优势、质量优势、结构优势等方面来评价。

相比其他省区，西北地区地广人稀。2016年年底，常住人口共计10090万人，国土面积310.87万平方千米，平均人口密度每平方千米不到33人，远低于全国143人/平方千米的平均水平。但作为我国沙漠化、荒漠化和石漠化最严重的地区，西北地区生态环境极其严峻，有些地方甚至陷入"贫困—环境破坏—更加贫困"的恶性循环，并出现"结构性破坏"到"功能性紊乱"的态势，如水土流失严重，森林覆盖率增加同时质量不断下降，生态调节能力弱，天然林、防护林下降速度快，草地面积持续减少等。西北地区的水资源分布不均，青海、新疆人均水资源远超全国平均水平，而陕西、甘肃、宁夏则少很多。与此同时，降水量偏少，再加上不合理的开发，已经在不少地方出现冰雪消融、雪线上升、河流断流、湖泊干涸、天然湿地萎缩、绿洲减少等现象，水资源形势也日益恶化，这些状况对该地区整体协调发展产生制约。基于独特的历史和成矿条件，西北地区还是我国重要的战略资源储备与保障区。秦巴山区、横断山区蕴藏着丰富的生物、矿产资源，受采矿条件、交通条件和资源保护政策的制约，现有开发利用程度较低。随着我国能源对外依存度的增加，西北地区的丰富能源储备可作为全国能源战备储备区，应对日益严峻的能源供应形势给国民经济发展带来的"瓶颈"制约。① 西北地区已探明的能源与黑色金属的种类与储量十分丰富，如表2-3所示；已探明的有色金属也有相当规模的储量，见表2-4。

表2-3　　　　2016年西北各地区已探明的主要能源、
黑色金属矿产基础储量

地区	石油（万吨）	天然气（亿立方米）	煤炭（亿吨）	铁矿（亿吨）	锰矿（万吨）	铬矿（万吨）	钒矿（万吨）	原生钛铁矿（万吨）
陕西	38375.6	7802.5	126.93	3.97	288.11	—	7.18	—
甘肃	28261.7	318.03	27.32	3.24	357.52	141.24	112.32	—
青海	8252.3	1354.44	12.39	0.03	—	3.68	—	—
宁夏	2432.4	274.44	37.45	—	—	—	—	—
新疆	59576.3	10251.78	162.31	8.26	562.43	42.86	0.16	44.67

资料来源：《中国统计年鉴(2016)》。

表2-4　　　　2016年西北各地区已探明的主要有色金属、
非金属矿产基础储量

地区	铜（万吨）	铅（万吨）	锌（万吨）	铝土（万吨）	菱镁（万吨）	硫铁（万吨）	磷（亿吨）	高岭土（万吨）
陕西	19.93	36.94	100.53	0.89		108.3	0.06	81.1
甘肃	132.45	79.63	304.81			1.00		
青海	18.04	43.68	97.79		49.90	50.08	0.60	
宁夏							0.01	
新疆	224.76	102.62	196.35			3774.87		7.84

资料来源：《中国统计年鉴(2016)》。

---

① 赵斌：《中国西北地区主导产业选择研究》，博士学位论文，北京交通大学，2011年，第24—26页。

另外，西北地区还是我国能源理论蕴藏区，秦巴山区、准噶尔盆地等被视为我国极有可能发现能源的储藏地。随着交通发展和现代探矿技术的进步，西北地区有可能发现更多的矿产资源，并在关键时刻解决国家发展能源需要，实现能源战略安全。

西北地区还具有特殊的民族融合历史，这种频频发生的民族融合使其拥有特殊的文化资源，并成为民族瑰宝。目前，该地区已成为阿拉伯文化、伊斯兰文化、中原文化、雪域高原的本地文化等的聚集地，这些文化既独立又交融，成为我国多样性文化的典型传承区域。

总体上，西北地区的各类资源优势需要在"丝绸之路经济带"发展中树立大资源观，正确认识和分析区域内的物化资源和活化资源、显现资源和潜在资源，以及区域外可以共享的资源，并为实现资源内生和资源回流创造条件。

二　支持保障基础产业的发展

基础产业是指为其他产业部门的发展、运营提供必需投入品或服务的产业部门。其发展为其他产业提供保障，是经济社会活动的基础。第一产业属于典型的基础产业，而西北地区农业基础薄弱、生产效率低下，已成为制约该地区经济进一步发展的"瓶颈"。因此，要重视农业基础地位，因地制宜地改善农业生产条件、加大对农业的科技投入，依靠生态经济思路与生态农业技术发展生产，实现西北地区生态与经济可持续发展的农业战略。种植业应在遵循自然规律和市场规律的基础上，发挥区域比较优势，稳定粮食生产，扩大经济作物的专业化、规模化生产，在区域布局上重点依托关中平原、银卫平原、河西走廊、湟水谷地和伊犁河谷，以及水利条件相对比较好的地区，形成五省乃至全国的重要商品粮基地。同时，西北地区地貌复杂、光热资源充足，生物种类丰富，具有发展多种特色农产品的区域优势，如新疆的棉花特别是天然彩色棉，青海的油菜、甘肃的百合、宁夏的枸杞等，从而实现结合自然资源优势提升农产品市场竞争力。[①]

[①] 吴艳、温晓霞、高茂盛：《西北地区种植业结构的演变与调整》，《西北农业学报》2009年第4期。

此外，第三产业既是经济社会发展到一定高度后的产物，也是第二产业发展的基础。从国内区域的对比来看，东西部地区第二产业的差距并不明显，差距在于第一产业和第三产业，第一产业在西北地区有较高比重，使其对应的第三产业比重差距较大，而第三产业的发展才是社会经济发展的关键。"丝绸之路经济带"战略沿线国家服务业发展较为落后，因此，"丝绸之路经济带"的建设与推行必然会存在大量对配套服务的需求，服务业发展既是西北地区产业转型的重要途径，也是基础产业发展的必然支撑体系。整体上应该优化政策环境，推进服务业发展改革进程，改变传统、保守、落后意识，增强服务意识。尤其是金融业方面，更应该提高西北地区在资本市场上的融资能力，为主导产业发展提供殷实的资金保障；建立起人民币跨境结算，开展和沿线国家本币互换业务等，保证贸易和投资资金的畅通；同时，积极发展物流业，形成交通畅通、高效低价的运输渠道，提高物流业运输效率等，从而为"丝绸之路经济带"战略的落实提供切实可靠的保障。

总之，基础产业的发展应该顺应"丝绸之路经济带"需求，加大市场导向力度。产业结构调整的目的在于更好地满足市场需求，提高人民收入。基础产业作为地区发展的保障，其产值提升可以为其他产业提供有效支撑，以市场为导向，积极发展具有区域化、专业化和高效化的基础产业发展模式是西北地区融入"丝绸之路经济带"战略的基础。

三　推行主导产业为核心的产业结构优化政策

"丝绸之路经济带"战略下的产业政策具有充分的经济互动特色，是国家以合理并优化资源配置、弥补市场缺陷、提高经济互动发展策略为目的而对产业的形成和发展进行干预的政策总和。产业结构优化政策则是国家根据中国和"丝绸之路经济带"沿线国家经济互动的现状，按照产业结构演进的一般规律和转型发展需求，对现行产业结构予以规划调整，并分阶段逐步完成的策略目标。政策制定中要根据市场需求的发展趋势来协调产业结构，使产业政策充分发挥作用。由于产业结构体系极其庞杂，结构优化中无法做到样样具备，根据国家发展方向和需求先行确定主导产业就显得格外重要。

(一)西北地区主导产业选择原则①

主导产业是现代经济的增长引擎和助推剂,其快速发展能够迅速波及产业结构内部的其余产业,引起系列连锁反应,从而更好地利用资源优势并发挥产业优势。主导产业选择是政府为了推动产业结构高级化,在区域间争取动态比较优势、促进经济发展,而在一定阶段内根据一定条件从一定范围的产业群体中筛选出来重点投资,并预期在将来一段时期内起主导作用的产业,该选择直接决定着地区发展趋势和成效。对西北地区而言,主导产业的选择需要遵循以下原则:

1. 立足区情实际

西北地区作为我国经济相对落后的欠发达地区,城市化水平低、产业结构层次低,人均收入和三次产业产值都明显落后于东、中部地区,但又拥有地广人稀、资源丰富的特点。因此,发展时需要依靠主导产业整合区域内的优势资源,实现区域内资源的高效配置与经济的整体协调发展;选择主导产业时,既需从本地实际出发、与整体经济发展阶段相适应,还应与区情相吻合,这样才能奠定扎实的发展基础。

2. 发挥各省区比较优势,避免雷同

我国经济发展历程中,主导产业雷同现象较为严重。这种选择的趋同导致地区市场分割、同业恶性竞争,明显降低了区域规模经济合作效应,造成社会资源的浪费。因此,西北各省区在选择主导产业时,应基于双重比较优势基准——同一区域内的产业优势和同一产业的地区优势,在能充分利用本地区相对丰富的生产要素或资源的基础上选择主导产业,扬长避短,避免过高雷同。与此同时,还应该注重区域协同发展,坚持区际分工与合作,通过产业的联合、重组、协作与竞争,促进产业对经济一体化的积极效用。西北地区作为我国重要的能源和资源基地,既要承担为全国其他地区输送工业原料的重任,又是国家能源战略储备区,更是"丝绸之路经济带"战略推行的必由之地。选择主导产业时,既要兼顾比较优势的发挥与全国区域分工的需要,又要突出产业差异与产业的互动合作。

---

① 赵斌:《中国西北地区主导产业选择研究》,博士学位论文,北京交通大学,2011年,第40—43页。

3. 可持续发展原则

发展经济过程中,实现人与自然的协调、可持续发展已成为当今人们的共识。西北地区不仅经济社会发展相对落后,而且生态环境恶劣,除天然具有的沙漠、戈壁、黄土高坡等相对恶劣的地形地貌,长期以来为求发展而实施的人为破坏和贫困更加剧了恶化。主导产业选择中,应坚持可持续发展原则,将经济发展与生态保护相结合,转变经济增长方式,走集约型发展道路,在承接产业转移时,要拒绝转移具有较大污染的产业,从源头上把好"绿色"关卡,以寻求经济、社会与环境协调发展的最佳路径。

4. 具备少而精的区域主导产业特点

区域主导产业作为区域经济发展中占据支配地位的产业,通常具备以下三个重要特点:一是产业规模较大,具有一定的区内产业增加值比重;二是具有明显的区域外向型特点,生产专门化率较高;三是能有力地带动区内其他产业发展,具有较高的产业关联度[①]。对西北地区而言,主导产业的选择既要考虑国家的战略指向,尽量与"丝绸之路经济带"战略中沿线相邻国家的产业结构相对应,又应该考虑自身的产业特色与优势,遵守全国整体的经济均衡性要求,与"供给侧"改革相结合,数量上不应过多,应能体现资源高度凝练、配套投入有保障的少、精特色。

(二)西北地区主导产业布局重点

学者们普遍认为"丝绸之路经济带"战略下全国领域的产业结构政策可将交通运输、能源建设、基础设施产业链和通商文化作为主导产业,并通过具体战略的执行使现已过剩的产能找到继续发展的空间,以此带动与沿线国家的经济互动。这一要求落实到西北地区,则要求其主导产业的布局政策应注重两方面:一方面是要确保地区分工与当地优势的有效结合;另一方面则是要确保地区分工符合区域经济化要求,使不同地区能够和邻近的"丝绸之路经济带"沿线国家扩大进出口贸易,并借助独特的区位优势扩大对外经贸优势,取得较快发展。

首先,西北地区拥有数量可观的石油、天然气等资源储藏量,可以

---

① 张敦富:《区域经济学原理》,中国轻工业出版社1991年版,第110页。

充分利用该优势，将能源加工产业、石化工业、煤炭工业、有色金属产业等作为主导产业，积极开拓新领域，延长并发展相关产业链，通过开发、引进新技术、新设备，促进上游采矿业和中游冶炼工业等产业的进一步发展，这既可以在一定程度上避免区域内部的产业结构雷同，还可以有效地提升各地区的产业效益和影响力。比如青海可以选择石油和天然气开采业作为主导产业，而新疆则可以选择石油加工、炼焦及核燃料加工业为主导产业，陕西则可以选择能源化学工业为主导产业，各有侧重地衔接发展。而陕、甘、青、新境内的煤炭企业可以通过重组并购，淘汰小煤矿，实现规模化发展。

其次，依托历史优势，积极发展高端装备制造产业。"三线建设"时期，西部地区就已经布局了航空、电子、机械等装备制造业产业基地，其中陕西省更是重中之重。中华人民共和国成立以来，因国家产业政策建设需要，陕西省已建立起较完备的装备制造业产业基础和研发能力，其装备制造业是国家建设的重点，航空制造业也有着天然发展优势。实际中被分解为电器机械及器材制造业、仪器仪表及文化、办公用机械制造、交通运输设备制造业专用设备制造业等，这些都可以作为今后大力培育的新型主导产业。与此同时，在"丝绸之路经济带"的建设中，因覆盖面广阔、涉及国家、地区多，需要彼此快速响应，即时通信、大型运输机具，精准定位和智能化的介入手段有着极大的应用需求空间，北斗系统、大飞机制造、信息安全等企业都有发展空间。充分利用陕西省的历史产业优势，并继续扬长补短，带动西北地区其他省区进行产业链的拓展，将是整个地区利用与沿线产业的互补性，强化优势产业研发能力和市场竞争能力的关键。

最后，培育和壮大新能源等战略性新兴产业的发展。西北地区的特殊地理条件有利于新能源及新能源装备制造业的发展，尤其是风电装备制造和光伏产业。另外，还可以依托西安的中心城市地位，充分发挥教育和科技资源优势，将高新技术产业和环保产业逐渐引入，大力推进航空航天、太阳能光伏、物联网等支柱产业发展，培育新能源汽车、大功率半导体激光器件、有机发光二极管等新兴先导产业，从而带动西北地区工业技术水平的提高。

四 改造传统产业，鼓励优势产能

产业优势是一个地区将资源通过加工利用过程变成社会产品或服务的优势状态，其与资源优势无必然联系。事实表明，资源优势可以为产业优势的发挥提供一定的保障，但具有某种资源优势的地区不一定具有产业优势。产业不仅包括某类产品或服务的完整的生产链条，同时还包括为这类产品或服务提供信息、教育、科技及其他服务的比较系统的整体。一般而言，一个区域不可能普遍地占有所有产业的优势，产业优势与主导产业选择密切相关。

我国经济发展目前已进入新常态的特殊时期，西北地区在"丝绸之路经济带"战略下首先要从过去的注重经济增长数量、扩张规模转为更加注重经济发展质量，从过去依赖要素投入拉动发展转向依赖全要素生产率的提升来拉动，从注重经济效益转向注重经济、政治、社会、文化、生态文明的全面协调发展。从产业产能来看，"丝绸之路经济带"沿线区域主要是新兴经济体和发展中国家，这些国家城镇化程度不高、经济社会发展水平尚不先进，存在较大的基础设施建设需求。因此，对建筑施工、工程机械、电力设施、钢铁建材等需求较大，这就为国内的优势产能如高铁、核电、通信、电力设备、家电制造产业提供了重要机遇。同时，这一区域也是能源储备丰富、开发潜力巨大的地区，能源管道和油气设备制造业也面临较大的机遇。而西北地区恰好可以充分地利用能源加工、装备制造、新能源产业等的主导产业布局，与"丝绸之路经济带"沿线区域进行良好的产业对接。

与此同时，西北地区作为国内的产业转移承接区，还应该在承接东部地区产业转移中利用后发优势，吸取东部地区经验教训，遵循绿色发展理念，在资源环境约束较大的客观条件下探索绿色和低碳的经济发展道路，避免传统发展道路的环境破坏恶果。因此，应该重点发展自身具有优势的技术密集型产业及特色优势产业，利用信息化和先进技术改造传统产业，通过把资源优势转换为经济优势，坚持梯度转移和反梯度转移相结合，实现产业转型升级，构建可持续的内生增长动力，培育与提高全要素生产力为主要特征的发展方式。

另外，西部地区应该高度重视产业园区的辐射带动能力，重点推进西安高新区创业园区、兰州经济技术开发区、兰州高新技术产业开发区、青海国家高新技术产业开发区、银川经济技术开发区、乌鲁木齐高新技术产业开发区等诸多已经运行的经济技术开发区、高新园区、创业园区之类的经济平台，并将其作为经济互动策略的主要发展载体，通过这些平台之间的合作形成产业集群的优势。既要通过政策沟通的协调机制促使各类型产业园区之间的技术合作，甚至是共同开发，以实现优势互补和各生产要素之间的优化配置；又应该支持并继续加大对中亚地区的进出口产业园区建设，支持企业通过园区化经营和集群式发展，以创新方式"走出去"加快境外园区建设，以此来推动贸易便利化，建立贸易绿色通道，大力发展新型贸易；还可以通过试验区和保税区的建设支持经贸合作。

第三章 "丝绸之路经济带"背景下西北地区经济竞争力

第一节 区域竞争力概述

实践中,"竞争力"的理解和界定尚未达成一致,但研究者们普遍认为"竞争力"的核心是特定利益主体在竞争中如何生存、发展并在竞争中获取收益,即能否在市场上以更低的价格、更高的质量、更优的服务、更好的信誉来占领市场并由此获取收益。根据利益主体的不同,竞争力包括国家、地区、产业、企业等多个层次的研究,其实质是不同主体生产力的比较,强调各类主体能否更合理地配置要素资源、提高生产效率,或具有因善于创造有差异的商品和服务而赢得比较优势和竞争优势的能力。

一 区域竞争力的定义

(一)区域的界定

区域更多地意指地域空间。作为地点的区域本身不会发生竞争问题,区域竞争事实上主要指附在不同区域之上的人类活动的竞争。因此,拥有竞争力的"区域"须满足三个前提假设:其一,必须是一个开放的系统,即处于竞争的环境中;其二,拥有自己独立的利益诉求,是独立的利益主体;其三,存在区域发展所需的可流动的稀缺性资源。随着经济全球化的日趋加深,不仅国家之间的开放程度日益深化、范围日益宽大,国家层面之下的各区域主体也纷纷开放,并为谋求发展而激烈争夺各类稀缺性资源。这就使区域作为竞争主体体现为多元概念,具体体现为企业、政府、居民等主体的共同参与及利益分享。

(二)区域竞争力的界定

竞争力是对竞争主体能力的界定,该能力的体现需同时满足三个要件:一是存在竞争前提,即不同主体存在"此消彼长"或"你多我少"的争夺意识,没有竞争就谈不上竞争力;二是存在竞争过程中的具体行为表现,这种行为差别由不同主体通过比较优势、竞争优势的综合差别体现;三是存在竞争结果。竞争结果有多重体现,对竞争主体而言,是其能力或素质的直接表现;对竞争对象而言,是竞争主体对其的吸引力或获取力;对竞争目的而言,则体现为主体最终获取资源、取得利益的能力。因此,竞争力既指静态结果,又涵盖动态过程。

在区域与竞争力的多层含义下,区域竞争力事实上也是一个既内涵广泛又抽象难掌握的概念,对其界定至今尚未统一。学者们借用已有的"竞争力"概念,把区域作为宽泛的对象,多角度地构建"竞争力+区域"模式来界定区域竞争力内涵,并多衍生自国家竞争力的内涵。目前,认同度较高的有以下五类[1]:

1. 基于财富创造能力的界定

1994 年瑞士洛桑国际管理发展学院(International Institute for Management Development, IMD)和世界经济论坛(World Economic Forum, WEF)合作研究发表的《全球竞争力报告》一书中,将国际竞争力界定为"一个国家或一个公司在世界市场上均衡地生产出比其竞争对手更多财富的能力。"后来学者们以此为基础进行拓展,但都以"区域经济产出"为核心衡量区域竞争力的强弱。

2. 基于资源及配置能力的界定

如王秉安提出"区域竞争力就是一个区域争夺大区域市场和资源的能力,或者说是一个区域在其所从属的大区域中的资源优化配置能力等"。该类定义突出对资源的吸引及配置能力,但统一其评价方法和衡量指标体系比较困难。

---

[1] 凌波:《区域竞争力研究的进展与方向》,《学习与实践》2007 年第 11 期。

3. 基于经济实力的界定

如汪明锋认为"区域竞争力是指一个地区与国内其他地区在竞争某些相同资源时所表现出来的综合经济实力的强弱程度",但在 IMD 和 WEF 的竞争力构成体系中,经济实力被列为竞争力的构成要素之一,因此该类定义很少被采纳。

4. 基于产品提供能力的界定

美国总统竞争力委员会《关于产业竞争力的报告》就采用该标准,认为"国际竞争力是在自由、良好的市场条件下,能够在国际市场上提供好的产品、好的服务,同时又能提高本国人民生活水平的能力。"该类界定只涵盖产品服务的市场竞争,未涵盖资源的竞争,略显片面。

5. 基于要素分析的界定

美国经济学家迈克尔·波特(Poter,1990)认为,国家竞争力指该国产业创新和升级的能力,集中体现在其产业在国际市场上的竞争表现,并取决于生产要素条件、需求状况、相关支撑产业状况以及企业战略、结构和竞争状况,而政府的作用以及机遇因素也存在较大的影响力。

结合上述学者的分类,我们认为"丝绸之路经济带"战略下所提出的区域经济竞争力,应该是一种立足现在、面向未来,相对优势的综合能力,要以区域的经济、社会现状为基础,以支撑发展为导向,以比较优势为重心,以综合能力为平台,既包括经济实力的显在性竞争力,可持续发展的潜在性竞争力,还包括基础设施的物质竞争力和知识经济的非物质竞争力。国内对区域竞争力的定义大多衍生自国家竞争力的内涵。

二 区域竞争力的核心是创造竞争优势

区域间资源优化配置的经济理论从绝对优势理论、比较优势理论进而发展为竞争优势理论。绝对优势理论认为因商品生产的不同技术水平而导致劳动生产率或成本耗费上的绝对优势,这种优势会引发相对价格差,进而产生国际贸易。这种因劳动生产率引起的绝对差异会使参与者从中获益,并使世界获得分工好处。比较优势理论仍然认同技术水平差异所带来的商品价格差异,但这种差异体现为劳动生产率的相对差异,并因生产成本和产品价格的相对差异而使商品具有比较优势，从而互利并提升国家福利水平。

竞争优势是建立在竞争力基础之上的一种特质。竞争力是一种综合能力，其中某些方面的独特表现则可视为竞争优势。区域竞争中，竞争优势理论认为可通过实施恰当的以劳动生产率提高为本质的提升战略来创造自己的竞争优势，从而实现经济赶超。此时更强调以产业结构与产业定位为要素的各国产业间的竞争。即一个区域可以发展其他区域具有相同优势的相同产业，关键在于如何正确选择竞争战略，创造竞争优势。

因此，区域竞争力在全面发展基础上，更强调建立于竞争优势理论基础之上的特色发展，要求凸显区域创造竞争优势的能力。从长远发展来看，具备了竞争优势的区域，就可能通过竞争获得区域发展所需的战略资源，从而保障可持续发展。

第二节 西北地区经济竞争力分析

一 西北地区产业竞争力分析

产业竞争是区域产业发展的基础和推动力。波特认为，产业由一群企业以产品生产或劳动服务直接进行竞争，是决定竞争优势是否见效的直接因数。因此，研究产业竞争优势，必须以研究企业竞争优势为基础。而企业要获取竞争优势，首先必须明确企业所属的产业结构和其在产业中的定位。[1] 产业结构由产业竞争性质决定，并受到外部环境和新主体、替代品、上下游谈判力量及现有竞争对手五项内在因素对成本、利润的影响，进而决定产业竞争强度及最终获利潜力。与此同时，还需要选择正确的竞争定位。竞争定位是强化竞争优势的关键举措，具体受到竞争战略和竞争范围两方面的影响，战略包括低成本竞争战略和差异化竞争战略，前者指利用成本优势在同一市场价位下获得高收益；后者则指通过产品和服务的独一无二性吸引顾客，从而获得稳定客源与收

---

[1] ［美］迈克尔·波特：《国家竞争优势》，华夏出版社2002年版，第32页。

益。竞争范围是企业在所属产业内的特殊诉求范围,也即其生存获利的范围。"竞争规模(范围)的重要性与产业分工特定有关……因为企业处于不同的产业分工环节,需要不同的竞争战略和竞争能力,甚至依赖的竞争资源(劳动、资本、技术、制度等)也不同"[①]。

薛继亮等[②]引入经济地理学中用来研究产业集中度的区位商标准作为产业竞争力的评判标准,我们予以借鉴。区位商是一个地区特定部门的产值在该地区总产值中所占的比重与全国该部门产值在全国总产值中所占比重之比,即(地区部门产值/地区总产值)/(全国部门产值/全国总产值),该指标结合了一个产业在当地经济中的地位和在全国相对地位两个方面,反映了其在地区与行业的优势。以下皆以区位商为指标对西北地区的产业竞争力予以分析,其样本及数据来源主要从《中国统计年鉴(2015)》和西北五省区 2015 年的统计年鉴中获取。

(一)整体产业竞争力分析

从表 3 - 1 可以看出,西北地区虽然占地面积广阔,地广人稀,但因干旱少雨、荒漠化严重等恶劣的自然条件和气候条件,其农业并无多大优势,只有种植业和畜牧业竞争优势明显,而林业和渔业则根本谈不上优势。

表 3 - 1　　　　　　　　西北地区农业竞争力分析

农业类别	陕西	甘肃	青海	宁夏	新疆	西北
种植业	0.770	1.214	0.436	0.659	1.435	0.979
林业	0.401	0.266	0.276	0.198	0.420	0.360
渔业	0.040	0.014	0.046	0.129	0.057	0.046
牧业	0.440	0.593	1.207	0.434	0.899	0.622

资料来源:根据《中国统计年鉴(2015)》、西北五省区 2015 年的统计年鉴数据整理而得。

由于地域的趋同性和历史的变迁,西北地区在矿产资源采选如煤炭开采和洗选业、石油和天然气开采业、黑色金属矿采选业、有色金属矿

---

① [美]迈克尔·波特:《国家竞争优势》,华夏出版社 2002 年版,第 37 页。
② 薛继亮、录堂、王敏:《中国西北地区产业竞争力的提升》,《西部商学评论》2007 年第 11 期。

采选业、非金属矿采选业及开采辅助业中具有明显的竞争优势,以及基于自然和矿产资源的食品制造业,饮品制造业,烟草制造业,石油加工、炼焦及核燃料加工业,黑色金属冶炼和压延加工业,有色金属冶炼和压延加工业,工艺品及其他制造业,电力、热力的生产和供应业和燃气生产和供应业具有很强的竞争优势。从表3-2可以看出,西北地区工业主要集中在矿产资源开采及加工行业、农副产品加工行业和能源生产领域,目前也已形成以煤炭、石油、天然气以及矿产资源的开采、初加工为共同特征的能矿产业,如宁榆鄂、陇东、新疆煤炭基地,靖边、苏里格、新疆天然气田,长庆、延长、克拉玛依、塔里木油田,正在培育和发展关天城市群、兰西城市群、宁夏沿黄城市群、天山北坡城市群等,依托各省会城市和区域优势资源,西北各省区已形成了各自具有相对优势的一些产业。关中地区的装备制造、高新技术、航空航天、新材料、电子信息、技术研发、旱作农业、文化旅游等;兰州地区的石油化工、新材料、新能源、生物医药、有色冶金等;宁夏的煤炭、冶金、建材、清真食品加工等;青海的电解铝、能源、化工等,新疆的能源化工、服装纺织、商贸物流、特色农产等,已形成一定规模,并具有相对产业优势,这为区域产业开发奠定了基础。①

表3-2　　　　　　　西北地区工业竞争力分析②

行业	陕西	甘肃	青海	宁夏	新疆	西北
煤炭开采和洗选业	4.854	1.648	1.599	5.525	0.962	3.483
石油和天然气开采业	9.143	4.903	9.277	0.089	22.508	9.357
黑色金属矿采选业	0.979	1.392	0.412	0.353	1.708	1.074
有色金属矿采选业	2.080	2.532	3.163	—	1.219	1.929
非金属矿采选业	0.959	1.422	1.426	0.071	0.421	0.926
开采辅助活动	3.360	2.081	0.067	—	16.888	4.510

---

① 苏毅、马志林:《"一带一路"背景下我国西部地区产业发展空间维度解析——基于西北五省区的产业研究》,《改革与战略》2016年第5期。
② 注:为了能反映西北五省区具体工业产业部门的竞争力,此处的区位商以规模以上工业企业产值为统计对象,即(规模以上工业企业具体部门产值/规模以上工业企业总产值)/(全国规模以上工业企业部门产值/全国规模以上工业企业总产值)。

续表

行业	陕西	甘肃	青海	宁夏	新疆	西北
其他采矿业	—	—	—	—	—	—
农副食品加工业	0.891	0.803	0.483	0.608	0.386	0.748
食品制造业	1.193	0.786	0.697	2.134	0.604	1.079
饮品制造业	1.593	1.448	1.197	0.659	0.295	1.265
烟草制品业	1.305	2.206	—	0.462	0.878	1.267
纺织业	0.319	0.133	0.389	1.518	0.157	0.373
纺织服装、服饰业	0.146	0.061	0.535	0.025	0.027	0.126
皮革、毛皮、羽毛及其制品和制鞋业	0.050	0.195	—	0.286	—	0.091
木材加工和木竹藤棕草制品业	0.243	0.006	—	0.155	—	0.135
家具制造业	0.157	0.018	0.154	0.240	—	0.113
造纸和纸制品业	0.473	0.192	0.008	0.378	0.039	0.314
印刷和记录媒介复制业	0.738	0.170	0.385	0.284	0.095	0.464
文教体育娱乐用品制造业	0.200	0.037	0.856	0.007	—	0.163
石油加工、炼焦和核燃料加工业	2.434	3.467	0.438	3.595	7.067	3.288
化学原料和化学制品制造业	0.563	0.543	1.589	1.174	0.927	0.734
医药制造业	1.201	0.616	1.190	0.462	0.059	0.848
化学纤维制造业	0.130	0.083	—	—	0.151	0.103
橡胶和塑料制品业	0.700	0.303	0.048	0.338	0.286	0.483
非金属矿物制品业	1.022	0.931	1.095	0.746	0.445	0.900
黑色金属冶炼和压延加工业	0.697	1.941	1.160	1.042	1.195	1.087
有色金属冶炼和压延加工业	1.697	3.924	5.562	2.303	0.181	2.248
金属制品业	0.351	0.379	0.097	0.411	0.104	0.311
通用设备制造业	0.567	0.205	0.201	0.323	0.005	0.365
专用设备制造业	0.804	0.482	0.051	0.345	0.068	0.541
汽车制造业	0.958	0.018	0.139	0.015	0.097	0.500
交通运输设备制造业	0.819	0.097	0.055	0.023	—	0.429
电气机械和器材制造业	0.589	0.422	0.314	0.257	0.036	0.427
计算机、通信和其他电子设备制造业	0.192	0.078	0.016		—	0.112
仪器仪表制造业	0.761	0.030	0.082	0.327	0.016	0.419

续表

行业	陕西	甘肃	青海	宁夏	新疆	西北
其他制造业	0.538	3.589	0.146	1.252	—	1.132
废弃资源综合利用业	0.196	0.506	—	0.437	0.082	0.253
金属制品、机械和设备修理业	0.146	2.601	0.527	—	0.219	0.675
电力、热力生产和供应业	1.224	1.787	3.051	3.557	3.002	1.930
燃气生产和供应业	1.642	1.087	0.184	2.957	1.850	1.583
水的生产和供应业	0.661	0.632	0.640	1.284	0.939	0.751

资料来源：根据《中国统计年鉴（2015）》、西北五省区2015年的统计年鉴数据整理而得。

整体上，西北地区的工业优势具有很强的资源依赖性，但缺乏先进技术的应用，大多数仍体现出简单开采、加工特点，高技术和高附加值的装备制造业尚未全面推行。装备制造业中，只有陕西省的专用设备制造业、汽车制造业和交通运输设备制造业具有较高竞争力，其他省区则明显落后。这既是"三线建设"时期奠定的竞争力，也充分说明了西北地区在未来产业转移中可以接受东部沿海地区的制造业转移。

西北地区第三产业发展相对落后，从表3-3可以看到，西北地区交通运输、仓储及邮电政业，住宿餐饮业的区位商接近或大于1，说明这两个行业有一定优势；批发零售业、金融保险业和房地产业相对落后，特别是批发零售业和房地产业，西北地区五省区的区位商均小于1，说明整体上市场经济发展缓慢，居民收入水平较低，商业活动不发达，房地产业发展落后。

表3-3　　　　　　　西北地区第三产业竞争力分析

第三产业	陕西	甘肃	青海	宁夏	新疆	西北
交通运输、仓储和邮政业	0.863	0.928	0.801	1.633	1.171	0.999
批发零售业	0.824	0.742	0.675	0.521	0.613	0.729
住宿餐饮业	1.194	1.504	0.935	1.001	0.889	1.147
金融保险业	0.740	0.736	1.050	1.154	0.799	0.801
房地产业	0.555	0.580	0.360	0.704	0.515	0.549

资料来源：根据《中国统计年鉴（2015）》、西北五省区2015年的统计年鉴数据整理而得。

综上所述，西北地区只有在初级行业，如煤炭、石油、黑色金属和有色金属采选和加工业领域有较强的产业竞争力，西北五省区也充分利用资源优势予以一定产业集聚，但因产业开发规模较小、发展层次较低，产业多处于价值链底端，完整产业链尚未形成，优势产业集群更是欠缺，各省区之间存在重复建设。与此同时，模块经济不明显，各省区之间缺少项目配合。

（二）西北地区产业竞争力的各省现状

西北五省区产业发展绝对量的明显不同，使产业竞争力不仅存在产业差异，还存在省区间的差异和特色差异。

（1）从区域优势来看，陕西、甘肃具有竞争力的产业相对多一些，并与整个西北地区有高度重合性。其余省区则较少，其中新疆最少。这充分反映了陕西、甘肃在西北地区的重心地位，也体现了其在西北地区产业竞争力中的核心，具有"领头雁"作用，今后更注意发挥引领作用。

（2）从产业聚集来看，西北五省区都集中在矿产资源采选领域，主要是煤炭、石油、黑色金属和有色金属领域表现出很强的区域聚集度。但这些产业发展深度不够，与之配套的深加工产业链尚未形成，没有形成明显的产业集聚（见表3-4）。

表3-4　　　　　　　　西北五省区竞争优势产业汇总[①]

地区	竞争优势产业
陕西	煤炭开采和洗选业；石油和天然气开采业；黑色金属矿采选业；有色金属矿采选业；开采辅助活动；食品制造业；饮品制造业；烟草制品业；石油加工、炼焦和核燃料加工业；医药制造业；非金属矿物制品业；有色金属冶炼和压延加工业；电力、热力生产和供应业；燃气生产和供应业；住宿餐饮业
甘肃	种植业；煤炭开采和洗选业；石油和天然气开采业；黑色金属矿采选业；有色金属矿采选业；非金属矿采选业；开采辅助活动；饮品制造业；烟草制品业；石油加工、炼焦和核燃料加工业；黑色金属冶炼和压延加工业；有色金属冶炼和压延加工业；其他制造业；金属制品、机械和设备修理业；电力、热力生产和供应业；燃气生产和供应业；住宿餐饮业

[①] 以前面统计出的2014年各省区产业竞争力数据为依据，大于1的视为竞争优势产业。

续表

地区	竞争优势产业
青海	牧业；煤炭开采和洗选业；石油和天然气开采业；有色金属矿采选业；非金属矿采选业；饮品制造业；化学原料和化学制品制造业；医药制造业；非金属矿物制品业；黑色金属冶炼和压延加工业；有色金属冶炼和压延加工业；电力、热力生产和供应业；金融业
宁夏	煤炭开采和洗选业；食品制造业；纺织业；石油加工、炼焦和核燃料加工业；化学原料和化学制品制造业；黑色金属冶炼和压延加工业；有色金属冶炼和压延加工业；其他制造业；电力、热力生产和供应业；燃气生产和供应业；水的生产和供应业；交通运输、仓储和邮政业；住宿餐饮业；金融业
新疆	种植业；煤炭开采和洗选业；石油和天然气开采业；黑色金属矿采选业；有色金属矿采选业；开采辅助活动；石油加工、炼焦和核燃料加工业；黑色金属冶炼和压延加工业；电力、热力生产和供应业；燃气生产和供应业；交通运输、仓储和邮政业
西北	种植业；煤炭开采和洗选业；石油和天然气开采业；黑色金属矿采选业；有色金属矿采选业；开采辅助活动；食品制造业；饮品制造业；烟草制品业；石油加工、炼焦和核燃料加工业；黑色金属冶炼和压延加工业；有色金属冶炼和压延加工业；其他制造业；电力、热力生产和供应业；燃气生产和供应业；住宿餐饮业

（3）西北地区竞争力产业呈现一定的垄断性质。西北地区重要的竞争力产业，如电力、热力生产和供应业，燃气生产和供应业都属于国家垄断行业，这是由于西北地区市场发展程度不高，竞争不够激烈，从而使这几个国家参与的行业表现出了明显竞争力。这种国有企业占比过大一定程度上降低了地区经济发展效率。

（4）特色产业发展潜力大。随着西部大开发的推进，西北地区的一些特色产业被逐渐挖掘出来，特色农牧业、林果业、区域特色食品深加工业、中草药业和旅游业等受到重视。比如牧业、种植业分别成为青海和甘肃、新疆的优势产业；食品制造业、饮品制造业则在陕西、甘肃发展良好；医药制造业在陕西、青海发展势头迅猛，餐饮住宿业则已成为陕西、甘肃、新疆三省区共有的优势产业。这种特色产业之间关系密切，诸如农牧业、种植业的发展，既可以增加特色食品、饮品以及中草药业的生产，同时特色小镇、休闲农业等还可以吸引更多的城市人口参观游玩，打造特色旅游业。

（5）金融业发展力度不足。金融是支持现代经济社会发展的有力工具，是推动产业发展的有力把手，但从产业竞争力度来看，金融业在国民产值较低的青海和宁夏具有竞争优势，但在经济社会发展实力更强的陕西、甘肃和新疆却不具备优势，充分反映出金融资源配置效率不高，无法充分满足当地发展需求、产值较低的现状。

二 西北地区人才竞争力分析

人才作为衡量区域综合实力的重要指标，其竞争力强弱直接影响区域经济竞争力。人力资本因其较高的盈利能力可以促使个人收入水平显著上升，并在一定程度上刺激消费水平、消费结构的变化，从而促进区域经济增长；人力资本还因其流动性和特殊性影响产业结构的转变，促进生产效率的提高和产业的升级优化，从而促进经济增长。我国历来重视人才工作，党的十八大以来，科教兴国、人才强国和创新驱动发展战略更是被摆在国家发展全局的核心位置。当下，很多地区出台各类人才培养政策，设立多项人才基金，注重高端人才的培养和引进，以促进区域整体发展。

区域人才竞争力主要是指一个地区根据自身特点，在人才战略、人才政策、人才配置和人才队伍建设方面表现出来的吸引、利用人才资源，并促进区域经济社会可持续发展的综合能力。关于该竞争力的测评，目前尚无公认的指标体系，但一级指标设计大体确定为人才现状、人才投入、人才产出和人才环境四个层面，其中，人才现状指标是对区域人才总量和结构情况的描述，我们选择用人才学历结构比与高等院校人才占比数来分析。人才投入指标指对各类人才培养和培训投入资金情况的界定，我们用R&D经费和政府科学技术总投入占地方财政支出的比例两个指标来体现。人才产出指标指人才对经济社会发展的贡献率，我们主要选择专利申请数、专利授权数和人才经济增长效率占全国的比例来反映。其中，人才经济增长效率通过GDP与人才数的比值来核算。人才环境指标指人才工作和生活的各种软硬环境，包括公共服务、经济发展、个人收入、消费、交通、住房等外部环境对吸引和聚焦人才的影响力。我们选择人均可支配收入、人均年消费支出占比进行反映。

(一) 整体人才竞争力分析

近几年来,在国家和地方政府的高度重视下,西北地区全社会教育程度明显提升,人口素质显著提高,各地高度重视教育事业发展和"人才培养"工作,把"科教强省""科教强区"作为建设西部地区的重要手段之一,持续加大对教育的投入,并取得明显成效。人才现状中,西部地区每十万人口高等学校平均在校生数增长幅度高于全国水平,根据统计数据计算,2016年西部地区每十万人口高等学校平均在校生数比2008年增长了27.35%,而全国仅增长了23.9%。其中,宁夏增长幅度最大,高达38.2%,这和宁夏以前的教育水平落后相关。与此同时,陕西省作为历史文化名城和教育大省,在西北地区起到无可替代的"领头雁"作用。在2014年教育部发布的统计中,陕西省平均每46.7万人"拥有"一所高校,居于全国第六位,当年全国每十万高等学校在校人数比为2.488%,陕西省为3.625%,高于全国近1.2个百分点,这充分显示了其西北文化中心的地位。但在人才投入上,西北地区仍低于全国水平,其中,规模以上工业企业R&D经费在地区财政总支出中的占比比全国水平低3.87个百分点,政府科学技术总投入在地区财政总支出中的占比比全国水平低2.44个百分点。人才产出中,西部地区总体发展落后,效益低下,其中,专利申请数和专利授权数分别仅占全国的3.54%和2.69%,人才经济增长效率则为全国的81.16%。人才环境更是落后于全国平均水平,其中,人均可支配收入仅为全国水平的72.79%,人均年消费支出则为全国水平的80.82%(见表3-5),这种人才环境的落后制约了西北地区人才的留存与流入。长期以来,西北地区留不住人才、人才东南飞现象明显,落后的人才环境引发本区域人才大量外流,人才外流导致相关产业发展滞后,进而造成经济落后,经济落后制约了前沿产业的落户与发展,再次引发人才外流。这种恶性循环机制亟须改善。

人民论坛课题组2016年在对全国区域人才竞争力指数调查后,也得出类似结论。该调查指出总体上我国东部地区的人才竞争力高于西部地区。具体体现为东部地区人才基础优势明显;同时,大专及以上学历人口数量、教学与科研人员数以及研究与发展人员总数优势突出,潜力

表3-5　　　　　　　　　西北地区人才竞争力指标

一级指标	二级指标	全国	陕西	甘肃	青海	宁夏	新疆	西北
人才现状	人才学历结构比(%)	11.53	11.04	10.31	12.82	10.67	13.25	
	高等院校人才占比(%)	2.488	3.652	2.219	1.22	2.255	1.749	
人才投入	R&D经费占比(%)	6.1	4.06	1.83	0.69	1.86	1.08	2.23
	政府科学技术总投入占比(%)	3.5	1.13	0.83	0.77	1.17	1.22	1.06
人才产出	专利申请数占全国比例(%)		2.38	0.51	0.06	0.15	0.43	3.54
	专利授权数占全国比例(%)		1.75	0.39	0.05	0.09	0.40	2.69
	人才经济增长效率(万/人)	40.9	42.25	25.59	31.08	38.96	30.46	34.29
人才环境	人均可支配收入与全国水平比较(%)		78.53	60.42	71.27	78.87	74.86	72.79
	人均年消费支出与全国水平比较(%)		84.21	68.14	86.98	86.15	78.61	80.82

资料来源：根据《中国统计年鉴(2015)》、西北五省区2015年的统计年鉴数据整理而得。

也相对较大。其次，科技贡献方面，三种专科申请和合计量相对较多、战略性新兴产业发明授权量增速相对较快；经济贡献方面，规模以上工业企业新产品销售收入、高新技术产业净利润相对较高。最后，无论是在人才培育上的教育经费投入，还是围绕人才发展的各项制度环境，如保障环境、劳动市场的流动性和开放性、资金和流动人口的限制以及创业就业环境的改善，东部地区各省（市）都明显优于西部地区各省（市）。而内陆地区相对沿海地区，无论是在人才总量和质量，还是人才发展贡献上，或是人才培育的环境营造上，现存问题依然突出，人才体制机制以及发展环境仍是制约其人才竞争力提升的关键因素。[①]

[①] 人民论坛课题组：《中国区域人才竞争力指数调查报告》，《人民论坛》2017年第5期。

(二) 西北地区人才竞争力的各省现状

从表3-5可以看到，西北五省区在人才竞争力中，各有千秋。在人才现状中，陕西省高等院校人才占比位居第一，但人才结构学历比却低于青海和新疆，这主要是由于该项指标以大专以上人口数来衡量，以2015年全国统计年鉴中的抽样统计数据为基础核算，抽样比例可能与实际存在偏差，当年全国大专以上人口占比为11.53%，陕西、甘肃、宁夏都低于该指标，青海和新疆反而超过，这明显与实际不符。人才投入中，陕西省规模以上工业企业R&D经费在地区财政总支出中的占比位居西北五省区首位，但政府科技投入在地区财政总支出中的占比却是新疆第一、宁夏第二，陕西仅列第三，一定程度上反映了新疆、宁夏近几年政府科技投入的高重视、高力度。在人才产出中，陕西省实力最强，无论是专利申请数占全国比例，还是专利授权数占全国比例，抑或人才经济增长效率，都远远超过其他四省区。人才环境上，宁夏的人均可支配收入占比高于陕西位居第一，人均年消费支出则是青海、宁夏位居前二，陕西仅列第三。由此可见，陕西省人才环境并非在西北地区最优。甘肃、新疆没有任何指标列举第一，缺少突出发展事项。

(三) 人才竞争力对产业发展的影响

西北地区的人才竞争力，尤其是高科技人才竞争力，事实上决定着高科技产业的发展和产业技术研发与创新能力的高低。由于高科技产业具有低能耗、低排放、高收益、竞争力强、引领产业升级、推动经济发展等优势作用，实际中，往往谁掌握了高科技，谁就占领了产业的制高点。对西北地区而言，整体人才竞争力的低弱、技术创新投入的不足使其相比沿海、发达省区而言，高科技产业发展缓慢，产业集群尚在培育和形成中。区域内部，陕西省科技创新能力最高，具有一定的人才优势，在高科技产业中，目前已形成初具规模的关中高新技术产业带，并形成了软件、电子、新材料、生物医药、机械、装备制造等产业群，对区域经济发展起到了较好的支撑和引领作用。其余省区科技创新能力弱，高新技术产业只是点的分布，没有形成规模。因此，高科技产业的引领和带动作用也尚未显现和发挥。

三 其他经济竞争力分析

区域竞争力是个很复杂的问题,其指标体系构建也多种多样,可以包括以经济规模、经济效益、外向结构、产业结构等为二级指标的经济增长竞争力,以社会发展、公平安全、政府管理等为二级指标的社会和谐竞争力,以资源环境、环境污染、污染治理、投入产出为二级指标的环境友好竞争力,以及以基础设施、市场金融、科技创新和文化教育为二级指标的持续发展竞争力。这些指标互相联系,关系错综复杂,或多或少地都与经济竞争力有关联。以下将围绕经济增长竞争力细化分析。

(一)经济规模竞争力

经济规模竞争力属于定量比较,包括 GDP、全社会固定资产投资总额、社会消费品零售总额、一般预算内财政收入、工业总产值和人口总量六项指标。从 2016 年的统计数据可以看到,西北地区整体经济规模竞争力较低,五省区的 GDP 总量、固定资产投资总额、社会消费品零售总额、财政收入、工业总产值、人口六项指标分别占全国的 5.67%、7.93%、4.51%、2.85%、5.64% 和 7.3%。在区域内部,陕西省的六项指标都位居第一;新疆的 GDP 总量、固定资产投资总额、财政收入和工业总产值都高于甘肃,位居第二,而甘肃省的社会消费品零售总额和人口总量高于新疆,位居第二;宁夏、青海位居最后。由此可见,西北五省区中陕西省的经济规模竞争力最强,新疆、甘肃、宁夏、青海次之。

表 3-6 2016 年全国和西北五省区的经济规模竞争力各项指标量

		全国	陕西	甘肃	青海	宁夏	新疆	西北
GDP	总量(亿元)	740598.7	19399.59	7200.37	2572.49	3168.59	9649.70	41900.74
	占比(%)	100	2.62	0.97	0.35	0.43	1.3	5.67
固定资产投资	总额(亿元)	606465.66	20825.25	9663.99	3528.05	3794.25	10287.53	48099.07
	占比(%)	100	3.43	1.59	0.58	0.63	1.70	7.93
社会消费品零售	总额(亿元)	332316.3	7367.6	3184.4	767.3	850.1	2825.9	14995.3
	占比(%)	100	2.22	0.96	0.23	0.26	0.85	4.51

续表

		全国	陕西	甘肃	青海	宁夏	新疆	西北
财政收入	总额（亿元）	159604.97	1833.99	786.97	238.51	387.66	1298.95	4546.08
财政收入	占比（%）	100	1.15	0.49	0.15	0.24	0.81	2.85
工业总产值	总额（亿元）	247877.7	7598.00	1757.53	901.68	1054.34	2677.63	13989.18
工业总产值	占比（%）	100	3.07	0.71	0.36	0.43	1.08	5.64
人口	总量（万元）	138271	3813	2610	593	675	2398	10089
人口	占比（%）	100	2.76	1.89	0.43	0.49	1.73	7.3

资料来源：根据《中国统计年鉴（2016）》数据整理而得。

（二）经济效益竞争力

经济效益竞争力可通过人均GDP、经济密度、GDP增长率、平均年末单位从业人员创造工业总产值四项指标予以反映，根据统计数据核算，如表3-7所示，2016年西北五省区的人均GDP均低于全国平均水平，其中甘肃省最低，仅占全国的一半。在GDP增长率中，各省区皆高于全国水平，显示了其发展速度的加快。从经济密度来看，除陕西省高于全国水平外，其余四省区全部低于全国水平，其中青海、新疆尤胜，这也在一定程度上反映了西北地区地广人稀的自然现状。平均年末单位从业人员创造工业总产值指标除甘肃、新疆外，其余三省区均高于全国水平，充分反映了甘肃、新疆两省区工业产业效益低的现状。因此，从经济效益竞争力来看，西北地区整体水平较差，除陕西省略拔头筹外，其余四省区都相对落后，缺少有力的经济效益竞争力。

表3-7　2016年全国和西北五省区的经济效益竞争力各项指标量

	全国	陕西	甘肃	青海	宁夏	新疆
人均GDP（元）	53935	51015	27643	43531	47194	40564
GDP增长率（%）	6.7	7.6	7.6	8	8.1	7.6
经济密度（万/平方千米）	771.46	943.56	158.46	35.62	477.20	83.19
平均年末单位从业人员创造工业总产值（万元）	13.86	14.86	6.73	14.29	14.91	8.36

资料来源：根据《中国统计年鉴（2016）》数据整理而得。

(三) 外向经济竞争力

外向经济竞争力包括进出口总额、对外贸易依存度、外商直接投资额、外资依存度、旅游外汇收入五项指标。其中，对外贸易依存度的核算我们采用进出口总额占GDP比例为衡量指标，同时包括出口贸易依存度和进口贸易依存度；外资依存度采用外商投资企业投资总额与GDP的比例来衡量。根据统计数据核算，如表3-8所示，2016年西北五省区的外向经济竞争力较低，进出口总额仅是全国的1.14%，其中，出口总额占全国的1.88%，进口总额是全国的0.013%，对外贸易依存度远远低于全国水平，并呈现出口总量大于进口总量的现象。在具体构成上，西北地区的贸易结构呈现鲜明的"一般贸易为主、加工贸易为辅"的特色，也体现了外向型经济比较落后，存在加工产品初级化、附加值低以及高科技产品规模小等诸多不利因素。与此同时，西北地区的外商投资企业投资总额绝对差距依然巨大，2016年直接投资额仅是全国的1.31%，外资依存度不及全国的1/4，该额度仅相当于东部地区1993年的水平。旅游外汇收入仅是全国的2.47%。因此，西北五省区整体上外向经济竞争力极弱。

表3-8 2016年全国和西北五省区的外向经济竞争力各项指标量

	全国	陕西	甘肃	青海	宁夏	新疆	西北
进出口总额(百万美元)	3685557.41	29947.22	6832.98	1529.20	3252.49	17637.74	59199.63
对外贸易依存度(%)	33.06	10.25	6.30	3.95	6.82	12.14	9.36
出口总额(百万美元)	2097631.19	15837.56	4062.56	1370.06	2486.75	15582.17	39339.1
出口贸易依存度(%)	18.81	5.42	3.75	3.54	5.21	10.73	6.22
进口总额(百万美元)	1587926.22	14109.66	2770.42	159.14	765.74	2055.58	19860.54
进口贸易依存度(%)	14.24	4.83	2.56	0.41	1.61	1.41	3.14
外商直接投资额(百万美元)	5124007.83	56081	2235	1346	3121	4087	66870

续表

	全国	陕西	甘肃	青海	宁夏	新疆	西北
外资依存度(%)	45.96	19.02	2.06	3.48	6.54	2.81	10.58
旅游外汇收入(百万美元)	120000	2338.55	19.14	44.16	40.58	518.73	2961.16

资料来源：根据《中国统计年鉴（2016）》数据整理而得。

区域内部，陕西省进口额、出口额、进出口总额、外商直接投资额、旅游外汇收入净值和进口贸易依存度、外资依存度均位居西北地区第一，但对外贸易依存度、出口贸易依存度低于新疆，整体外向竞争力水平较高。新疆近几年对外出口贸易增强，无论是旅游外汇收入，还是出口贸易依存度，都高于其他三个省区，充分显示了其边境优势，但外商直接投资力度不强，外资依存度较低。宁夏以其特殊的伊斯兰宗教为枢纽，带动了出口和外商直接投资力度的加大。青海的旅游业发展较好，旅游外汇收入位居第三。相比之下，甘肃除进口依存度略微较高，位居第二外，其余均发展缓慢，占比较低。

第三节 "丝绸之路经济带"背景下西北地区提升经济竞争力的途径

区域经济竞争力的本质是优化资源配置，包括内部资源的有效安排、外部稀缺资源的容纳，以及内外资源的有效协调配合；其核心是通过正确选择竞争战略，创造竞争优势，实现赶超；内容则包括产业、人力资源、经济综合实力、科学技术、对外开放、基础设施和企业竞争力等项目的综合。"丝绸之路经济带"着眼的基础设施建设、产能输出、资源输入的近期目标，和促进区域共同繁荣的远期目标，为西北地区提供了前所未有的发展机遇，各省区处于"丝绸之路经济带"核心区域的地理位置，奠定了向西开放重要平台和通道的基础，也为充分发挥产业比较优势、实施优势产业间深度融合的大产业发展战略，促进经济增长提供了更广阔的发展平台。但这要求各省区利用地理历史背景与经济发展情况，依托区域优势禀赋融入国家建设，实现省区间经济结构调整、创新合作发展以及合作区内各方密切的产业协同,从而实现共同发展、共同繁荣。

一 创新发展理念,加快推进省区经济协同发展进程

"和平合作、开放包容、互学互鉴、互利共赢",这是"丝绸之路经济带"战略中共建合作新模式的精神基础。而各省份作为该战略实施主体,如何在抢占互联互通制高点的同时,结合国家战略的中心主旨凝聚地区中心发展格局就显得格外重要。这说明西北五省区要实现经济的协同发展,也是一个复杂的过程。

首先,政府层面需要做好政策沟通。政策沟通有助于沿线国家互相了解,并通过政府间沟通的加强增强政治互信。在国内,西北地区内部一方面要处理好中央与地方的关系,兼顾统筹谋划和制度创新。中央要做好顶层设计,地方则需按实际情况制订可行方案,只有上下结合、上定下行,才能使"丝绸之路经济带"战略真正落实。另一方面,需做好各省区、各级政府部门之间的协调和协商,从战略层面出发创新发展理念,充分认识到西北五省区经济的关联性和整体性。各省区应在国家规划基础上明确自身地位和权利义务,避免竞相博弈带来的新一轮投资过剩。

其次,充分培育并利用东、西之间的互助,拓展西北地区的开放与开发力度,形成良性互动局面。东、西部的合作既是"丝绸之路经济带"向东、向西扩张的必要,也是西部内陆地区实现对内开放、对外开放的必要。这种多省合作模式与沿线国家、地区在整体战略层面的合作协同内涵统一,经济效益明显。西北各省区在明确各自产业优势的同时,应尊重国内市场发展规律,兼顾东、西之间的产业转移、承接与互补发展,以国内各省区之间的优势互补、协同发展为核心,进行生产力的再造和优化,促进产业的合理集聚和集约发展,并在统筹一致的条件下实现核心产业、经济规模、产业延伸等整体的推进。

最后,强化"丝绸之路经济带"沿线的经济结构互补。这种互补既包括国际贸易结构上的互补,也包括投资和产业结构上的互补。"丝绸之路经济带"战略要求西北地区综合考虑国际和国内发展趋势,把握"丝绸之路经济带"沿线国家与地区供需情况,将资源整合与产布局联系起来,既要考虑到国内的产业协调,又要考虑到与国外市场的衔接,从而合理提升产业集聚度与规模化。从现实来看,"丝绸之路经济带"沿线国家具有非常丰富的自然资源和人力资源,但经济发展水平相对落后,基础设施等领域存在较大的发展"瓶颈"。而我国在通信设备、高铁、核电等领域具有优势,并且外汇资产充裕,这就使沿线各国有着切实可行的投资和产业结构互补优势。与此同时,国内消费升级所释放出来的对优质加工品的需求量变大,使因加工而形成的附加值可以更多地留在沿线国家。西北地区需要紧跟这种合作趋势与需求,确定协同发展战略。

二 强化基础设施,培育优质互联互通机遇

"丝绸之路经济带"建设的优先领域是基础设施建设,其互联互通是一切合作的基础。近些年,西北地区基础设施建设发展较快,但与发达地区相比仍显薄弱,如城市用水、燃气普及率、公共交通车辆、人均城市道路面积、公园绿地、污水处理率、生活垃圾处理率等绝大多数指标都低于全国平均水平(见表3-9)。陕西作为西北地区经济强省,除公共交通车辆、公共厕所外,其余指标均低于全国平均水平;甘肃省仅人均绿地面积一项指标略高于全国;相比较,新疆的基础设施建设在西北地区中略拔头筹,只有人均公园绿地面积一项指标低于全国水平,其余皆超过全国均值;青海和宁夏也各均有四项指标超过全国均值。这种硬件设施的缺陷既是地区经济社会发展落后的体现,又是制约招商引资、抑制发展的主要原因,因此,西北地区亟待强化基础设施建设,提高经济社会发展承载力。但作为我国重要生态涵养区,西北地区的基础设施建设还需考虑生态环境的保护。

表3-9　　　　2016年西北五省区基础设施建设情况

	全国	陕西	甘肃	青海	宁夏	新疆
城市用水普及率(%)	98.4	95.61	97.93	99.21	94.75	98.86
城市燃气普及率(%)	95.8	94.66	88.15	87.55	90.69	97.89
每万人拥有公共交通车辆(标台)	13.84	16.01	9.16	14.49	13.47	15.24
人均城市道路面积(平方米)	15.8	15.42	15.42	11.04	23.11	18.35

续表

	全国	陕西	甘肃	青海	宁夏	新疆
人均公园绿地面积（平方米/人）	13.7	12.3	13.94	10.78	18.3	12.22
每万人拥有公共厕所（座）	2.72	4.47	2.58	3.74	2.62	3.28
污水日处理率（立方米/人）	0.21	0.16	0.11	0.17	0.24	0.22
生活垃圾处理率（吨/人）	0.26	0.25	0.22	0.27	0.30	0.33

资料来源：根据《中国统计年鉴（2016）》数据整理而得。

我国国内多个省份的发展经历已经证明，地区间隔绝状态的打破可以有效促进其经济发展，基于此，中国和沿线国家交通方面的互联互通就显得很重要。只有拥有通畅的交通、通信，才能为整个合作奠定基础，吸引生产要素向通道沿线聚集。对西北地区而言，作为"丝绸之路经济带"向西发展的重要通道，其交通、通信通道的通畅度更是决定着整个丝绸之路经济带的通畅度。首先发展交通运输，构建西北地区交通枢纽，进而加强与沿线国家基础设施的互联互通，形成与沿线国家的交通一体化应是西北地区基础设施建设中首要的任务，包括在已有铁路和口岸通道的基础上，加快建设新欧亚大陆桥的跨境货物运输通道，衔接好重点口岸的"断桥"部分，推进口岸城市建设；加快对中亚地区以及俄罗斯的铁路运输网建设等。其次，西北地区应根据本地比较优势和"丝绸之路经济带"格局中的发展定位，围绕融入格局总体考虑来完善本地的极、核节点城镇的基础设施建设，包括建设铁路等交通基础设施、电子商务等信息基础设施、高效物流配送网络、保税区、内陆无水港、自贸园区建设等，提高对外开放水平。同时，提高教育、医疗、卫生等公共服务水平，推动西北地区形成金字塔形的城镇体系，培育新的区域增长极，拉动沿线经济发展，加快城乡一体化进程，形成区域经济结构调整。最后，西北地区应将西部大开发和"丝绸之路经济带"战略结合起来，发挥新疆与中亚直接对应的特殊地理位置，将其作为向西开放的出口重点建设，尤其应将阿拉山口口岸建成新亚欧大陆西线出口的桥头堡，并通过具体项目的实施，完善与中亚国家之间的项目交流机制，加强旅游、高新技术等产业的合作，实现产业转型。陕西、甘肃、青海、宁夏等其他省份应发挥各地不同的区位优势，建成中国经哈萨克斯坦、俄罗斯到欧洲的商贸物流通道和通向西亚及中亚的能源输送管道，以及引进中亚矿产资源的战略通道。

三　优化制度环境，提供优势竞争保障

当前研究指出，发展中国家或是发展较为落后的地区，其制度环境往往比官方政策更为重要。政策虽具有灵活性、即时性的特点，但其实施、执行的结果有赖于制度环境的保障。各地的制度差异也能较充分地解释开放带来的经济发展后果的差异性，开放程度及其效果的保持需要良好的制度环境做后盾。因此，国家或地区发展中，应该向制度环境良好的地方学习经验，从而建设与外部协调或一致的制度环境，改善营商环境，提高社会资本、社会信用以及契约精神等方面的软实力，为开放过程中政策的施行效果提供优势竞争保障。

优化制度环境需要坚持两个理念，一是创新，二是协调。推动以激发创新活力为核心的改革开放，是当前西北地区加快发展的核心任务之一。创新不仅指科技上的创新，还包括制度和文化创新、思想理论和战略创新。这些创新是实现"丝绸之路经济带"战略的关键，既是适应国际秩序变动新趋势和全新国际规则的必然要求，也是打破旧有发展观念，更好地发挥市场配置决定作用和政府作用，构建更加成熟的现代市场经济体制的必要之举，还是适应全球经济竞争体系，构建区域合作新模式、建立新型全球贸易和投资体系的长期目标基础。协调既包括"对外协调"，即妥善处理"丝绸之路经济带"沿线国家的关系，为整体战略的实施运行打好基础；也包括"对内协调"，即着力解决我国区域之间的发展不平衡，增加重点省份的空间协调性。

目前，西北地区交通设施及网络体系、物流体系、产业配套能力相对落后，产业支持体系的硬环境建设状况远不及东部地区。软环境方面，融资成本高、储蓄投资转换率低、服务效率差等都对企业的快速成长和发展有着负面影响，再加上市场化程度不高、国有经济比重较高，以及城市集聚规模小、密度低，对外贸易机会少、交易成本高，缺少集聚经济等，都制约着产业转移带动效应的实现，也难以推动区域经济的良性自我发展。这就要求西北地区在提升经济竞争力时，必须要优化制度环境。

一是体现为企业对市场制度的适应。相对而言，西北地区国企受传统体制约束的影响较大，对市场反应不敏感并且管理相对落后，缺乏灵活的经营机制，适应市场和竞争的能力弱而缓慢，这就需要优化制度环境，增强企业的竞争力和生存能力。"丝绸之路经济带"战略中，西北地区将担负对内、对外双重开放的前线任务，既要沿边开放，又要向西开放，通过与南亚和欧洲国家的互联互通，有效改善中西部制造业产品的进入力度与数量，同时促进东南沿海地区的劳动密集型制造业向西部地区的有效转移。如果能有效实现承接与开放，将会避免同类型的国有企业依靠恶性低价竞争来维持经营。促进西北地区制造业产业集群的形成，进而吸引更多的劳动力进入到制造业，改善资本稀缺；促进包括太阳能综合利用以及光伏产业、石油化工企业集聚等能源产业的发展，使西北地区成为连接东西部能源运输的重要通道；同时以天然草场资源和农业资源为基础的农产品贸易将更加活跃，促进现代农业的发展。

二是明确政府在资源配置中的作用，推进政府职能转变，加快服务型政府建设。实践已充分证明，政府地方保护主义强、知识产权保护意识弱，以及对竞争性行业的管制等举措会严重阻碍资金的引入与投资者的投资积极性，进而抑制地区开放型经济的发展。西北地区增强经济竞争力，优化政府环境，还需要进一步厘清政府与市场的关系，充分发挥市场在资源配置中的作用，这对吸引投资至关重要。现实中，应充分利用"丝绸之路经济带"推行时机，以及中央政府提出的"简政放权"改革，督促西北地区政、企、商三方主动对接国际新规则，借鉴自贸区在贸易和投资便利化、金融创新和现代服务发展等方面的创新实践，扩大市场发挥资源配置中决定作用的范围和领域。同时，进一步简政放权，搭建合作服务平台，建立开放、透明、便利、高效的投资管理制度。例如，提高贸易监管效率；推进有利于实体经济发展的金融制度创新，鼓励社会资本参与"丝绸之路经济带"建设项目；构建社会信用体系，保护知识产权；规范市场秩序；创新政府治理方式，完善监管制度等。通过借助市场力量，不断推进自生制度的创新，进而为经济开放提供有效保障，提高对外开放水平，促进开放型经济发展，再反向倒逼深层次改革。这是一个"放开市场—引发制度创新—促进市场—督促制度改革"的良性循环体系。

三是优化人力资本制度。人力资本被视为经济增长的内生动力,其与科研投入之间有较强的互补性。人力资本投入的增加不仅会提高劳动者素质,还可以有效提高劳动生产效率。这就要求在人力资本制度方面,西北地区首先要注重人才整体综合素质的提升,既要充分发挥西北地区已有的人才培养力量,充分利用以陕西为核心的教育资源,加强高等教育机构的辐射作用,增加技术培训机构,通过支持校、企合作,研、企合作,建立高素质人才培训基地。同时还应重视海内外高层次人才和创新团队的引进,并通过提供便捷的生活条件、完善的社会服务、良好的就业机会、更高的收入和更好的生活水平,使西北地区能够留得住人才,从而促进社会经济的发展。其次,逐步改变西北地区人才分布不均的状况。西北各省区呈现明显的人才聚集省会城市和少数专业单位、生产一线,民族地区严重缺乏人才,高科技、高素质管理人才短缺的不均衡状态。这既是经济社会发展差距、教育人才资源投入条件不均的结果,也是"人往高处走、水往低处流"的人才流动趋势而引发的大学生难觅适职、专业技术人才抢手外流的结构性人才缺乏现象的结果。最后,处理好争夺企业与争夺人才的关系,推动以留住和吸引人才为核心的战略性地方营销。积极培育多样化、高质量的消费者服务,提供优质公共服务,打造优美建筑与生态环境,构建快捷高效的交通和信息网络。如何在缺少资金优势的大背景下,通过配套的优惠政策和措施的完善来吸引并留住人才,已成为西北地区优化人力资本制度的关键。

四　推动特色产品服务的"三外"联动,提升经济外向竞争力

"丝绸之路经济带"的本质是国内、国外的融合发展、互利共赢,这就要求必须要增强经济外向竞争力。长期以来,西北地区因地理位置、交通设施和经济发展滞后等原因,对外商投资吸引力较弱。即使有外商投资,也存在产业结构单一的问题,主要集中在技术层次较低的劳动密集型和能源开发型的加工业上,具体包括高耗能的原材料加工、食品、化工、建材,汽车零部件制造、大型工程机械关键零部件等;资本密集型项目和高新技术项目较少;对优势产业的投资还远远不足,这并不符合"丝绸之路经济带"战略的核心理念。

西北地区在提升经济竞争力时,应充分发挥现代电子商务的辐射带动作用，以外贸为基础，促进国际优质资源"引进来"和各类企业"走出去"；以外资为重点，大力引进国际资本和先进技术、关键设备和管理经验，鼓励和引导招商引资落地项目开展自营进出口业务；以外经为方向，鼓励西北地区的企业和个人"走出去"，积极利用国外资源和市场，促进设备、技术、物资出口，扩大境外投资合作。在出口方面，应充分利用具有竞争力的产业、产品，如高原特色农产品、畜牧业、特色清真产业等，鼓励企业积极利用现代电商平台，形成跨境电子商务产业集群，扩大出口，推动引资与扩大外贸出口相互融合和良性互动；加强外经和外贸企业对接，鼓励外经企业优先采购本省产品。支持企业通过境外投资、承包工程带动原材料、设备和技术出口。在进口方面，应充分利用进口贴息、进口信贷以及进口信用保险等进口促进政策，降低企业进口成本，鼓励企业扩大先进技术、关键设备、新型材料、重要能源资源等商品进口；建立健全引进消化吸收再创新激励机制，鼓励企业扩大对专利技术、技术许可等软技术进口；推进进口贸易与国内市场流通的有机衔接和互动，引导西北地区大型商贸流通企业开展消费品进口。

第四章 "丝绸之路经济带"背景下西北地区生态环境建设

第一节 生态环境概述

生态环境是生态和环境两个名词组合而成的，是一个复合词。关于生态环境的定义和理解有很多，在中国使用该词最早是1982年五届人大五次会议上由时任全国人大常委、中国科学院地理研究所所长黄秉维院士提出并予以接受，该词一直沿用至今。中国科学院地理科学与资源研究所研究员、博士生导师陈百明认为生态环境应定义为：不包括污染和其他重大问题的、较符合人类理念的环境，或者说是适宜人类生存和发展的物质条件的综合体。

本书中对于生态环境的定义如下：指影响人类生存与发展的各类资源的数量与质量的总称，包括水资源、土地资源、生物资源以及气候资源，是关系到社会和经济持续发展的复合生态系统。而生态环境问题是指，人类为了其自身的生存和发展，在利用和改造自然的过程中，对自然环境的破坏和污染所产生的危害人类生存的各种负反馈效应。

一 生态环境不等同于环境或自然环境

为了对生态环境有更准确的认识，我们可以从生态和环境两个名词的定义出发。生态是指生物之间和生物与周围环境之间的相互联系、相互作用。环境可分为自然环境和社会环境。其中，自然环境是人类赖以生存的物质基础，是指围绕人们周围的各种自然因素的总和，包括大气、水、植物、动物、土壤、岩石矿物、太阳辐射等。社会环境是指人类在自然环境基础上加工、改造自然物质创造出的新的环境。因此社会环境是离不了人类有意识地改造自然环境的活动，改造的目的是为了满足人类更好地生存和生活，人类的活动又影响着自然环境。

从生态的定义可以得出，生态强调的是一个生物及其与周围环境组成的整体，强调内部组成部分的相互影响。从环境的定义来看，强调的是生物生存生活的场所。生态与环境这两个相对独立的概念组合成一个新的概念"生态环境"时，虽然与环境和自然环境的概念非常接近，但是并不等同。自然环境的外延比较广，所有的各种天然未经过人类加工的因素的总体都是自然环境的组成部分，但是生态环境仅包括具有一定生态关系构成的系统和整体的因素，生态环境的构成因素必须是相互作用、相互影响的，与其他因素没有相互影响的因素是不属于生态环境的。因此，可以说环境包括自然环境，自然环境又包括生态环境。

二　生态环境建设与绿色发展的联系与区别

绿色发展是一种经济增长和社会发展方式，强调以效率、和谐、持续为目标，更注重可持续发展。绿色发展理念的价值取向是人与自然的和谐，主要原则为绿色低碳循环，基本抓手是生态文明建设。绿色发展是一种创新模式，在生态环境容量和资源承载力有限的约束条件下，各国都意识到环境保护在实现可持续发展方面的重要性，是建立在传统发展基础上的。在物质资源有限的情况下，许多国家都把绿色发展作为本国经济发展的目标，这也已经成为一个重要趋势。

党的十九大报告中倡导人们采取简约适度、绿色低碳的生活方式，反对奢侈浪费和不合理消费，开展创建节约型机关、绿色家庭、绿色学校、绿色社区和绿色出行等一系列行动。推进绿色发展，需要加快建立关于绿色生产和消费的法律制度及政策导向，建立和健全绿色低碳循环发展的经济体系。构建市场导向的绿色技术创新体系，发展绿色金融，壮大节能环保、清洁生产和清洁能源产业。推进能源生产和消费革命，构建清洁低碳、安全高效的能源体系。推进资源全面节约和循环利用，实施国家节水行动，降低能耗、物耗，实现生产系统和生活系统循环链接。

发展绿色经济，才能突破资源环境瓶颈制约，因此发展绿色经济需要注重资源的合理运用,着力保护和改善生态环境。并且只有强化对生态环境的治理,实现环境保护生态化,才是走绿色发展之路。因此,保护生态环境需要推进绿色发展,绿色发展的目的是保护和改善生态环境,实现生态环境的根本好转。

但是发展绿色经济不等同于保护生态环境,要想保护生态环境,需要做得很多,发展绿色经济只是其一,根本目的在于使未来的经济建设活动能减少对生态环境的破坏,减轻未来生态环境保护的工作压力,从源头上抓好生态环境建设。除此之外,党的十九大报告也提出应当着力解决突出环境问题,比如持续实施大气污染防治行动,打赢蓝天保卫战;加快水污染防治等。还提出了加大生态保护力度,改革生态环境监管体制。

三 生态环境的内涵和研究内容

近代以来,人类对地球资源的消耗和环境的破坏,导致全球性生态环境问题日益突出。全球气候变暖、水资源匮乏、环境污染、生物多样性锐减、土地荒漠化等重大生态环境问题,不仅影响全球经济、社会的可持续发展,而且以越来越快的速度侵蚀着人类生存的基础。

作为最大的发展中国家,中国非常重视生态环境的保护和建设,并集聚了大量社会资源对环境污染问题进行科学研究并制定政策,逐步建立了气象、资源、环境、海洋等地球观测卫星及其应用系统。生态环境的内涵和研究内容很广,在研究和监测时需要设立生态环境指标体系。而生态环境监测可以开展对整个生态环境的综合评价,并对其发展趋势、存在的问题进行监测和评估。

生态环境监测指标体系主要指能够代表生态系统基本特征的具体项目。在设置指标体系时,首先要考虑生态系统类型和系统的完整性,并且要充分考虑生态系统的功能以及不同生态类型间的相互影响。一般来说,陆地生态系统,包括农田生态系统、森林生态系统、草原生态系统、荒漠生态系统等,其指标体系包括水文、土壤、气象、植物、动物和微生物六个要素;水文生态系统,包括淡水生态系统和海洋生态系统,其指标体系包括水质、水文、底质、浮游植物、浮游动物、游泳动物、微生物和底栖生物八个要素。不同生态系统要素的基本指标有所不同。

根据生态环境和生态环境问题的定义，以及根据生态监测指标体系内容，本书在研究西北地区生态环境建设时会选择以下内容和指标：

（一）水资源

根据世界气象组织（WMO）和联合国教科文组织（UNESCO）的 *International Glossary of Hydrology*（《国际水文学名词术语》，第三版，2012年版）中水资源的定义，水资源是指可资利用或有可能被利用的水源，这个水源应具有足够的数量和合适的质量，并满足某一地方在一段时间内具体利用的需求。根据全国科学技术名词审定委员会公布的《水利科技名词》（科学出版社1997年版）中有关水资源的定义，水资源是指地球上具有一定数量和可用质量、能从自然界获得补充并可资利用的水。

通常所说的水资源是指陆地上的淡水资源，是由江河及湖泊中的水、高山积雪、冰川以及地下水等组成的，即地表水（河流水、湖泊水、冰川等）和地下水等组成的。地表水和地下水并不是两个独立的水源，都来自大气降水，可以相互转化。因此，衡量水资源的指标可以选取水资源总量、降水量和人均水资源量。

（二）土地资源

土地资源是指已经被人类所利用和可预见的未来能被人类利用的土地。土地是人类的生产资料和劳动对象，可供农、林、牧业或其他经济活动利用的土地，因此对于经济发展起着至关重要的作用。土地资源具有质和量两个内容，不仅要看量，还要看质。人类在利用土地资源过程中，采取了不同类别和不同程度的改造措施，使土地在不同地区和不同历史时期所包含的内容不一致。

土地资源的不同内容对于经济发展起到不一样的作用，需要进行分类了解。按地形，土地资源可分为高原、山地、丘陵、平原、盆地。这个分类对于经济活动类型非常重要，一般而言，山地宜发展林牧业，平原、盆地宜发展耕作业。还可以根据土地类型利用情况，将土地资源分为耕地、林地、草地、建设用地、宜开发利用土地、暂时难利用土地等。这种分类基于土地的开发、利用，有利于研究土地利用所能带来的社会、经济和生态环境效益。建立评价体系，对已利用土地资源的方式、生产潜力进行跟踪研究，调查分析宜利用土地资源的数量、质量、分布以及进一步开发利用的方向途径，查明暂不能利用土地资源的数量及分布，探讨今后改造利用的可能性，深入挖掘土地资源的生产潜力，合理安排生产布局，从而促进经济发展。考虑到土地类型的变化对经济建设的影响，衡量土地资源的指标可以选取耕地面积、林地面积、草地面积、荒漠化和沙化土地面积。

（三）生物资源

生物资源是指生物圈中对人类具有一定经济价值的动物、植物、微生物有机体以及由它们所组成的生物群落，包括动物资源、植物资源和微生物资源三大类。

（四）气候资源

气候资源是人类生产、生活必不可少的主要自然资源，可被人类直接或间接地利用，为人类提供物质及能量，包括光、热、水、风、大气成分等。气候资源分为热量资源、水分资源、风能资源、光能资源和大气成分资源等。为了衡量气候资源，可选取如下指标：日照时数、气温和相对湿度。

（五）环境污染

随着工业的发展，随之而来的环境污染问题以及造成的生态环境破坏受到人们的关注。按环境要素可将环境污染分为大气污染、水体污染、土壤污染、噪（音）声污染、农药污染、辐射污染、热污染。为了衡量环境污染，可选取如下指标：废气排放及处理情况、污水排放和处理情况和各地区固体废物产生和排放情况。

第二节　西北地区生态环境现状

西北地区地处亚欧大陆内陆腹地，根据中国的地理位置划分，西北地区包括陕西省、甘肃省、青海省、宁夏回族自治区、新疆维吾尔自治区 5 个省、自治区，深居中国西北部内陆，具有面积广大、干旱缺水、荒漠广布、风沙较多、生态脆弱、人口稀少、矿产资源丰富、开发难度较大、国际边境线漫长、有利于边境贸易等特点。西北地区人口约占全国的 7.3%，是中国少数民族主要聚居地区之一，少数民族人口约占全国少数民族总人口的 1/3，主要少数民族有回族、维吾尔族、哈萨克族、藏族、蒙古族、俄罗斯族等。

西北地区面积广大,约占全国面积的30%,分布在黄土高原—黄河中上游以西,昆仑山—阿尔金山—祁连山—秦岭以北,国境线以东,国境线—蒙古高原以南,西北地区国境线漫长,与蒙古、俄罗斯、哈萨克斯坦、吉尔吉斯斯坦、塔吉克斯坦、巴基斯坦、印度、阿富汗等国相邻,因此有利于开展边境贸易。

西北地区的生态环境现状分为以下几方面讨论:水资源、土地资源、气候资源和环境污染。

一 水资源现状

水作为一种重要的自然资源,在人们生活生产中不可或缺。水资源是促进社会经济发展的要素。

(一) 西北五省区的水资源总量逐年减少

水资源总量是指降水所形成的地表和地下的产水量,即河川径流量和降水入渗补给量之和,并不等于地表水资源量与地下水资源量的简单相加,需扣除两者重复量,按照这一统计方法,对西北五省区的水资源进行统计分析。

表4-1　　2011—2015年全国和西北五省区的水资源总量情况

单位:亿立方米、%

年份 地区	2011		2012		2013		2014		2015	
	水资源总量	占全国比重	水资源总量	占全国比重	水资源总量	占全国比重	水资源总量	占全国比重	水资源总量	占全国比重
全国	23256.7	100	29528.8	100	27957.9	100	27266.9	100	27962.6	100
西北五省区	2474.2	10.64	2464.1	8.34	2235.7	8.00	2080.9	7.63	2027	7.25
陕西	604.4	2.60	390.5	1.32	353.8	1.27	351.6	1.29	333.4	1.19
甘肃	242.2	1.04	267.0	0.90	268.9	0.96	198.4	0.73	164.8	0.59
青海	733.1	3.15	895.2	3.03	645.6	2.31	793.9	2.91	589.3	2.11
宁夏	8.8	0.04	10.8	0.04	11.4	0.04	10.1	0.04	9.2	0.03
新疆	885.7	3.81	900.6	3.05	956	3.42	726.9	2.67	930.3	3.33

资料来源:《中国环境统计年鉴》(2012—2016)。

从表4-1可以看出，2011—2015年全国水资源总量逐年波动，没有明确的变化趋势，但总体看来全国的水资源总量与2011年相比是增加的。西北五省区的水资源总量变化趋势则是逐年递减，占全国水资源总量的比重也是逐年下降，从2011年的10.64%降低到2015年的7.25%，下降幅度超过3个百分点，说明西北五省区的水资源总量不容乐观。西北五省区的具体情况如下：

（1）陕西省水资源总量从2011年的604.4亿立方米降至2012年的390.5亿立方米，下降幅度达35%，之后逐年缓慢下降。占全国的比重在2012年相对2011年下降了50%，之后逐年缓慢下降。说明陕西省的水资源相比全国是短缺较严重的。

（2）甘肃省的水资源总量从2011年的242.2亿立方米连续两年上升至2013年的268.9亿立方米，之后逐年下降至2015年的164.8亿立方米。值得注意的是，虽然2012年甘肃省的水资源总量与2011年相比增加了24.8亿立方米，但是占全国比重反而下降了0.14个百分点，在2013年增加至0.96%，但依然低于2011年的水平，之后连续两年均不断下降，直至2015年的0.59%。和2011年的1.04%相比，下降幅度接近了一半，说明甘肃省的水资源也是不断减少，未来情形不容乐观。

（3）青海省的水资源总量也是不断波动的，但整体趋势呈现为不断减少。从2011年的733.1亿立方米下降至2015年的589.3亿立方米，在此期间虽然2012年水资源总量增加，占全国比重却从3.15%降至3.03%，2014年有所增加，但从占全国比重数据来看依然低于2011年和2012年的水平，2015年的水资源总量占全国比重更是创新低，只有2.11%。从这五年的数据看，青海省的水资源总量也是比较短缺的，只是与陕西省和甘肃省相比，相对较好。

（4）宁夏的水资源总量和其他四省相比，是极度短缺的，一直在10亿立方米左右。2011—2014年占全国比重虽然没变化，但是2015年降至0.03%，这将极大限制宁夏的经济发展。

（5）新疆和其他四省相比水资源总量是最多的，2011—2015年不断波动，波动方向与全国并不一致。从数据看新疆水资源总量虽然变化不大但有下降的趋势，新疆的水资源短缺相对其他四省是较好的。

(二) 降水量状况分析

从2011—2013年和2015年全国和西北五省区的降水量情况表可看到，全国降水量在这几年中不断波动，没有明确的变化趋势，但总体看来全国的降水量与2011年相比是增加的。西北五省区的降水量变化与全国是同方向的，只是2015年的降水量与2011年相比是降低的；另外，西北五省区降水量占全国的比重是逐年递减的，从2011年的14.97%逐年降至2015年的12.03%，下降幅度接近3个百分点，说明西北五省区的降水量不容乐观。西北五省区的具体情况如下：

（1）陕西省的降水量从2011年的1749.1亿立方米降至2012年的1346.5亿立方米，下降幅度达23%，但之后基本在2012年的降水量附近波动。占全国的比重从2011年的3.17%下降至2012年的2.07%，下降幅度是比较大的，在2013年小幅度升至2.32%后，在2015年又降至2012年的水平。说明陕西省的降水量这几年是波动中减少的。

表4-2　2011—2013年和2015年全国和西北五省区的降水量情况

单位：亿立方米、%

年份 地区	2011 降水量	2011 占全国比重	2012 降水量	2012 占全国比重	2013 降水量	2013 占全国比重	2015 降水量	2015 占全国比重
全国	55132.9	100	65150.1	100	62674.4	100	62569.4	100
西北五省区	8252.4	14.97	8414.7	12.92	8088.3	12.91	7528	12.03
陕西	1749.1	3.17	1346.5	2.07	1456.9	2.32	1295.5	2.07
甘肃	1193.9	2.17	1246.7	1.91	1291.2	2.06	1074.1	1.72
青海	2417.5	4.38	2653	4.07	2134.4	3.41	2067.2	3.30
宁夏	146.9	0.27	175.6	0.27	165.1	0.26	149.1	0.24
新疆	2745	4.98	2992.9	4.59	3040.7	4.85	2942.1	4.70

注：2014年的降水量数据缺失，因此未做分析。
资料来源：《中国环境统计年鉴》(2012—2016)。

（2）甘肃省的降水量从2011年的1193.9亿立方米连续两年上升至2013年的1291.2亿立方米，之后下降至2015年的1074.1亿立方米，创下新低。虽然2012年的降水量和2011年相比增加了52.8亿立方米，但是占全国比重反而下降了0.26个百分点，在2013年增加至2.06%，但依然低于2011年的水平，之后下降至2015年的1.72%，在这几年的降水量中是最低的。说明甘肃省的降水量也是不断减少的，并且与陕西比降水量也是较少的。

（3）青海的降水量也是不断波动的，但整体趋势是不断减少。从2011年的2417.5亿立方米下降至2015年的2067.2亿立方米，在此期间虽然2012年降水量是增加的，但占全国比重却从4.38%降至4.07%，从占全国比重数据看青海省的降水量是逐年不断下降的，2015年的降水量占全国比重更是创新低，只有3.3%。从这五年的数据看，青海的降水量也是比较短缺的，但是与陕西省和甘肃省比相对较好。

（4）宁夏的降水量和其他四省相比，是极度短缺的，一直在150亿立方米左右，只占其他省份的十分之一。2011—2013年占全国比重是逐年降低的，2015年降至了0.24%，这将极大限制宁夏的经济发展。

（5）新疆和其他四省相比降水量是最多的，2011—2015年不断波动，波动方向与全国并不一致。从降水量和占全国比重数据看新疆降水量变化不大，新疆的水资源短缺相对其他四省是较好的。

（三）人均水资源量

人均水资源量是衡量国家可利用水资源的程度指标之一，人均水资源占有量指在一个地区内，某一个时期按人口平均每个人占有的水资源量。根据国际公认的标准，一地的人均水资源低于3000立方米时为轻度缺水；一地的人均水资源低于2000立方米时为中度缺水；一地的人均水资源低于1000立方米时为重度缺水；一地的人均水资源低于500立方米时为极度缺水。表4-3为2011—2015年全国和西北五省区的人均水资源量情况。

从表4-3可以看出，全国人均水资源量在2011—2015年不断波动，没有明确的变化趋势，但总体看来全国的人均水资源量与2011年相比是增加的，根据国际标准，我国属于轻度缺水，接近于中度缺水。西北五省区中的青海和新疆的人均水资源量比较充足，这两个省区人均水资源丰富。但是其他三个省份都有不同程度的缺水，尤其是宁夏，属于极度缺水省份。西北五省区的具体情况如下：

表 4-3　2011—2015 年全国和西北五省区的人均水资源量情况

单位：立方米/人

年份 地区	2011 人均水资源量	2011 与全国相比	2012 人均水资源量	2012 与全国相比	2013 人均水资源量	2013 与全国相比	2014 人均水资源量	2014 与全国相比	2015 人均水资源量	2015 与全国相比
全国	1730.2	1	2186.2	1	2059.7	1	1998.6	1	2039.2	1
陕西	1616.6	0.93	1041.9	0.48	941.3	0.46	932.8	0.47	881.1	0.43
甘肃	945.4	0.55	1038.4	0.47	1042.3	0.51	767	0.38	635	0.31
青海	12956.8	7.49	15687.2	7.18	11216.6	5.45	13675.5	6.84	10057.6	4.93
宁夏	137.7	0.08	168	0.08	175.3	0.09	153	0.08	138.4	0.07
新疆	4031.3	2.33	4055.5	1.86	4251.9	2.06	3186.9	1.59	3994.2	1.96

资料来源：《中国环境统计年鉴》(2012—2016)。

(1) 陕西省的人均水资源量从 2011 年的 1616.6 立方米/人逐年降至 2015 年的 881.1 立方米/人，年平均下降幅度达 9%，从 2013 年起由中度缺水变为重度缺水。从表 4-3 中与全国相比的数据可以看到，陕西省的人均水资源量是低于全国平均水平的，2015 年的人均水资源量仅为全国水平的 43%。表明陕西省是重度缺水省份。

(2) 甘肃省的人均水资源量从 2011 年的 945.4 立方米/人连续两年上升至 2013 年的 1042.3 立方米/人，之后逐年下降至 2015 年的 635 立方米/人，创下新低。虽然 2012 年的人均水资源量和 2011 年相比增加了 93 立方米/人，但是与全国人均水资源量相比，从 0.55 下降至 0.47，表明甘肃省的人均水资源量的增加速度低于全国。甘肃省的人均水资源量增加速度变快，与全国平均水平相比从 2012 年的 0.47 增加至 2013 年的 0.51，但依然低于 2011 年的水平，之后逐年下降至 2015 年的 0.31，是这几年的人均水资源量中最低的。说明甘肃省的人均水资源量也是减少的，并且低于陕西的人均水资源量。

(3) 青海省的人均水资源量远远高于全国的水平，但整体趋势是减少的。从 2011 年的 12956.8 立方米/人下降至 2015 年的 10057.6 立方米/人，在此期间虽然 2012 年人均水资源量是高于 2011 年的，但与全国平均水平的比值却从 7.49 降至 7.18。从占全国比重数据看青海省的人均水资源量是逐年不断下降的，2015年的人均水资源量与全国的比值更是创新低，只有4.93。从这五年的数据看，青海省的人均水资源量远高于西北其他省区，整体相对丰富。

（4）宁夏的人均水资源量和其他四省相比，是极度短缺的，一直在150立方米/人左右，只占其他省份的1/10。从2011—2015年与全国平均水平的比值看，宁夏的人均水资源量变化不大，比值在0.08附近波动。

（5）新疆的人均水资源量在西北五省区中仅低于青海，也是比较高的。从2011年至2015年不断波动，波动方向与全国并不一致。从人均水资源量和与全国比值的数据看新疆人均水资源量变化不大，水资源是相对丰富的。

二　土地资源现状

（一）耕地面积波动中上升

2012—2016年5年，陕西省的耕地面积先从3985.5千公顷逐年增加至2015年的3995.2千公顷，2016年又降至3989.5千公顷；甘肃省的耕地面积则从2012年的5385.5千公顷逐年递减至2016年的5372.4千公顷；青海省的耕地面积先从588.5千公顷逐年减少至2014年的585.7千公顷，再逐渐增加至2016年的589.4千公顷；2012年宁夏的耕地面积为1282.7千公顷，之后逐年增加至2015年的1290.1千公顷，2016年降至1288.8千公顷。新疆的耕地面积逐年增加，从2012年的5148.1千公顷增加至2016年的5216.5千公顷。

耕地面积减少的主要原因是建设占用、灾害损坏和退耕还林，耕地面积增加的主要来源是补充耕地。西北五省区的耕地总面积在2012—2016年是增加的，但变化不大。以2015年耕地面积变化为例说明耕地面积减少带来的影响，西北五省区中只有陕西和甘肃灾毁耕地面积为76公顷和304公顷，其他三省或自治区的耕地面积没有因灾毁而减少。同期，甘肃、陕西和新疆退耕还林面积分别为43.336千公顷、57.621千公顷和40.53千公顷，因此耕地面积不仅得到保障，退耕还林并没有造成耕地面积减少很多，而且通过补充耕地使耕地面积最终实现增加，耕地的荒漠化情况较好。

(二) 林地面积有所增加，但森林覆盖率低

为了了解土地资源中林业的情况，比较了西北五省区的林地面积、森林面积和森林覆盖率。

表4-4　　　　2011年和2015年的西北五省区林地、森林
　　　　　　　面积和森林覆盖率　　　　单位：万公顷、%

年份 省份	2011			2015		
	林地面积	森林面积	森林覆盖率	林地面积	森林面积	森林覆盖率
陕西	1205.8	767.56	37.26	1228.47	853.24	41.42
甘肃	955.44	468.78	10.42	1042.65	507.45	11.28
青海	634	329.56	4.57	808.04	406.39	5.63
宁夏	179.03	51.1	9.84	180.1	61.8	11.89
新疆	1066.57	661.65	4.02	1099.71	698.25	4.24

资料来源：2011年的数据来自第七次全国森林资源清查（2004—2008）资料，2015年数据来自第八次全国森林资源清查（2009—2013）资料。

从表4-4可知，西北五省区的林地面积和森林面积在近年来都有所增加，说明人工造林取得了较好的成绩，其以人工造林以及在无林地和疏林地新封山育林这两种方式为主。西北五省区的森林面积及覆盖率均逐年增加，其中陕西省的增加幅度最大，宁夏次之，新疆最慢。而陕西省的森林面积不仅总量最高，森林覆盖率也是最高的；虽然新疆的森林面积在西北五省区中仅次于陕西省，但由于其总面积大且沙漠面积占比较大，森林覆盖率反而是西北五省区中最低的。

森林覆盖率是指森林面积占土地总面积的比率，反映一个国家（或地区）森林资源和林地占有的实际水平的重要指标。我国《森林法》规定：全国森林覆盖率要达到30%，其中山区县一般要达到40%以上，丘陵区县要达到30%以上，平原区县要达到10%以上。按照森林法规定的标准，可知西北五省区中除了陕西外，其他四个省区的森林覆盖率尽管有所增加，还是远低于标准水平的。

(三) 草地资源退化严重

为了了解土地资源中草地的情况，比较了西北五省区的草地总面积、累计种草保留面积和当年新增种草面积。

表 4-5　　2011 年和 2015 年的西北五省区草地总面积、累计
种草保留面积和当年新增种草面积　　单位：千公顷

年份 省份	2011 草地总面积	2011 累计种草保留面积	2011 当年新增种草面积	2015 草地总面积	2015 累计种草保留面积	2015 当年新增种草面积
西北五省区	116998.4	6400.9	1863.6	119753	8603.4	2244.4
陕西	5206.2	853.3	93.5	5206.2	997.9	154.8
甘肃	17904.2	2644.2	624.3	17904.2	3092.3	716
青海	36369.7	845.3	498.7	36369.7	1564.5	326.7
宁夏	3014.1	663.7	249.6	3014.1	778.4	172.7
新疆	54504.2	1394.4	397.5	57258.8	2170.3	874.2

资料来源：《中国环境统计年鉴》（2012、2016）。

从表 4-5 可知，2011—2015 年，草地总面积方面，只有新疆有所增加，其他四个省区没有变化。但西北五省区的累计种草保留面积和当年新增种草面积均有大幅度增加。累计种草保留面积增加中，新疆和青海的累计种草面积分别增加了 775.9 千公顷和 719.2 千公顷，相对其他三省遥遥领先，增加量最少的是宁夏。从 2011 年和 2015 年的当年新增种草面积数据看，陕西、甘肃和新疆均有增加，新疆的增加量是最多的，青海和宁夏反而是减少的。因此从各个数据比较看来，新疆对于荒漠化治理重视度最高，也取得了较好的成效，每年新增种草面积的不断增加使草地总面积、累计种草面积均有了较大幅度的增加。

（四）土地荒漠化和沙化形势严峻

西北五省区的沙化土地总面积和沙化耕地面积严重，这制约了西北地区的经济发展。

2004—2009 年，西北五省区沙化土地总面积呈减少趋势，土地沙化扩展的态势得到了进一步遏制；2009—2015 年，西北五省区沙化土地总面积增加了 14.93 万公顷，只比 2004 年减少了 1.78 万公顷，沙化耕地面积增加了 12.71 万公顷。西北五省区的具体情况如下：

（1）2015 年甘肃省沙化土地面积为 1217.02 万公顷，与 2009 年第四次监测结果相比，沙化土地总面积增加了 24.78 万公顷，与 2004 年

第三次监测结果相比，沙化土地总面积增加了13.56万公顷。但是，沙化耕地面积减少了0.63万公顷，表明甘肃省土地沙化情况较严重，同时对于耕地的沙化治理措施也较好。

表4-6　　2004年、2009年和2015年的西北五省区沙化土地总面积和沙化耕地面积　　单位：万公顷

年份 省份	2004 沙化土地总面积	2009 沙化土地总面积	2009 沙化耕地面积	2015 沙化土地总面积	2015 沙化耕地面积
西北五省区	10183.82	10167.11	38.27	10182.04	50.98
陕西	143.44	141.32	3.46	135.39	4.43
甘肃	1203.46	1192.24	6.18	1217.02	5.55
青海	1255.83	1250.35	—	1246.17	—
宁夏	118.26	116.23	10.1	112.46	—
新疆	7462.83	7466.97	18.53	7471	41

注：由于第五次全国荒漠化和沙化统计数据不完整，2015年青海和宁夏的沙化耕地面积数据缺失。

资料来源：2004年数据来自第三次全国荒漠化和沙化统计数据，2009年数据来自第四次全国荒漠化和沙化统计数据，2015年数据来自截至2014年年底的第五次全国荒漠化和沙化统计数据。

（2）2015年陕西省沙化土地面积为135.39万公顷，与2009年相比减少了5.93万公顷，与2004年相比减少了8.05万公顷。但是，沙化耕地面积增加了0.97万公顷，表明陕西省土地沙化治理较好，全省沙化土地面积呈减少趋势，但耕地的沙化治理略逊于甘肃省。

（3）2015年青海省沙化土地面积为1246.17万公顷，与2009年相比减少了4.18万公顷，与2004年相比减少了9.66万公顷。表明青海省土地沙化治理较好，全省沙化土地面积呈减少趋势。

（4）2015年宁夏沙化土地面积为112.46万公顷，与2009年相比减少了3.77万公顷，与2004年相比减少了5.8万公顷。表明宁夏土地沙化治理较好，全省沙化土地面积呈减少趋势。

(5) 2015年新疆沙化土地面积为7471万公顷,与2009年相比增加了4.03万公顷,与2004年相比增加了8.17万公顷,沙化耕地面积相比2009年也增加了22.47万公顷,表明新疆土地沙化情况较严重,全省沙化土地面积呈增加趋势,治沙任务依然很艰巨。

总体看来,西北五省区中除了新疆沙化土地面积逐年增加外,其他四省与2004年相比均有所减少,荒漠化治理逐见成效。但是五省相比起来,陕西省的治理效果是最好的,沙化土地面积减少是最多的,由于甘肃、青海和新疆的沙化占比较高,尤其是新疆的沙化面积不仅量大还逐年增加,可见防治形势依然很严峻,需要向陕西省学习经验,因地制宜治理沙化土地,不断减少沙化土地面积,为建设西北地区更好的生态环境而不断努力。

表4-7　　　　2004年、2009年和2015年的西北五省区荒漠化土地总面积及占比　　　　单位:万公顷、%

省份\年份	2004 荒漠化土地总面积	2004 占全国比重	2009 荒漠化土地总面积	2009 占全国比重	2015 荒漠化土地总面积	2015 占全国比重
全国	26361.68	100	26237.14	100	26116	100
西北五省区	15163.46	57.52	15131.27	57.66	15118.97	57.89
陕西	298.78	1.13	294.72	1.12	280.29	1.07
甘肃	1934.78	7.34	1921.29	7.32	1950.20	7.47
青海	1916.62	7.27	1913.78	7.29	1903.58	7.29
宁夏	297.45	1.13	289.88	1.10	278.90	1.07
新疆	10715.83	40.65	10711.6	40.83	10706	40.99

资料来源:2004年数据来自第三次全国荒漠化和沙化统计数据,2009年数据来自第四次全国荒漠化和沙化统计数据,2015年数据来自截至2014年年底的第五次全国荒漠化和沙化统计数据。

截至2014年年底第五次监测显示,西北五省区荒漠化土地总面积比起2009年第四次和2004年第三次统计分别减少了12.3万公顷和44.49万公顷。监测结果表明,我国荒漠化状况自2004年以来连续3个监测期不断缩减,呈现整体遏制、持续缩减、功能增强和成效明显的良好形势,但防治形势依然很严峻,因为西北五省区的荒漠化土地面积占全国的比重三个监测期是不断上升的,相比其他地区的荒漠化治理来看依然有很大压力。西北五省区的具体情况如下:

(1) 2015年第五次监测显示,甘肃省荒漠化土地面积为1950.20万公顷,与2009年第四次监测结果相比,荒漠化土地总面积增加了28.91万公顷,与2004年第三次监测结果相比,荒漠化土地总面积增加了15.42万公顷,表明甘肃省土地荒漠化情况较严重。

(2) 2015年陕西省荒漠化土地面积为280.29万公顷,与2009年相比减少了14.43万公顷,与2004年相比减少了18.49万公顷,表明陕西省的荒漠化治理情况较好。

(3) 2015年青海省荒漠化土地面积为1903.58万公顷,与2009年相比减少了10.2万公顷,与2004年相比减少了13.04万公顷,表明青海省的荒漠化治理情况较好。

(4) 2015年宁夏荒漠化土地面积为278.90万公顷,与2009年相比减少了10.98万公顷,与2004年相比减少了18.55万公顷,表明宁夏的荒漠化治理情况较好。

(5) 2015年新疆荒漠化土地面积为10706万公顷,与2009年相比减少了5.6万公顷,与2004年相比减少了9.83万公顷,表明新疆的荒漠化治理情况较好。

总体看来,西北五省区中除了甘肃省荒漠化土地面积增加外,其他四省在从2004年起的连续三个监测期均不断减少,荒漠化治理逐见成效。相比之下,陕西省的治理效果最好,荒漠化土地面积减少最多,甘肃、青海和新疆的荒漠化占全国比重较高,尤其是新疆,占比超过了40%,充分反映出防治形势依然很严峻,有待继续因地制宜地治理荒漠化土地,不断减少荒漠化土地面积,促进西北地区生态环境的发展。

三 气候资源现状

(一) 全年日照时数

中国各地区的日照时数是东南少西北多,日照时数会受到海拔高低、天气、污染等因素的影响而有所波动。表4-8统计了2011—2016年西北五省区的省会城市的全年日照时数数据,这些数据反映了相应地区的光能资源情况。

表4-8 2011—2016年西北五省区的省会城市全年日照时数情况

单位：小时

年份 地区	2011	2012	2013	2014	2015	2016
西安	2040.3	1546.6	2190.5	1941.8	1795.9	2140.3
兰州	2550.0	2322.8	2600.9	2492.8	2511.5	2734.5
西宁	2547.0	2655.2	2660.6	2571.3	2590.1	2690.4
银川	2558.0	2728.3	2693.5	2738.8	2841.9	2845.7
乌鲁木齐	2767.5	2864.6	3068.6	2986.9	2798.8	2719.8

资料来源：《中国环境统计年鉴》（2012—2016）、《中国统计年鉴（2017）》。

从表4-8可以看出：

（1）每个城市的日照时数在不同年份是不断波动的，五个城市的全年日照时数的变动方向也不一致。

（2）在西北五省区的省会城市中，西安的全年日照时数是最短的；平均看来，乌鲁木齐的全年日照时数是最长的。

（3）在某个年份，五个城市的全年日照时数相较其他年份会比较高，例如2013年和2016年。

（4）兰州、西宁和银川三个城市的全年日照时数比较接近，波动方向不太一致。

（5）西安的全年日照时数在2015年达到最低1795.9小时，在2013年达到最高2190.5小时；兰州的全年日照时数在2012年达到最低2322.8小时，在2016年达到最高2734.5小时；西宁的全年日照时数在2011年达到最低2547小时，在2016年达到最高2690.4小时；银川的全年日照时数在2011年达到最低2558小时，在2016年达到最高2845.7小时；乌鲁木齐的全年日照时数在2016年达到最低2719.8小时，在2013年达到最高3068.6小时。

总体看来，西北五省区省会城市的光能资源是越来越多的，这可能得益于空气污染的大力治理。

（二）年平均气温

年平均气温是该地一年内的多日平均气温或多月平均气温的平均值。该指标能够反映一地的热能资源情况及二氧化碳的排放和温室效应情况。

表4-9　2011—2016年西北五省区的省会城市年平均气温情况　　单位：℃

年份 地区	2011	2012	2013	2014	2015	2016
西安	14.1	14.6	15.8	15.2	15.2	15.8
兰州	7.7	10.5	8.3	7.7	8.3	8.2
西宁	5.7	5.2	6.1	5.7	6.4	6.6
银川	9.9	9.8	11.2	10.7	10.7	10.7
乌鲁木齐	7.3	7.4	8.7	7.4	8.8	8.4

资料来源：《中国环境统计年鉴》（2012—2016）、《中国统计年鉴（2017）》。

从表4-9可以看出：

（1）相比其他城市的年平均气温，西安是最高的，而西宁是最低的，并且从五个城市的气温数据可以得到，年平均气温有上升趋势。

（2）每个省份的年平均气温是逐年波动的，但没有明确的趋势。西安的年平均气温在2011达到最低14.1℃，在2013年和2016年达到最高15.8℃；兰州的年平均气温在2011年和2014年达到最低7.7℃，在2012年达到最高10.5℃；西宁的年平均气温在2012年达到最低5.2℃，在2016年达到最高6.6℃；银川的年平均气温在2012年达到最低9.8℃，在2013年达到最高11.2℃；乌鲁木齐的年平均气温在2011年达到最低7.3℃，在2015年达到最高8.8℃。

因此，从西北五省区省会城市的年平均气温最高和最低年份可看出上升趋势，热能资源比较充足。

（三）极端气温

极端气温是一地在某一段时间内的最高和最低温度，能反映该地的气候不稳定情况。

表4–10　2011—2015年西北五省区的省会城市极端气温情况　　单位：℃

年份 地区	2011		2012		2013		2014		2015	
	年极端 最高气温	年极端 最低气温	年极端 最高气温	年极端 最低气温	年极端 最高气温	年极端 最低气温	年极端 最高气温	年极端 最低气温	年极端 最高气温	年极端 最低气温
西安	39.0	-8.6	39.9	-9.3	39.3	-8.3	40.6	-6.0	39.5	-6.7
兰州	36.0	-24.1	35.3	-17.1	34.4	-20.1	35.0	-20.4	36.9	-18.4
西宁	32.8	-22.8	28.9	-23.8	32.6	-20.6	31.4	-20.9	33.1	-18.1
银川	36.7	-18.9	34.8	-20.1	36.8	-19.3	37.5	-16.9	38.1	-15.1
乌鲁木齐	38.1	-28.1	36.2	-29.0	36.1	-23.1	36.7	-24.6	40.6	-20.7

资料来源：《中国环境统计年鉴》(2012—2016)。

从表4–10可以得到以下几个结论：

（1）相比其他城市的极端气温，西安的温差是最小的，而乌鲁木齐是最大的，并且从五个城市的气温数据可以得到，极端气温有上升趋势，即2015年的极端最高和最低气温相比2011年均有所上升。

（2）每个省份的年平均气温是逐年波动的，但没有明确的趋势。极端气温的波动幅度不大，历年的极端气温中，不同省份在不同年份达到最高或最低。例如，西安的年极端最高气温在2011达到最低39℃，在2014年达到最高40.6℃；兰州的年极端最高气温在2013年达到最低34.4℃，在2015年达到最高36.9℃；西宁的年极端最低气温在2012年达到最低-23.8℃，在2015年达到最高-18.1℃；西安的年极端最低气温在2012年达到最低-9.3℃，在2014年达到最高-6℃。西北五省区的年极端气温有上升趋势。

（四）年平均相对湿度

空气的干湿程度叫作"湿度"，是表示大气干燥程度的物理量。在一定的温度下，一定体积的空气里含有的水汽越少，表明空气越干燥；相反水汽越多，则表明空气越潮湿。相对湿度一般用空气中实际水汽压与当时气温下的饱和水汽压之比的百分数表示，取整数。

从表4–11可以得到以下几个结论：

表 4-11　　　2011—2016 年西北五省区的省会城市年平均

相对湿度情况　　　　　　　单位:%

年份 地区	2011	2012	2013	2014	2015	2016
西安	65	62	58	61	62	59
兰州	57	53	53	59	57	56
西宁	56	59	55	59	55	57
银川	53	48	43	50	50	50
乌鲁木齐	56	53	58	54	58	60

资料来源:《中国环境统计年鉴》(2012—2016)、《中国统计年鉴 (2017)》。

(1) 西北五省的省会城市年平均相对湿度在 2011 年至 2016 年间是不断变化的,从数值上看,变化不大。从这 6 年的数据中可以看出其变动趋势,其中西安和银川年平均相对湿度有下降的趋势,兰州和西宁的年平均相对湿度在小范围内波动,没有明显的变动方向,而乌鲁木齐的年平均相对湿度是在波动中有小幅上升的。

(2) 五个省会城市之间相比较发现,银川相对其他四个城市的相对湿度是最低的,也就是相对最干燥,而西安和乌鲁木齐的相对湿度数值越来越接近。并且从这 6 年的数据可以看出,银川的年平均相对湿度的最大值为 53%,最小值为 43%,差别为 10%,是五个城市中变动最大的;西宁的年平均相对湿度的最大值为 59%,最小值为 55%,相差 4%,是五个城市中变动最小的。

四　环境污染现状

随着工业的发展,随之而来的环境污染问题以及造成的生态环境破坏受到人们的关注。按环境要素可将环境污染分为大气污染、水体污染、土壤污染、噪(音)声污染、农药污染、辐射污染、热污染。

(一) 废气排放及处理情况

废气,是指人类在生产和生活过程中排出的有毒有害的气体。特别是化工厂、钢铁厂、制药厂以及炼焦厂和炼油厂等化工厂,它们排放的废气气味大,给环境造成严重污染,并影响人体健康。工业废气分为有机废气和无机废气,其中有机废气主要包括各种烃类、醛类、醇类、酮类、酸类和胺类等;无机废气主要包括氮氧化物、硫氧化物、碳氧化物、卤素及其化合物等。

表 4-12　2011—2016 年全国和西北五省区的二氧化硫排放总量情况　　单位:吨

年份 地区	2011	2012	2013	2014	2015	2016
全国	22179082	21176320	20439218	19744160	18591194	11028600
西北五省区	2870783	2772858	2743970	2740916	2592330	1421300
陕西	916839	843755	806152	780954	735017	318000
甘肃	623902	572489	561981	575649	570621	272000
青海	156602	153853	156694	154276	150766	113700
宁夏	410385	406633	389712	377056	357596	236900
新疆	763055	796128	829431	852981	778330	480700

资料来源:《中国环境统计年鉴》(2012—2016)、《中国统计年鉴(2017)》。

从表 4-12 可知,从 2013 年起,比较 2013 年和 2016 年数据,可发现西北五省区的二氧化硫排放总量有了明显减少,其中除了新疆在 2013 年及 2014 年和甘肃在 2014 年有小幅增加外,其他四省的排放总量均逐年下降。全国的二氧化硫排放总量也在减少。2011—2015 年西北五省区的二氧化硫排放量占全国的比例分别是 12.94%、13.09%、13.43%、13.88%、13.94%,西北五省区的二氧化硫治理相比全国治理是较差的,未来有待加强。

表 4-13　2011—2016 年全国和西北五省区的氮氧化物排放总量情况　　单位:吨

年份 地区	2011	2012	2013	2014	2015	2016
全国	24042659	23377617	22273587	20780015	18510242	13943100
西北五省区	2649980	2682452	2658447	2525498	2236632	1530100

续表

年份 地区	2011	2012	2013	2014	2015	2016
陕西	831749	808129	758898	705756	627366	380300
甘肃	480855	473382	442926	418400	387272	258000
青海	124116	126059	132256	134518	117855	94200
宁夏	458170	455405	437440	404032	367634	197800
新疆	755090	819477	886927	862792	736505	599800

资料来源:《中国环境统计年鉴》(2012—2016)、《中国统计年鉴(2017)》。

由表4-13可知,从2013年起,西北五省区的氮氧化物排放总量是逐年减少的,其中除了新疆和青海在2013年有所增加外,其他四省的排放总量均呈现逐年下降。全国的氮氧化物排放总量也在减少。2011—2015年西北五省区的氮氧化物排放占全国的比例分别是11.02%、11.47%、11.94%、12.15%、12.08%,西北五省区的氮氧化物排放的治理相比全国治理是较差的。

表4-14　　2011—2016年全国和西北五省区的烟粉尘排放总量情况　　单位:吨

年份 地区	2011	2012	2013	2014	2015	2016
全国	12788202	12357748	12781411	17407508	15380133	10106600
西北五省区	1585334	1720474	1924604	2347902	1970935	1274200
陕西	463430	462051	537739	709137	603649	287400
甘肃	236191	207567	226574	345811	295440	180300
青海	138336	156393	173762	239867	246020	148600
宁夏	215465	198337	230620	239171	229909	201200
新疆	531912	696126	755909	813916	595917	456700

资料来源:《中国环境统计年鉴》(2012—2016)、《中国统计年鉴(2017)》。

由表4-14可知，从2011—2014年，西北五省区的烟粉尘排放总量是逐年增加的，在2015年有显著下降。其中各省都在2014年达到一个近年来的最高值，之后2015年又均有显著下降。由于全国与西北五省区的排放总量变化趋势基本一致，2011—2016年西北五省区的烟粉尘排放占全国的比例分别是12.4%、13.92%、15.06%、13.49%、12.81%、12.6%，从所占比例看，2013年是最高的。可见尽管西北五省区的烟粉尘排放在2014年是历年来最高的，但相对全国的情况，2014年的治理还是较好的，并且相对比例从2013年开始逐年下降，说明西北五省区近几年的烟粉尘治理效果较好。

由表4-15可知，从2011—2014年，西北五省区的工业废气排放总量是逐年增加的，在2015年有显著下降。各省的变化趋势不一致，但是比较2013年前后的数据可发现，各省的工业废气排放在2013年之后与之前相比升高了。全国与西北五省区的排放总量变化趋势基本一致。2011—2015年西北五省区的工业废气排放占全国的比例分别是8.26%、9.34%、9.26%、9.81%、9.46%，从所占比例看，2014年是最高的，且2013年之后所占比例比之前有明显增加。

表4-15 2011—2015年全国和西北五省区的工业废气排放总量情况 单位：亿立方米

年份 地区	2011	2012	2013	2014	2015
全国	674509.3	635519.1	669360.9	694190.4	685190
西北五省区	55746.4	59369.1	61950.5	68105.3	64848
陕西	15704.3	14767.4	16279.5	16542.5	17303
甘肃	12891.9	13899.7	12676.7	12290.3	13293
青海	5226.3	5507.6	5620.6	6439.4	5405
宁夏	10055.9	9324.5	8909.2	10717.0	8760
新疆	11868.0	15869.9	18464.5	22116.1	20087

资料来源：《中国环境统计年鉴》(2012—2016)。

表 4-16　　2011—2015 年全国和西北五省区的工业废气治理
设施处理能力情况　　单位：万立方米/时

年份 地区	2011	2012	2013	2014	2015
全国	1568592	1649353	1435110	1533917	1688675
西北五省区	110555	128930	130311	139603	150573
陕西	28079	30906	34907	35307	41347
甘肃	18935	39977	23726	28930	27894
青海	6670	7772	7414	8267	9646
宁夏	21111	17215	18600	19496	18148
新疆	35760	33060	45664	47603	53538

资料来源：《中国环境统计年鉴》（2012—2016）。

由表 4-16 可知，从 2011—2015 年，西北五省区的工业废气治理设施处理能力是逐年增加的。其中，陕西和新疆在工业废气治理上重视程度和投入都很大，处理能力逐年均有明显增加。由于全国在 2013 年达到 5 年中最低水平，之后治理能力才逐渐提高，因此可知西北五省区的工业废气治理相比全国还是有明显优势的。

综上分析可知，西北五省区的废气排放变化趋势基本与全国一致，其中二氧化硫和氮氧化物的排放总量有明显减少，但与全国的下降比例相比，西北五省区的治理是低于全国水平的；烟粉尘排放量从 2015 年起有明显下降，治理效果却比全国平均水平要好；工业废气的排放和治理相比全国都是有优势的。

（二）污水排放和处理情况

污水是指受到一定污染的排出水。污水来自生产和生活，主要有工业废水、生活污水和初期雨水。污水的主要污染物有植物营养物、耗氧污染物、病原体污染物和有毒污染物等。污水经过自然土地的构筑物，利用水生生物以及微生物的作用可以达到降解污水中有机物目的。

防治水污染是生态环境建设和保护工作的一项重要内容，是落实新发展理念的重要举措，对自然生态环境保护和经济可持续发展具有重要意义。因此，从污水排放总量、污水处理总量和污水再生利用量三个方面进行分析，了解污水治理情况，进而分析西北五省区的生态环境的情况。

表4-17 2011—2015年全国和西北五省区的污水排放总量情况

单位：万立方米

年份 地区	2011	2012	2013	2014	2015
全国	4037028	4167602	4274525	4453428	4666210
西北五省区	206461	213173	218559	234691	255622
陕西	67366	71442	77504	86823	96977
甘肃	40311	40073	39928	39211	41331
青海	15526	16198	17198	17700	18579
宁夏	27643	29143	25765	27114	27751
新疆	55615	56317	58164	63843	70984

资料来源：《中国环境统计年鉴》（2012—2016）。

从表4-17可以看出，全国和西北五省区的污水排放总量均是逐年增加的，其中，陕西和新疆的污水排放增加是最多和最快的。由于全国与西北五省区的排放总量变化趋势基本一致，2011—2015年西北五省区的污水排放占全国的比例分别是5.114%、5.115%、5.113%、5.27%、5.478%，从所占比例看，2015年是最高的，且2013年之后所占比例比之前有明显增加。

表4-18 2011—2015年全国和西北五省区的污水处理总量和污水处理率情况

单位：万吨、%

年份 地区	2011 污水处理总量	2011 污水处理率	2012 污水处理总量	2012 污水处理率	2013 污水处理总量	2013 污水处理率	2014 污水处理总量	2014 污水处理率	2015 污水处理总量	2015 污水处理率
全国	3376109	83.6	3638238	87.3	3818948	89.3	4016198	90.2	4288251	91.9
西北五省区	158782	76.9	177907	83.5	187436	85.8	203408	86.7	221980	86.8
陕西	56561	84.0	63221	88.5	69007	89	79492	91.6	88779	91.6

续表

年份 地区	2011 污水处理总量	2011 污水处理率	2012 污水处理总量	2012 污水处理率	2013 污水处理总量	2013 污水处理率	2014 污水处理总量	2014 污水处理率	2015 污水处理总量	2015 污水处理率
甘肃	27742	68.8	30207	75.4	32440	81.3	33330	85.0	37040	89.6
青海	9469	61.0	9777	60.4	10600	61.6	10476	59.2	11143	60.0
宁夏	22168	80.2	27207	93.4	24331	94.4	25049	92.4	25822	93.1
新疆	42842	77.0	47495	84.3	51058	87.8	55061	86.2	59196	83.4

资料来源：《中国环境统计年鉴》（2012—2016）。

从表4–18可以得到，全国和西北五省区的污水处理总量和污水处理率均是逐年增加的，其中，陕西的污水处理总量增加是最多和最快的，而宁夏由于基数较小，污水处理率在西北五省区中居榜首，高于全国的污水处理率，更高于西北五省区的污水处理率，其他四省的污水处理率均低于全国水平。由于全国与西北五省区的排放总量变化趋势基本一致，2011—2015年西北五省区的污水处理总量占全国的比例分别是4.7%、4.89%、4.91%、5.06%、5.18%，所占比例逐年增加，2015年达到最高水平，说明西北五省区对污水的处理相对全国是较好的。

表4–19　　2011—2015年全国和西北五省区的污水再生利用量情况　　单位：万吨、%

年份 地区	2011 污水再生利用量	2011 占全国比重	2012 污水再生利用量	2012 占全国比重	2013 污水再生利用量	2013 占全国比重	2014 污水再生利用量	2014 占全国比重	2015 污水再生利用量	2015 占全国比重
全国	268343	100	320796	100	354181	100	363460	100	446838	100
西北五省区	14430	5.38	14849	4.63	19620	5.54	19429	5.35	22149	4.96
陕西	2954	1.10	3966	1.24	7230	2.04	6869	1.89	8618	1.93
甘肃	1329	0.50	1265	0.39	1456	0.41	2161	0.59	2782	0.62
青海	20	0.01	45	0.01	710	0.20	649	0.18	701	0.16
宁夏	1676	0.62	1453	0.45	1617	0.46	1535	0.42	1400	0.31
新疆	8451	3.15	8120	2.53	8607	2.43	8215	2.26	8648	1.94

资料来源：2011—2015年数据来自《中国环境统计年鉴》。

从表 4-19 中可得到，全国和西北五省区的污水再生利用量基本上是逐年增加的，但是由于全国污水再生利用量也在不断增加，因此占全国比重是波动的，从 2013 年起逐年下降。西北五省区中，陕西的污水再生利用量增加量是最多的，青海的污水可再生利用量增长速度是最快的，但由于基数较小，总量依然是五省中最低的。2011—2015 年，西北五省区的污水再生利用率分别为 6.99%、6.97%、8.98%、8.28%、8.66%，全国的污水再生利用率分别为 6.65%、7.70%、8.29%、8.16%、9.58%，西北五省区的污水再生利用率在有些年份是高于全国水平的，有些年份是低于全国水平的，例如 2015 年西北五省区明显低于全国水平。

（三）各地区固体废物产生和排放情况

工业固体废物是指在工业生产活动中产生的固体废物。工业固体废物分为一般工业固体废物和危险固体废物。工业固体废物会造成生态环境的破坏，包括土壤、水系、空气等。工业固体废物经过适当的工艺处理，可成为工业原料或能源，实现资源化。通过一般工业固体废物产生量、处置量和综合利用量三个指标考察西北五省区的生态环境保护现状。

表 4-20　　2011—2015 年全国和西北五省区的一般工业固体
废物产生量情况　　　　　　单位：万吨

年份 地区	2011	2012	2013	2014	2015
全国	322772	329044	327702	325620	327079
西北五省区	34222	37028	38335	38730	40715
陕西	7118	7215	7491	8682	9330
甘肃	6524	6671	5907	6141	5824
青海	12017	12301	12377	12423	14868
宁夏	3344	2961	3277	3694	3430
新疆	5219	7880	9283	7790	7263

资料来源：2011—2015 年数据来自《中国环境统计年鉴》。

从表4-20可以得到，西北五省区的一般工业固体废物产生量是逐年增加的，西北五省区中，青海的废物产生量是最多的，并且也是增加最快的。而全国的废物产生量是波动的，但变化不大，2011—2015年西北五省区的一般工业固体废物产生量占全国的比例分别为10.60%、11.25%、11.70%、11.89%、12.45%，是逐年上升的，说明西北五省区近年来工业发展相对全国平均水平是较快的，尤其是青海省。

表4-21　2011—2015年全国和西北五省区的一般工业固体废物处置量和处理率情况　　　　单位：万吨、%

年份 地区	2011 一般工业固体废物处置量	2011 处理率	2012 一般工业固体废物处置量	2012 处理率	2013 一般工业固体废物处置量	2013 处理率	2015 一般工业固体废物处置量	2015 处理率
全国	70745	21.50	82969	25.32	80388	24.69	73034	22.33
西北五省区	4646	12.55	4987	13.01	5553	14.34	5925	14.55
陕西	1457	20.19	1622	21.65	2136	24.60	1977	21.19
甘肃	2110	31.63	1859	31.47	2044	33.28	2260	38.80
青海	6	0.05	7	0.06	3	0.02	4	0.03
宁夏	540	18.24	613	18.71	563	15.24	929	27.08
新疆	533	6.76	886	9.54	807	10.36	755	10.40

资料来源：《中国环境统计年鉴》（2012—2016）。

随着工业的发展，一般工业废物产生量会增加，但随着科技的发展，废物经处置后对生态环境的破坏会降低。从表4-21中可以得到，西北五省区的一般工业固体废物处置量是逐年增加的，考虑到产生量也是增加的，我们可以通过比较处理率来看西北五省区对于生态环境的重视情况。从表4-21的数据可知，2012—2015年，处理率是逐年增加的，但还是远远低于全国的处理率。西北五省区中，甘肃的废物处理量和处理率均是最高的，且高于全国水平。而青海的处理率是最低的且几乎接近于0，考虑到西北五省区中，青海的一般工业固体废物产生量又是最多的，因此青海省应当加强对废物的处置，注重保护生态环境。

根据环保部发布的年报，在我国综合利用仍是工业固体废物的主要处理途径。从表 4-22 中可以得到，2011—2014 年，西北五省区的一般工业固体废物综合利用量是逐年增加的，2015 年有所下降，全国也在 2015 年有所下降。从表 4-22 的数据可知，从 2011—2014 年，废物综合利用率是逐年增加的，但还是低于全国水平，2015 年全国和西北五省区均有下降。西北五省区中，各省的废物综合利用率差别不大，均低于全国水平。考虑到西北五省区中，青海的一般工业固体废物产生量是最多的，但是废物处理率和综合利用率均不高，因此青海省应当加强对废物的处置和综合利用，注重保护生态环境。

表 4-22　2011—2015 年全国和西北五省区的一般工业固体废物综合利用量和利用率情况　　单位：万吨、%

年份 地区	2011 废物综合利用量	2011 废物综合利用率	2012 废物综合利用量	2012 废物综合利用率	2013 废物综合利用量	2013 废物综合利用率	2014 废物综合利用量	2014 废物综合利用率	2015 废物综合利用量	2015 废物综合利用率
全国	195215	60.48	202462	61.53	205916	62.84	204330	62.75	198807	60.78
西北五省区	19279	56.34	20953	56.59	22068	57.57	22811	58.90	22692	55.73
陕西	4266	59.93	4422	61.29	4758	63.52	5464	62.93	6102	65.40
甘肃	3342	51.23	3593	53.86	3300	55.87	3086	50.25	3079	52.87
青海	6785	56.46	6831	55.53	6798	54.92	6999	56.34	7247	48.74
宁夏	2048	61.24	2044	69.03	2398	73.18	2928	79.26	2131	62.13
新疆	2838	54.38	4063	51.56	4814	51.86	4334	55.64	4133	56.90

资料来源：2011—2015 年数据来自《中国环境统计年鉴》。

（四）化肥和农药施用造成的土壤污染问题

土壤是人类生存的基本资源，是农业发展的基础。大量使用化肥、农药导致了现今世界各国水源污染、土地流失、海洋污染、生态变迁和疾病丛生等严重环境问题。过度使用化肥农药会破坏土壤结构和土壤中的生态平衡，会导致耕地土壤酸化和土地流失，因此长期使用化肥、农药会破坏土壤的整个生态系统。下面选择了化肥施用量和农药使用量两个指标来考察化肥和农药使用造成的土壤污染问题。

表 4-23　　2011—2015 年全国和西北五省区的化肥施用量和占全国比重情况　　单位：万吨、%

年份 地区	2011 化肥施用量	2011 占全国比重	2012 化肥施用量	2012 占全国比重	2013 化肥施用量	2013 占全国比重	2014 化肥施用量	2014 占全国比重	2015 化肥施用量	2015 占全国比重
全国	5704.2	100	5838.8	100	5911.9	100	5995.9	100	6022.6	100
西北五省区	524.7	9.20	573.3	10.05	589.8	9.98	614.2	10.24	628.1	10.43
陕西	207.3	3.63	239.8	4.20	241.7	4.09	230.2	3.84	231.9	3.85
甘肃	87.2	1.53	92.1	1.61	94.7	1.60	97.6	1.63	97.9	1.63
青海	8.3	0.15	9.3	0.16	9.8	0.17	9.7	0.16	10.1	0.17
宁夏	38.2	0.67	39.4	0.69	40.4	0.68	39.7	0.66	40.1	0.67
新疆	183.7	3.22	192.7	3.38	203.2	3.44	237.0	3.95	248.1	4.12

资料来源：《中国环境统计年鉴》（2012—2016）。

从表 4-23 可以得到，2011—2015 年西北五省区的化肥施用量是逐年增加的，占全国的比重也是逐年增加的。西北五省区中，陕西和新疆的化肥施用量是较多的，青海是最少的，各省呈现的趋势基本上是逐年递增的。

从表 4-24 可以得到，2011—2014 年西北五省区的农药使用量是逐年增加的，占全国的比重也是逐年增加的。在 2015 年西北五省区和全国的农药使用量均有所下降，西北五省区中，甘肃的农药施用量是最多的，且远远高于其他四省，也是逐年递增的，其中一个原因是甘肃省的耕地面积是较多的。

根据以上分析可看出，西北地区的生态环境存在水资源短缺、森林草原植被脆弱、水土流失严重、污染不乐观，治理低于全国平均水平等问题等问题。

表 4-24　　2011—2015 年全国和西北五省区的农药使用量
和占全国比重情况　　　　　　　单位：吨

年份 地区	2011 农药使用量	占全国比重	2012 农药使用量	占全国比重	2013 农药使用量	占全国比重	2014 农药使用量	占全国比重	2015 农药使用量	占全国比重
全国	1787002	100	1806057	100	1801862	100	1806919	100	1782969	100
西北五省区	104850	5.87	111093	6.15	116739	6.48	125536	6.95	122327	6.86
陕西	12410	0.69	12952	0.72	12998	0.72	12793	0.71	13092	0.73
甘肃	68413	3.83	73748	4.08	77760	4.32	77832	4.31	78848	4.42
青海	1995	0.11	1805	0.10	1997	0.11	1886	0.10	1956	0.11
宁夏	2692	0.15	2740	0.15	2699	0.15	2586	0.14	2593	0.15
新疆	19340	1.08	19848	1.10	21285	1.18	30439	1.68	25838	1.45

资料来源：《中国环境统计年鉴》（2012—2016）。

第三节　"丝绸之路经济带"背景下西北地区生态环境建设途径

改善西北地区生态环境，有非常重要的意义，不仅有利于改变西北地区的落后经济面貌，而且有利于国民经济长期协调和稳定发展，对我国的经济建设将做出非常重要且其他地区无可代替的贡献。西北地区的生态建设在"丝绸之路经济带"的战略中也迎来了千载难逢的机遇，西北地区应当顺应时代潮流，顺势而为，从国家层面、社会层面和个人层面齐抓共管并形成合力。在国家层面上，党和政府须不断完善相应制度安排和法律政策，加强领导，严格执法，协调各方面利益，为西北地区的生态建设提供保证。在社会层面上，应当积极发挥民间环保组织力量，不断加强宣传和监督，并充分调动社会力量，令人与自然和谐发展理念成为社会强大的正能量，把生态环境理念融入"丝绸之路经济带"建设全过程中。在个人层面上，须提高广大人民的环保意识和环保素质。保护环境是每个公民都应尽到的义务，应当自觉行动和遵守。

陆上"丝绸之路"连接的多为中亚国家，经济发展基本采取的均为粗放型的发展模式，因此陆上"丝绸之路"沿线国家的生态环境与我国西北地区有类似之处，共有特征包括：生态系统脆弱、地貌复杂、植被稀疏、水资源短缺和土地沙漠化严重，基本都为经济发展付出了很高的环境成本。再加上中亚地区连年战争、不断增长的人口及粗放管理模式，中亚地区的生态环境问题未能得到有效的解决。而环境问题具有跨地区和跨国界性，中亚地区的生态环境问题一直也是国际所关注的问题，并且日益突出的生态环境问题也给中亚地区的发展带来了反作用。

"丝绸之路经济带"是合作之路、共赢之路，治理环境是全球性的问题，西北地区生态环境不仅关乎我国的生态安全，也关乎周边国家生态安全，因此西北地区的生态环境问题应该拉入到上合组织机制框架和"丝绸之路经济带"沿线国家及周边地区的组织中进行系统性和综合性的解决。

一 国家层面

（一）出台相关法律法规和补偿政策，鼓励和激励个人积极参与植树种草

西北生态环境中很大的一个问题就是土地荒漠化，而防范土地荒漠化的有效途径就是保护现有的草场、林地并不断植树种草。因此国家和地方政府应当尽快出台相关法律法规，用法律、政策、行政和教育等手段，严格保护森林草原，坚决制止滥垦滥牧行为，解决西北牧区的草场和林场因过度放牧和滥伐而退化的问题。例如，可以规定牲畜数量和划定草场保护范围，加强草原养护，并实行草场轮作。对于造成的破坏，也要制定相应的处罚机制，"谁破坏，谁恢复"，最终实现无人为导致草场和林场的破坏发生。并且通过出台补偿政策，不断增加植树种草的面积。植树种草从而增加绿色覆盖，是保护和改善西北地区生态环境的前提和条件。西北地区生态环境较为恶劣，因此恢复植被应以人工植树种草和封育措施为主，并配合其他措施，加速林草建设，进而有效保持水土。

（二）多种途径建设西北地区生态环境

根据西北地区大多处于干旱半干旱地带的特点，以及林牧业基地的

建设目标，植被建设须注意因地制宜，合理布局，抓紧封山育林和人工造林，营造草、灌相结合的立体结构的草牧场，治沙防旱。并大力营造防护林带，发挥林木的防风固沙作用和生态效益。同时，采取生物和工程措施相结合、治沟和治坡相结合、预防和治理相结合的方针做好水土保持工作。

采用多种途径恢复植被。首先严禁樵柴对植被的破坏，并利用大西北地区的农作物优势解决农村能源问题，开展对农作物秸秆和其他副产物的多层次综合利用的研究及其推广工作。其次以发展人工种植中草药为主，坚决制止乱挖中草药。对于植被破坏严重、干旱缺水、生态环境和自然条件十分恶劣、人口密度大的地区，由于该地区居民长期生活在温饱线以下，可进行吊庄移民。这种做法不仅可解决当地居民的温饱问题，改变当地的落后面貌，而且可以大大改善当地的生态环境。

（三）地方政府切实保护生态环境

相比东南沿海省份，西北地区的经济基础、产业基础和人才均相对量少质弱，西北地区在重视这些产业、人才并积极引进同时，也要防止污染产业，注重加强生态文明的建设。毕竟，西北地区的省区，如青海，其最大的价值在生态、最大的责任在生态、最大的潜力也在生态。西北地区要发展，应慎重考虑引入一些淘汰落后、高污染的产业，不应以牺牲生态环境为发展的代价。

简言之，西北地区不可坐等"丝绸之路经济带"机遇从天而降，而需要有新思维、新办法、新举措，如此才能更好地通过结合"丝绸之路经济带"倡议，巧妙借力发展本地经济，提高民众收入。

二 社会层面

各环保组织和媒体工作者要不断利用新闻和舆论让大众了解到生态环境保护对于建设"丝绸之路经济带"的重要意义和迫切性，动员全社会力量参与到生态文明建设中。从改革开放到现在，中国经历了从粗放型的经济发展模式到当下的资源节约型和环境友好型发展模式，是有其战略考虑和重大意义的。

"丝绸之路经济带"建设中蕴藏着生态文明理念，"丝绸之路"象征着和平和友谊，"丝绸之路经济带"强调沿线各国"和平合作、开放包容、互学互鉴、互利共赢",让亚欧非各国以新的形式实现合作共赢。但在合作过程中不可忽视沿线国家的生态环境安全问题,因此中国的生态文明理念也可以为"丝绸之路经济带"沿线国家的生态环境建设提供指引和帮助。

绿色"丝绸之路经济带"能将我国的生态文明与绿色发展理念融入"丝绸之路经济带"中,有利于各国之间的沟通和相互借鉴经验,有利于"丝绸之路经济带"沿线各国提升其绿色化水平,有利于沿线各国人民共享"丝绸之路经济带"生态环境建设的伟大成果。在对外合作时,环境问题一直是国际各方关注中国经济发展的问题,给中国的对外合作和国际形象带来了一定的影响。推进实施绿色化的"丝绸之路经济带"战略维护,保障区域环境安全,就是中国作为大国负责任的体现。

三 个人层面

(一) 遵守法律法规,响应国家政策号召,拥有高度的责任心

生态文明建设需要每个人拥有责任心。生态环境问题与每个人的生活、健康息息相关,我们每个人都会成为污染的受害者,也可能是污染的制造者。所以,无论是政府、企业还是个人,都要树立"保护环境,人人有责"的意识。各级领导干部要将生态保护问题作为一项重要政治任务来抓,要加大工作力度,采取强力措施,持之以恒,扎实做好生态保护工作,拿出舍我其谁的担当勇气,敢于对破坏生态环境的行为亮剑,这样才能担负起监管责任。企业要严格守法,规范排污,变被动监管为主动防治,这样才能承担起生态文明建设的社会责任。个人要监督环境违法行为,积极倡导绿色消费、低碳节能,养成节约资源与保护环境的生活习惯,这样就能为生态文明建设贡献力量。

(二) 转变思想观念,人人都积极参与生态文明建设

群众思想观念的转变是全民参与生态文明建设的前提。当前,个别地区群众生活水平较低,生态保护意识不强,有的群众只顾眼前利益,造成了生态环境的破坏。这就需要政府部门利用各种载体,把生态文明建设作为宣传的重点,大力普及生态文明知识、法律法规和理念,引导群众保护环境,保护大自然,让每个人都成为生态保护的守法公民。只

有群众了解、认识了生态文明，才会自觉践行生态文明，才会积极地投身于生态文明建设之中。此外，还须将生态文明建设教育作为学生的必修课，让学生从小就牢记生态保护的重要性，树立正确的生态价值观。这样就能使群众的生态保护意识有较大的提高，从而在全社会形成保护生态环境的良好氛围。

西北地区生态文明建设在"丝绸之路经济带"战略中大有可为，"丝绸之路经济带"建设为西北地区生态文明的进一步发展提供了机遇和平台，使西北地区可以搭上"丝绸之路经济带"的快车，从而更好地建成生态良好、生活富裕的山川秀美的大西北，实现西北地区经济可持续发展，不断谱写美丽大西北的新篇章。

第五章 "丝绸之路经济带"背景下西北地区对外贸易

第一节 对外贸易概述

一 对外贸易的几个基本概念

（一）对外贸易

对外贸易，简称"外贸"，又称"进出口贸易"，是指一个国家或地区与另一个国家或地区之间的商品、劳务和技术的交换活动，由进口和出口两个部分组成。其中，进口指的是一个国家或地区运进商品或劳务，出口指的是一国或地区运出商品或劳务。

一国的对外经济贸易包括进出口贸易、利用外资、对外承包、劳务合作和对外咨询等方式，可通过货物进出口额、外商直接投资项目数、实际使用外资额、外资企业基本情况和对外经济合作情况来了解。其中利用外资是利用来自国外的货币资金（如借入国外资金、吸收国外投资、接受国外经济援助等）和以物资、技术、专利等表现的国外资本，以解决本国资金、设备不足的困难，或进行资金调节，达到发展本国经济的目的。

利用外资的方式很多，我国利用外资的方式主要有对外借款、外商直接投资以及外商其他投资三种。其中，对外借款的方式，包括外国政府贷款、外国银行商业贷款、出口信贷、国际金融组织贷款和对外发行债券；外商直接投资，包括外商独资经营企业（外资企业）、中外合资经营企业、中外合作开发、中外合作经营企业、外商投资股份制企业和其他方式；外商其他投资的方式有国际租赁、对外发行股票、补偿贸易和加工装配。需要注意的是外资企业的投资总额，由于外资企业的全部资本归外国投资者所有，是指开办外资企业所需资金总额，即按其生产规模需要投入的基本建设资金和生产流动资金的总和。投资总额，是外商投资企业法中的特有概念，在内资企业中并不存在该概念。投资总额在组成上实际包括投资者缴付或认缴的注册资本和外商投资企业的借款。

（二）对外贸易依存度

对外贸易依存度，也称外贸依存度或贸易依存度，可以用来衡量一国对进出口贸易及世界市场的依赖程度，指的是一国（或地区）的对外贸易额相当于该国（或地区）的国民生产总值或国民收入的比率，即贸易依存度＝对外贸易总额/国民生产总值，其中对外贸易总额＝出口总额＋进口总额，该比重的变化反映了对外贸易在国民经济中所处地位的变化。

贸易依存度还可以用贸易总额在国民收入总额中所占比重来表示，计算公式为：贸易依存度＝贸易总额/国民收入总额。贸易依存度分为出口依存度和进口依存度，其中，出口依存度＝出口总额/国民生产总值；进口依存度＝进口总额/国民生产总值。

（三）贸易条件及其指数

贸易条件又叫"进出口商品比价"，反映了一国宏观上的对外贸易经济效益状况，是一定时期内一国每出口一单位商品可以交换外国进口商品的单位数比例或交换比价，可用该时期内的贸易条件指数衡量，计算公式为：贸易条件指数＝出口商品价格指数/进口商品价格指数×100。

如果贸易条件指数大于100，说明该国该段时期的贸易条件比基期有利，贸易条件得到改善，对该国有利；反之，贸易条件有所恶化，对该国不利。

贸易条件还可以从一地区范围进行考察，分析该地区的贸易状况。

（四）对外贸易的主要方式

中国大陆在改革开放初期尝试性地创立了一种企业贸易形式，简称为"三来一补"，指来料加工、来样加工、来件装配和补偿贸易。来料加工、来样加工和来件装配属于加工贸易的方式。

1. 对等贸易

对等贸易也称对销贸易、反向贸易或互抵贸易，指的是贸易的卖方需要向买方购买同等价值的商品或劳务，该种贸易方式是以货物或劳务或工业产权和专有技术等无形财产作为偿付货款手段，通过进口和出口结合起来组成相互联系的整体交易，交易双方都有进有出，收支是基本平衡的，实现不动用外汇或少动用外汇即可发展对外贸易。

对等贸易的基本形式有三种，即易货贸易、互购和补偿贸易。补偿贸易是指我方从国外厂商进口生产技术和设备，由我方企业利用技术和设备生产产品，以返销该产品或其他产品的方式分期偿还对方技术、设备价款或信贷本息的贸易方式。

一般市场交易的货物与服务买卖是不相互制约的，一个人可以出售货物和服务得到货币收入，并自由决定用收入换回所需要的其他货物和服务，通过货币和市场的机制使买卖得以完成。但对等贸易的最大特点是"互相捆绑"，即货物和服务交换相互捆绑在一起，最终同时或不同时进行交易。

2. 租赁贸易

租赁贸易是出租方以租赁形式，将商品交付承租方在一定期限内使用，按期收取租金的一种贸易方式。租赁贸易实质上是出租人向承租人提供信贷的一种交易方式，对出租人和承租人都有其优越性。

3. 展卖

展卖是指通过将出口商品展览，从而实现出口商品的销售成交，是一种边展边销、展以销为目的的做法，一般都是以展览会、博览会及其他交易会等形式进行。国际贸易的很重要的一步是宣传出口产品，扩大影响，最终促进交易，展卖为此提供了一个很好的平台。并且通过参加展卖会可以了解竞争对手的产品，从而改善和提高自己的产品质量。展卖会目前有国际博览会、广州交易会等各地的交易会或者在国外自行举办展卖会等方式。

4. 一般贸易

一般贸易指单边进口或单边出口的进出口贸易方式，是与加工贸易相对而言的。

5. 加工贸易

加工贸易是指经营企业进口全部或者部分原辅材料、零部件、元器件、包装物料，经加工或装配后，将制成品出口的经营活动，主要形式有来样加工、来料加工和来件装配。

（五）对外贸易战略政策

战略性贸易政策是一国政府在不完全竞争和规模经济条件下，为了提高本国产业的国际竞争地位或者提高国内公司在国际市场的竞争力而采取的政策手段。如生产补贴、出口补贴或保护国内市场等[1]。

在不完全竞争的市场条件下，政府可以通过干预改变不完全竞争企业的战略性行为，使国际贸易朝着有利于本国企业获取最大利润的方向发展。战略性出口政策，不仅包括对出口某种产品的鼓励或支持，还包含对出口量的限制或抑制。

（六）对外贸易商品结构

国际贸易中，有形商品种类繁多，根据1977年修订的《联合国国际贸易标准分类》，把国际贸易商品分为10大类，依次为：0类，食品及主要供食用的活动物；1类，饮料及烟类；2类，燃料以外的非食用粗原料；3类，矿物燃料、润滑油和有关原料；4类，动植物油脂及油料；5类，未列品的化学品及有关产品；6类，主要按原料分类的制成品；7类，机械及运输设备；8类，杂项制品；9类，没有分类的其他商品。

按加工程度高低，对外贸易商品分为初级产品和制成品两类。初级产品，也称原始产品，是指未经加工或加工程度非常低的产品，一般是人们通过劳动，直接从自然界获得的、尚可进一步加工或经过简单加工的产品；按照国际贸易商品分类，把0—4类商品称为初级产品，把5—8类商品称为制成品[2]。

对外贸易商品结构是一定时期内一国进、出口贸易中各种商品的构成。一个国家的对外贸易商品结构主要是由该国的经济发展水平、自然资源状况、产业结构状况和贸易政策决定的。其中发达国家的对外贸易

---

[1] 陆雄文：《管理学大辞典》，上海辞书出版社2013年版。
[2] 朱箴元等：《对外贸易》，中国金融出版社1992年版。

商品结构是以进口初级产品和出口工业制成品为主；发展中国家则相反，其对外贸易商品结构是以出口初级产品和进口工业制成品为主。

二 对外贸易的意义

目前，世界各国的经济关系不再是单纯的进出口买卖关系，而是发展成为多种形式的经济关系，贸易对象包括商品、技术和服务。因而，国际贸易在国际经济关系中有着十分重要的地位。世界上的发达国家都在经济上与其他国家相互依靠，并通过国际贸易这个渠道影响别国和受别国影响。通过对外贸易，可促进相互的经济合作，为本国的经济发展创造良好条件。此外，还可以通过制定国际贸易政策与各国进行政治斗争。中华人民共和国初期就遭受了以美国为首的帝国主义国家的封锁禁运和贸易关系中断。

随着各国市场的逐步对外开放和经济迅速增长，对外贸易得以快速发展。发展对外贸易，对于贸易双方国家都是有好处的。

发展对外贸易可以充分地利用国内和国际两个市场和其资源，从而实现互通有无，调剂余缺，达到调节和优化配置资源。中国地大物博，但人口众多，人均资源比较匮乏，有些原料也需要从外国进口，生产出的资源也需要出口到国外以换取进口的产品。

发展对外贸易，可以节约社会劳动，从而取得较好的经济效益。例如，历史上英国和葡萄牙都生产毛呢和葡萄酒，但是比较优势不同。通过国际贸易，从而实现更好的经济效益，这也是国际贸易的好处。

发展对外贸易，使本国可以通过吸收和引进当代世界先进的科学技术成果来增强本国的经济实力。不同国家有不同的技术发展程度，而通过技术引进可以节约时间和资金，从而取得较好的经济效益。

发展对外贸易，接受来自国际市场的竞争压力和挑战，可以促使国内企业不断地更新技术，提高劳动生产率和产品的国际化水平。企业或国家可以通过引进国外公司或国家的关键技术和先进设备，在研究消化所引进技术基础上，技术创新，从而具有世界先进水平。

三 对外贸易的相关理论

国际分工理论认为，分工有利于提高工作的熟练程度，改进技术及提高劳动效率，因此随着生产力的发展，分工应当在世界格局中开展，使每个国家或地区都与其他国家或地区之间产生经济贸易往来。

国际分工的理论依据有亚当·斯密的绝对优势理论、大卫·李嘉图比较优势理论、赫克歇尔—俄林的要素禀赋理论和迈克尔·波特的钻石理论。

绝对优势理论认为，一国可以生产和出口某种商品是由于其在生产某商品的劳动成本绝对低于另一国时，在生产效率上占有绝对优势，产品成本较低，从而在国际市场的交换中占有竞争优势。该绝对优势包括自然资源优势、气候条件优势、生产技术优势等最终使产品的成本较低。该理论阐明了在生产上具有绝对优势地位的国家在国际分工和贸易中能获得利益，但未能阐释国际贸易的普遍规律，即如果一国没有一种产品在生产上处于绝对优势却依然能通过参与国际贸易而获得利益。

李嘉图在继承亚当·斯密的观点基础上，修补和发展该理论，提出了比较优势理论。比较优势是指，一国相比另一国在两种商品的生产上都处于绝对劣势地位，但相比之下劣势较小的产品生产上就具有比较优势。该理论认为即使一国的商品不具有绝对优势，但相比他国的同样商品具有相对优势时，也可通过出口该商品而参与国际贸易获利。比较优势理论使处于不同的经济发展水平的国家或地区都可以通过出口相对优势的产品在国际贸易中获利。这两个理论都是从产品成本的角度思考对外贸易。

要素禀赋理论则是基于不同商品生产中使用的要素比例不同和各国的要素密集度不同去分析一国应出口的产品所具有的要素特点，即一国应出口在生产上密集使用该国价廉且充足的要素产品，进口相对价高且使用资源稀缺要素的产品。该理论在比较优势理论的基础上做了进一步深入，解释了通过分析产品的要素价格和使用比例寻找具有比较优势的产品。

钻石理论也称为国家竞争优势理论，是波特在《国家竞争优势》一书中提出的，主要从宏观角度，论述了一国如何确立和提高本国产业和产品的国家竞争优势。该理论认为一国产业是否具有竞争优势，取决于六个要素的共同作用：企业策略、生产要素条件、结构与竞争者、需求条件、相关和辅助产业情况、机遇和政府行为,这六个要素的组合和动态作用一起构成了钻石模型。

第二节 西北地区对外贸易发展现状

一 西北地区对外贸易的总体发展速度

"十二五"规划和"丝绸之路经济带"战略为西北地区经济发展带来重大机遇,在这一时期,西北地区整体外贸水平有了量的提升,取得飞速发展。西北地区对外贸易持续增长,成为中国经济贸易发展的重要组成部分。

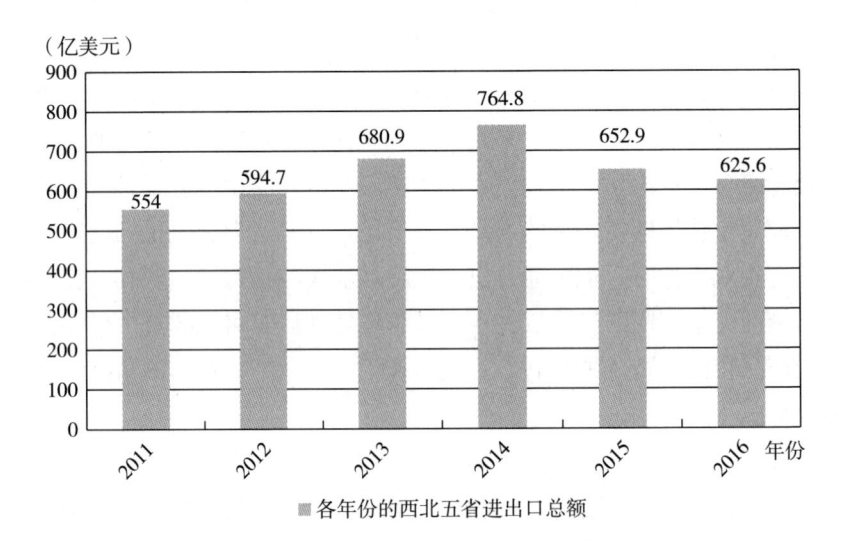

图 5-1 2011—2016 年西北地区外贸额

资料来源:根据《中国统计年鉴》(2012—2017)数据整理所得。

从图 5-1 可以看出,2011—2014 年,西北地区的对外贸易额逐年增加,2012—2014 年的逐年增加额分别为 40.7 亿美元、86.2 亿美元和 83.9 亿美元,环比增长速度分别为 7.34%、14.49% 和 12.32%,增长速度较快。2014—2016 年,西北地区的对外贸易额开始逐年下降,2015—2016 年的贸易额分别下降了 111.9 亿美元和 27.3 亿美元,环比

增长速度分别为 -14.63% 和 -4.18%，但2016年贸易额依然高于2012年水平。

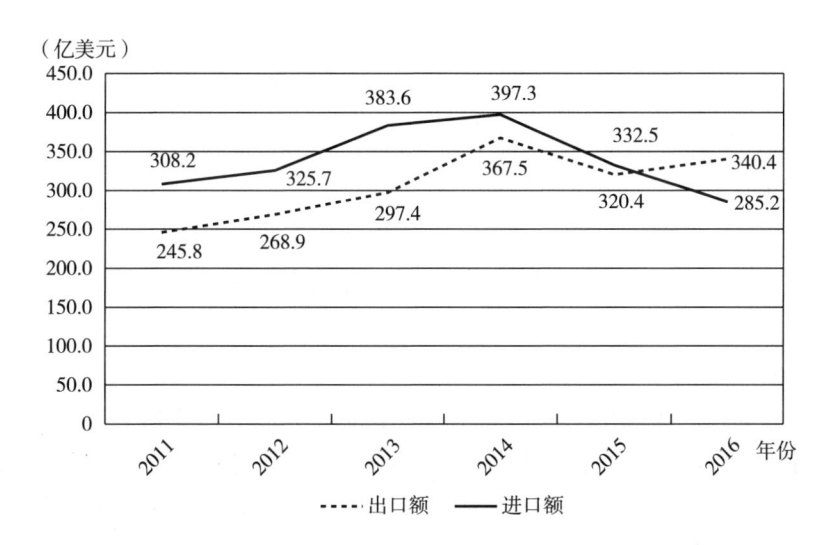

图 5-2　2011—2016 年西北地区出口额、进口额折线图

资料来源：根据《中国统计年鉴》(2012—2017) 数据整理所得。

从图 5-2 可以看出，2011—2014 年，西北地区的出口额和进口额均逐年增加，其中出口的逐年增加额分别为 23.1 亿美元、28.5 亿美元和 70.1 亿美元，进口的逐年增加额分别为 17.5 亿美元、57.9 亿美元和 13.7 亿美元，与 2011 年相比 2014 年的出口增加额比进口增加额要多，因此 2014 年的进出口差额是这 4 年中最小的。2015 年，西北地区的进口额和出口额均出现下滑，出口额和进口额分别下降了 47.1 亿美元和 64.8 亿美元，进口额的下降幅度大于出口额，使该年的出口额和进口额相差不大。2016 年，西北地区的出口回升，虽然仍低于 2014 年的水平，但由于该年的进口额继续下滑，使近年来出现了首次贸易顺差，2011—2015 年，西北地区每年的进口额均大于出口额，一直是贸易逆差。

(一) 西北地区对外贸易在全国的地位

对外贸易活动的强弱，不仅是一个地区竞争力的表现，也是牵动国民经济快速发展的动力之一。因此通过对西北地区的对外贸易在全国对外贸易的地位分析以增强西北地区的竞争力。

表 5-1　　　　2011—2016 年西北地区外贸占全国的份额　　　单位：亿美元

年份 地区	2011	2012	2013	2014	2015	2016
西北地区外贸总额	554	594.7	680.9	764.8	652.9	625.6
全国外贸总额	36418.6	38671.2	41589.9	43015.3	39530.3	36855.6
西北地区在全国所占份额（%）	1.52	1.54	1.64	1.78	1.65	1.70

资料来源：根据《中国统计年鉴》（2012—2017）数据整理所得。

自 2011—2016 年，从西北地区外贸总额纵向的角度看，西北地区的对外贸易规模扩大了；从横向动态的角度分析得到，西北地区在全国对外贸易所占份额很低，但随着时间的推移，整体上看是在缓慢增长，这说明西北地区在外贸规模方面和其他地区的差距有所缩小。

另外，西北地区与全国的外贸规模的变化趋势是一致的，在 2011—2014 年均不断增加，在 2015—2016 年均不断下降。因此，尽管西北地区的外贸额在 2016 年相比 2015 年是有所减少的，但占全国的份额却是增加了。

表 5-2　　　　2011—2016 年西北地区出口额占全国的份额　　　单位：亿美元

年份 地区	2011	2012	2013	2014	2015	2016
西北地区出口总额	245.8	268.9	297.4	367.5	320.4	340.4
全国出口总额	18983.8	20487.1	22090	23422.9	22734.7	20976.3
西北地区在全国所占份额（%）	1.29	1.31	1.35	1.57	1.41	1.62

资料来源：根据《中国统计年鉴》（2012—2017）数据整理所得。

从横向动态的角度分析得到，西北地区出口总额在全国所占份额很低，但随着时间的推移，除了 2015 年有小幅度下降外，整体上看是在缓慢增长，这说明西北地区在出口规模方面和其他地区的差距有所缩小。

另外，西北地区的出口规模与全国的变化趋势是基本一致的，在2011—2014年均不断增加，在2015年均有小幅度下降，只是在2016年西北地区的出口有所增加，但全国却是减少的。

表5-3　　　　2011—2016年西北地区进口额占全国的份额　　单位：亿美元

年份 地区	2011	2012	2013	2014	2015	2016
西北地区进口总额	308.2	325.7	383.6	397.3	332.5	285.2
全国进口总额	17434.8	18184.1	19499.9	19592.3	16795.6	15879.3
西北地区在全国所占份额（％）	1.77	1.79	1.97	2.03	1.98	1.80

资料来源：根据《中国统计年鉴》（2012—2017）数据整理所得。

从表5-3可以看出，从横向动态的角度分析得到，西北地区进口总额在全国所占份额很低，但随着时间的推移，在2014年达到最大后开始快速下降，2016年与2011年和2012年的规模相差不大。这说明，西北地区在进口规模方面和其他地区的差距有所缩小。

另外，西北地区的进口规模与全国的变化趋势是基本一致的，在2011—2014年均不断增加，在2015—2016年均有大幅度下降。

（二）西北五省区各省区对外贸易在西北地区及全国的地位

从表5-4的数据可以看出，整体来说，西北五省区在全国外贸中所占份额都相当小，无一个省份占到全国的1％。并且从2011年到2016年，青海和宁夏没有太大变化，新疆有小幅度下降，甘肃降幅是最明显的，分别下降了7个和0.09个百分点，只余不到原来的2/3，而陕西的增幅是非常大，分别增加了21.7个和0.41个百分点，是2011年的两倍，但也仅有0.8％而已。

西北五省区中，青海在全国外贸中所占的份额是最小的，并且还从2011年的0.02％降至2016年的0.01％。就五省在西北外贸所占地位来看，青海省也是最小的。从各年的数据看，2011年新疆占的份额是最大的,陕西次之,但是到 2016 年,随着陕西外贸的快速发展,所占份额超过新疆成为西北外贸第一大省。并且西北五省区中,随着时间的推移,陕西和新疆所占的份额逐渐增加,从 2011 年的 80% 增加至 87%,可见西北地区的外贸发展是非常不均衡的。

表 5-4　　西北五省区外贸在西北地区及全国外贸中所占份额　　单位:%

地区 年份	陕西 西北	陕西 全国	甘肃 西北	甘肃 全国	青海 西北	青海 全国	宁夏 西北	宁夏 全国	新疆 西北	新疆 全国
2011	25.4	0.39	14.1	0.21	1.4	0.02	5.1	0.08	54	0.82
2012	25.5	0.39	12	0.19	1.4	0.02	4.5	0.07	56.5	0.87
2013	29.7	0.49	10	0.16	1.3	0.02	3.8	0.06	55.2	0.9
2014	36.2	0.64	6.9	0.12	0.8	0.01	5.2	0.09	50.9	0.9
2015	45.8	0.76	6.7	0.11	0.9	0.01	5.2	0.09	41.5	0.68
2016	47.1	0.80	7.1	0.12	0.8	0.01	5.0	0.08	40.0	0.68

资料来源:根据《中国统计年鉴》(2012—2017)数据整理所得。

二　西北地区对外贸易的发展趋势

(一) 西北地区进出口的贸易方式结构

以前西北地区外贸结构是"一般贸易比重高,加工贸易比重低",但随着西北各省稳步推进加工贸易,尤其是陕西省,使加工贸易额不断增长,西北地区的外贸结构有了进一步的改善和优化。

2016 年,陕西省进出口总值 1974.8 亿元人民币,其中,进口 930.19 亿元,出口 1044.61 亿元,而加工贸易进出口总值 1299.57 亿元,占进出口总值的 65.8%,增长 20.3%;一般贸易进出口总值 524.08 亿元,占进出口总值的 26.5%,增长 6.6%。从数据可以看出,陕西省在 2016 年的进出口贸易中加工贸易占比大,且增速比一般贸易更高,因此结构有了进一步的优化。

但是西北五省区中的其他省份依然以一般贸易为主,而陕西省的进出口比其他四省的总和还要多出数倍,并且一般贸易是不断下降,而加工贸易在不断上升，因此2016年西北地区的贸易结构是"加工贸易比重高，一般贸易比重低"。以2016年甘肃省情况为例，2016年甘肃省出口268.2亿元，一般贸易出口223.9亿元，占比83.5%，下降了33.4%，加工贸易出口36.8亿元，占比13.7%，增长1.1倍；进口185.0亿元，一般贸易进口84.8亿元，占比45.8%，增长25.6%，加工贸易进口86.3亿元，占比46.6%，增长45.0%。

（二）西北地区的出口贸易依存度和贸易平衡

第一，西北地区各省历年出口依存度分析。

国际上一般用对外贸易依存度来测定国际贸易对一国经济增长的促进作用，从而分析对外贸易与经济发展之间的关系，有三种计算公式，分别得到的是贸易依存度、出口依存度和进口依存度，这三种依存度分别衡量了对外贸易、出口贸易和进口贸易在国内生产总值中的地位。下面将重点分析西北地区的出口依存度，公式是某省的出口依存度＝该省出口贸易额/该省地区生产总值。

表5-5　　　　2011—2016年西北各省出口依存度　　　　单位：%

地区	2011年	2012年	2013年	2014年	2015年	2016年
陕西	3.5	3.7	3.9	4.9	5.0	5.4
甘肃	2.0	2.0	1.4	1.9	2.0	1.8
青海	1.3	1.4	1.0	0.8	0.9	0.9
宁夏	6.2	5.1	4.3	6.0	5.1	4.3
新疆	13.6	12.0	11.7	11.6	8.3	9.5

资料来源：根据《中国统计年鉴》（2012—2017）数据整理所得。

从表5-5可以看出，各省的出口依存度都比较小。其中根据2016年的出口依存度数据看，最小的是青海，其次是甘肃，分别是0.9%和1.8%；并且可以发现青海和甘肃的出口依存度在随着时间的推移继续小幅度下降。

新疆是历年来西北地区中出口依存度最大的，但趋势是逐渐减小的，说明新疆近年来的出口增长放缓了。2011年，宁夏的出口依存度为6.2%，仅次于新疆，但是从数据可以看出，有向下波动的趋势，

2016年仅为4.3%,因此相比甘肃和青海,宁夏的出口贸易给当地的经济增长带来的作用是比较大的。

值得注意的是,陕西的出口依存度在不断增长,也是西北五省区中唯一一个出口依存度在不断增加的省份,2016年比2011年增长了1.9个百分点,超过宁夏成为仅次于新疆的省份。

第二,西北地区与全国出口依存度比较。

表5-6　　2011—2016年西北与全国出口依存度比较　　单位:%

年份	2011	2012	2013	2014	2015	2016
西北地区出口依存度	5.7	5.3	5.2	5.8	5.0	5.4
全国出口依存度	25.4	24.0	23.2	22.3	20.6	18.7

资料来源:根据《中国统计年鉴》(2012—2017)数据整理所得。

从表5-6可以看出,西北地区的出口依存度是比较低的,而且近年来无明显的增长,数值最大是在2014年,为5.8%,最小是2015年,为5.0%,出口依存度最大的比最小的也仅多了0.8个百分点。

并且从数据上可以看出,2011—2016年,全国的出口依存度是不断下降的,从25.4%下降至18.7%,下降了6.7个百分点,说明全国的经济增长对出口的依赖在逐渐减弱。

一国或地区的出口依存度的高低反映了该国或地区经济增长对出口的依赖程度的大小,同时也反映了其参与国际分工与对外开放程度的大小,比较历年来西北地区和全国的出口依存度可以发现,西北地区的出口对经济增长的促进机制比起全国的水平是比较差的,并未能有效地推动西北地区的经济发展。

第三,西北地区与全国贸易差额比较。

贸易差额是一国在一定时期内出口总值与进口总值之间的差额,有贸易顺差、贸易平衡和贸易逆差三种情况,贸易顺差用正数表示,逆差用负数表示。

从表5-7可以看出,2011—2016年全国贸易一直是顺差,并且除了2016年有所下降,2011—2015年一直是逐年增加的。但是西北地区在2011—2015年一直处于贸易逆差,直至2016年才开始出现贸易顺差。

适当的贸易顺差有利于保持宏观经济稳定，但如果顺差的绝对额较大将使我国处于贸易被动和摩擦加剧的局面。西北地区由于长时间处于贸易逆差，因此应当鼓励和开发出口商品，并注意贸易平衡机制问题。

表 5-7　　　　2011—2016 年西北与全国贸易差额比较　　单位：亿美元

年份	2011	2012	2013	2014	2015	2016
西北地区货物贸易差额	-62.3	-56.8	-86.2	-29.8	-12.1	55.2
全国货物贸易差额	1549.0	2303.1	2590.1	3830.6	5939.0	5097.0

资料来源：根据《中国统计年鉴》（2012—2017）数据整理所得。

（三）西北地区利用外资情况

第一，从外商投资企业数和投资总额分析。

利用外资有微观和宏观上的效应，微观上看，有利于弥补国内建设资金的短缺，促进投资增长；宏观上看，缓解了就业压力，虽然对我们的货币政策和外汇政策带来了冲击，但对宏观经济政策的影响总体来看是积极的。因此，利用外资可以对我国经济发展有积极作用，带动了我国对外贸易发展，带动技术引进和技术创新，促进人员交流和人才引进，并且通过利用外资引进了先进的管理经验[①]。

外商直接投资的方式之一是外商投资企业，是指依照中国法律在中国境内设立的，由中国投资者与外国投资者共同投资，或者由外国投资者单独投资的企业，包括合资经营、合作经营、外资企业和外商投资合伙四种，其中外资企业是在中国境内设立的全部资本由外国投资者投资的企业。

通过表 5-8 中 2015 年和 2016 年的数据发现，相比 2015 年，西北五省区在 2016 年的外商投资企业数和外商投资总额有所增加，增长率分别是 7.42% 和 6.29%。但是，2016 年的西北五省区的外商企业数和外商投资总额占全国的比例相比 2015 年有所下降，说明西北地区利用

---

① 《中国外商投资报告》，中华人民共和国商务部 2017 年版。

外资情况是低于全国平均水平的。

表5-8　　2015年和2016年全国和西北五省区的外商投资
企业数和投资总额情况

年份 地区	2015 企业数（户）	2015 投资总额（亿美元）	2016 企业数（户）	2016 投资总额（亿美元）
全国	481179	45390	505151	51240
西北五省区	10519	842	10597	895
西北五省区占全国比例（%）	2.19	1.86	2.10	1.75
陕西	6017	516	5953	561
甘肃	2130	77	2079	75
青海	404	74	440	75
宁夏	584	90	651	87
新疆	1384	85	1474	97

资料来源：《中国统计年鉴（2017）》。

西北五省区中，只有新疆的外商企业数和外商投资总额有了较明显的增加，分别增加了6.5%和14.11%；而陕西的外商企业数虽然是减少了10.6个百分点，但外商投资总额却是增加了8.7个百分点。青海和宁夏的外商企业数有了较大幅度的增加，但是外商投资总额却变化不大，甚至是下降的。甘肃则是不论在外商企业数还是外商投资总额都有所下降。因此，西北五省区中，利用外资最好的是新疆，其次是陕西，而甘肃是最差的。

第二，西北地区实际利用外商直接投资分析。

2016年，西北五省区实际利用外资金额为57.97亿美元，比上年增长了6.9%。西北各省中，陕西省的实际利用外资最多，占86.46%，其次是新疆，占6.92%，最低的是青海，只占了0.26%。因此实际利用外资情况在西北地区分布是极度不均匀的，主要集中在陕西省。

表5-9　　　2016年西北五省区的实际利用外商直接投资情况

地区	实际利用外商直接投资（亿美元）	比上年的增长率（%）	占西北比重（%）
西北五省区	57.97	6.9	100
陕西	50.12	8.5	86.46
甘肃	1.15	4.5	1.98
青海	0.15	-72.7	0.26
宁夏	2.54	36.1	4.38
新疆	4.01	-11.4	6.92

资料来源：《中华人民共和国国民经济与社会发展统计公报》（地区公报）。

三　西北地区对外贸易发展面临的问题

对外贸易活动不仅可以反映一个国家或地区综合竞争力的高低，也是牵动国民经济增长的动因之一。而西北地区经济发展的滞后和对外贸易活动与东部的巨大差距，反映了西北地区对外贸易发展面临的问题。为了增加西北地区的竞争力，有必要深入分析西北地区对外贸易活动，总结问题，以提出相应的对策。

（一）西北地区对外贸易活动在全国处于弱势地位

从对外贸易活动看，2016年在全国36855.6亿美元的进出口总额中，西北地区只占1.7%，东部地区占了85.6%，中部地区占了7.4%；在全国20976.3亿美元的出口总额中，西北地区只占1.62%，东部地区占了85%，中部地区占了7.8%；在全国15879.3亿美元的进口总额中，西北地区只占1.8%，东部地区占了86.5%，中部地区占了6.9%。因此，整个对外贸易活动基本上集中在东部地区，地域广大的中西部地区所占比例是非常低的。而2016年仅上海一个直辖市的进出口总额占全国的10.98%，出口总额占全国的7.93%，进口总额占全国的15%，也即意味着一个直辖市的进出口总额、出口总额、进口总额就是西北五省区总和的6.46倍。

从进出口比例看，2016年全国的进口和出口的比例是43.1∶56.9，其中，西北地区为 45.6∶54.4，东部地区为 43.4∶56.5，中部地区为 39.9∶60.1。由于东部地区的进口和出口总额占全国的比例高，因此东部地区与全国水平最接近，而西北地区的进出口比例较中部地区来看与全国水平更接近。而且中、东和西北地区均为出口大于进口，表现为贸易顺差。西北地区中进出口总额最大的两个省或自治区是新疆和陕西，其中新疆为 44.4∶55.6，陕西为 46.7∶53.6；东部地区中进出口总额最大的两个省或直辖市是上海和广东，其中上海市为 58.9∶41.1，广东省为 38.3∶61.7。从数据可以看出新疆和陕西的贸易均衡情况较上海和广东更好。从西北五省区各省区的进出口比例可以看出，尽管部分省份的进出口总额不大，但是各省区进出口间差额差别较大，分配极不均衡，其中差距最大的是甘肃和青海，甘肃的进口是出口的 1.33 倍，表现为较大的贸易逆差，青海的出口是进口的 2.21 倍，贸易顺差较大。进出口比例的失衡，对地区的经济发展是非常不利的。

（二）西北地区的外商投资活动极少

对外贸易的发展不仅依赖于货物进出口总额，还依赖于外商投资情况。从外商投资数据来看，有以下问题：外商投资企业数、外商投资额和外商直接投资额地区分布不均衡。

按外商投资企业数分析，根据《中国统计年鉴 2017》数据可知，2016 年年末全国外商投资企业数共有 505151 户，西北地区共有 10597 户，占比 2.1%，2016 年年末外商投资企业数最多的 5 个省市分别为：广东省（119688 户，占 23.7%）、上海市（79410 户，占 15.7%）、江苏省（55938 户，占 11.1%）、浙江省（34442 户，占 6.8%）、北京市（30401 户，占 6%），仅这 5 个省市就占了全国外商投资企业数的 63.3%。其中外商投资企业数最多的广东省是西北地区的外商投资企业数的 11.3 倍。

按新增外商投资企业数分析，根据商务部外国投资管理司发布的《中国外商投资报告》（2016）统计数据可知，2016 年中国新增外商投资企业 27900 个，其中东部地区新增 25022 个，占比 89.7%，西部地区新增 1230 个，占比 4.4%，而考虑到西北地区仅是西部地区中占比较少的一部分，可见外商投资企业数地区间分布的失衡不仅一直存在，还在进一步加剧，造成了西北地区对外贸易活动发展的极度滞后和欠发达，难以成为牵动西北经济增长的力量。

按外商投资企业投资总额分析，根据《中国统计年鉴2017》数据可知，2016年年末全国外商投资企业投资总额为51240亿美元，其中西北地区为895亿美元，占1.75%。2016年投资总额在全国排名前5位的省市分别是：江苏省（8799亿美元，占17.2%）、广东省（7816亿美元，占15.3%）、上海市（7342亿美元，占14.3%）、北京市（4274亿美元，占8.3%）、浙江省（3199亿美元，占6.2%），仅这5个省市就占了全国投资总额的61.3%。其中投资总额最多的江苏省是西北地区的投资总额的9.8倍，是西北地区最高省份陕西省的15.7倍，是西北地区最低省份甘肃（与青海一样）的117.32倍。

按外商直接投资分析，根据商务部外资统计数据可知，2016年中国各部门（不包含银行、证券、保险行业）吸收外商直接投资为1260.01亿美元，其中东部地区为1092.86亿美元，占86.73%；中部地区为70.97亿美元，占5.63%；西部地区为96.19亿美元，占7.63%。东部地区的外商投资额是中西部地区之和的6.5倍。而西北地区作为西部地区的一部分，其发展不如西南地区，一般情况下所占比例约是西部地区的1/3，即约为2.54%。而可看到外商投资分布集中在东部地区，西北地区是相当匮乏的，使得对外贸易促进西北经济发展的作用是很小的。

第三节 "丝绸之路经济带"背景下西北地区对外贸易发展途径

2013年，习近平总书记提出了"丝绸之路经济带"倡议，该倡议是当代中国的全球观念及全球战略。丝绸之路经济带，是在"古丝绸之路"概念基础上形成的一个新的经济融合发展区域。这一倡议不仅体现了中国新时期全面对外开放的方针，也完全符合"丝绸之路经济带"周边区域国家的根本利益与要求。实施这一重大战略，将为各国各地区间的经济贸易营造一个大平台，也给予了西北地区难得的开放机遇。

长期以来，西北地处我国边陲，国土面积辽阔，资源丰富，但由于周边环绕国家经济薄弱,交通不便,且大部分土地贫瘠,发展远远落后于东部地区,也一直都是国家扶贫重点区域。但是随着丝绸之路经济带的提出,在全国的经济地理格局上有了大突破,西北地区被认为是"世界上最大、最具有发展潜力的经济大走廊",这给西北五省区带来了前所未有的发展大机遇,相比以往的政策扶持和帮扶,"丝绸之路经济带"战略从更大程度上给西北五省区以更重要的经济地位和发展空间,激发西北五省区的内部经济活力,为其长远发展提供了机遇。

在这样的历史机遇面前,西北地区如何定位和发展对外贸易是非常重要的问题。政府、企业和个人都应充分思考自身的优缺点,做出长远的规划,抓住历史机遇,为西北地区的经济发展谋取最大的福利。因此,可从政府、企业和个人三个层面去分析西北地区对外贸易发展途径。

一 政府层面

首先,政府应当转变思想观念,做好服务工作,认清现实发展的紧迫性,为未来西北地区的经济发展搭桥铺路。目前我国对外贸易格局是"中东部地区发展水平较高,西部地区发展水平较低,且差距还未缩小"。自"丝绸之路经济带"战略提出以来,我国西北地区的政府应当切实提高自己的服务工作,适应当下的发展需要,"丝绸之路经济带"将在降低我国东中部和西部之间经贸水平的差异,促进经济协调发展和整体发展发挥积极的作用。"丝绸之路经济带"战略规划的实施必将使西北地区释放出长期经济发展的巨大动力,伴随着西北地区企业的转型升级和"丝绸之路经济带"战略部署的逐步实践,相关专业人才的短缺逐渐显现出来,人才如何"引进来"和"走出去"成为一个亟须解决的问题。政府应当出台新政策去弥补以前制度的缺失与疏漏,努力营造和谐的社会环境、优美的自然环境和稳定的经济环境,从而吸引和留住高层次人才。并且通过鼓励职业技术学校的发展,不断促进劳动力提升技能,加大资金投入以改善专业技术人才的就业现状并吸引技术型人才。同时,借助"丝绸之路经济带"信息平台,从而加大对关键岗位人才的引进力度。加强就业观念的引导,以留住人才从而继续培养人才的理念来实现人力资本的存量与积累，才是保持西北地区经济社会健康发展的大前提。

其次，政府应当有前瞻性地思考和规划西北地区的基础设施建设，在未来与沿线国家的互联互通和东南沿海省份的联系和贸易中，交通、能源等基建将发挥重要的作用。贸易需要基础设施配套，因此政府应当做好统筹协调工作。

最后，也是最重要的，西北地区五省区的政府部门应当加强区域统筹协调，使西北各省区因地制宜发展。需要西北五省区组织一支专门的人才队伍，划拨专门的经费，充分调研各省区的区位优势、资源条件和产业基础，挖掘西北地区的特色产业和产品，比较分析后明确各省区的定位与分工，从而既可避免重复建设和浪费，还能使各省区协作发展有序竞争，并能契合国家经济发展的高度，分析"丝绸之路经济带"战略能为西北地区经济发展带来的战略机遇，政府需要搭建好平台和提供相应扶持。政府应当注意，在制订方案时，应当立足西北各省区实际，优化产业布局，不要只想着模仿东部。在这个新时代，面对新机遇，西北地区应当走自己的特色路，从而顺应新时代发展潮流。

二　企业层面

西北地区依靠区域桥梁通道建设，逐渐拓宽了同"丝绸之路经济带"沿线各国的投资准入限制，积极鼓励西北地区的企业、组织、个人给沿线国家进行投资，正逐步实现西北地区区域一体化。近年来，外商投资方向逐渐向西北地区倾斜。

经济带的发展是依托交通运输干线为其发展轴，以轴上经济发达的大城市为核心点，发挥辐射与带动作用，从而形成点状密集、面状辐射、线状延伸的生产、贸易、流通一体化的带状经济区域。而要想经济带起到带动经济发展的作用，企业在其中起着至关重要的作用。因此地处西北地区的企业，不仅要充分发挥西北地区的优势，还应当发扬西北人民的刻苦钻研精神，不怕苦不怕累，在某个领域为国家的发展做出自己的贡献，尤其是高科技、电子等难关领域，更要敢于走出去，主动担负起共建"丝绸之路经济带"的历史使命。

（一）企业应充分发挥西北地区的比较优势，调整产业结构，寻求快速发展

首先，企业应充分处用和发挥西北地区的比较优势。西北地区发展对外贸易有独特的土地水电资源、能源优势、地理优势、人文优势。西北地区地广人稀，耕地面积大，且由于中国长江和黄河两大河流的中上游均在西北地区，地貌复杂落差大，开发水电能有巨大潜力；西北地区有着丰富的生物多样性资源和中草药资源；中国的大部分能源储藏在西北地区，矿产和能源资源丰富，如新疆有大量的石油和天然气，甘肃省的镍储量占到全国总镍储量的62%，铂储量占全国总量的57%。中国钾盐储量的97%集中在青海省。其次，西北地区是多个民族聚集区，有蒙古族、回族、藏族、维吾尔族、哈萨克族、东乡族、土族、撒拉族等，具备多种多样的民族文化优势，即人文优势。西北地区的民族文化是其最宝贵的和最重要的经济资源，具有巨大的开发价值，西北地区企业应当充分利用这些优势条件。

其次，企业应积极调整产业结构，寻求对外贸易的快速发展。西北地区的农业产业开发层次较低，第二、第三产业发展薄弱，有大量的农村剩余劳动力，使西北地区的劳动力成本低廉，具有要素成本优势。这使得西北地区的属于劳动密集型产业的企业对外贸易产品结构单一，大多为初级的农副产品、劳动密集型产品等处于产品链末端的产品，经济效益较低。"丝绸之路经济带"的建设为西北地区企业调整产品结构、促进产业升级提供了重大契机。因而企业应当引进人才和技术，调整产品结构，增加产品的加工程度和附加值，寻求对外贸易的快速发展。

（二）企业应加强品牌建设，培育特色品牌，潜心打造品牌价值

目前，中国企业的最大特点是由大量的工人与匠人组成的，这也是由我国低廉的劳动力成本导致的。但是在"丝绸之路经济带"的背景下，中国企业不仅要有产品、有技术，更要有品牌、有品牌价值。目前，有产品没有品牌，或者有品牌没有品牌价值，是中国大量企业的"顽疾"。缺乏品牌价值的企业往往是缺乏大师和大家，缺乏对产品本身以及生产过程的人文理解，这样的产品不深刻，这样的企业也难以有长远的发展。很多时候，一家公司改变我们的生活不仅是由于其产品，也是由于其精神和品牌效应，能对人们的购物方式和相互沟通方式等生

活方式产生影响和改变，这就是该企业的精神和价值，也是其获得长久发展的必要条件。

1. 企业要充分利用后发优势，突出产品特色，培育精品品牌

目前，东部地区在对外贸易方面以较大的优势领先于中西部地区，因此有其先发优势，但西北地区的企业也有其后发优势。随着时代的发展，经济格局和增长点的变化，西北地区企业应当充分利用这些优势。企业要充分和政府沟通与合作，响应国家的政策和号召，发扬西北地区人民的刻苦钻研和不怕苦不怕累的精神，不仅大胆走出去，能应对各种风险和挑战，还要沉下去，潜心提高产品的质量和性能，突出产品特色，培育精品品牌，为国家的发展做出自己的贡献，尤其是高科技、电子等我国发展的薄弱领域，以科技发展振兴西北地区经济发展。

2. 企业要不断引进人才，注重培养人才和留住人才，打造长期品牌价值

企业要发展，最不可缺少的就是人才，尤其是在当下的历史时期，如何引进、进一步培养从而留住所需的专业人才是企业需要重视和解决的问题。以宽阔胸怀广纳贤才，努力营构"以事业留人、以感情留人、以机制留人、以待遇留人"的用人理念，做到"既要把人带富、更要把人带好"。企业要为人才制订中长期的培养发展规划，使人才适应市场的需求，从而留住人才。引进和留住所需的优秀人才和优秀团队，才能让一个企业得到长足的发展，也才能打造品牌价值。

总之，企业应当充分利用西北地区独特的比较优势，培育特色品牌，充分利用后发优势，选准国家发展短板去潜心钻研，啃最难啃的骨头，建立好的机制去引进和留住人才，从而闯出一条特色路，从而扭转在国际分工格局中长期的弱势地位，最终促进西北地区对外贸易发展。

三　个人层面

根据丝绸之路经济带人才白皮书研究结论，全球化的跨国企业业务全球分布，与本地市场深度融合，人才的多元化和本地化却存在很大的不足。中国企业在走向海外时的人才痛点是难以寻找到高级别的人才、寻找特殊技能人才困难等。而海外招聘重点岗位为运营、生产、销售，因此人才自身需要朝着这个方向不断努力，不仅解决企业的难题，也为

个人的发展寻找到一条很好的途径。

  此外，随着"丝绸之路经济带"建设给西北地区带来的国际贸易市场的不断发展，现有的从业人员和专业性人才要不断学习以适应市场的需要，从事外贸工作不再是只需会写函、懂英语、会填写各种单据等简单要求，还要求深入了解和掌握国内外的贸易相关政策法规，了解国家宏观政策的调整对现有市场和业务的影响，全面掌握与中亚国家可能的贸易摩擦问题的解决办法，了解当前我国针对外商设立的法律条款等。因而每个从业者都要充分利用企业提供的各类培养机会，从而不断提升自己的技能，将自己培养成为"丝绸之路经济带"战略所需的国际化人才。

第六章 "丝绸之路经济带"背景下西北地区对外投资

第一节 对外投资概述

自20世纪70年代起,信息技术的革命从根本上改变了信息的传递速度和成本,打破了地域和国别的限制,继而促使商品、技术、服务、货币、人员、资金、管理经验等生产要素跨区域的流动更加便捷和频繁,越来越多的企业选择在全球范围内配置资源、组织生产,经济全球化的趋势自90年代起越来越明显。而与此同时,我国改革开放的步伐加快,市场经济体制的改革如火如荼,产业结构调整、构建可持续发展的经济体系等需求促使政府提出实施"走出去"战略——积极引导和组织国内有实力的企业在海外进行投资。自此,我国对外直接投资得到快速发展,中国企业逐渐成为全球直接投资领域的一支新生力量。而以"政策沟通、设施联通、贸易畅通、资金融通、民心相通"为主要内容的"丝绸之路经济带"战略的提出和实施,更是为"走出去"增加了新的动力。

一 对外直接投资理论综述

20世纪60年代初,美国学者Hymer在博士学位论文《国内企业的国际经营:关于对外直接投资的研究》一文中,提出了垄断优势理论,自此国际直接投资理论开始兴起。比较有代表性的有垄断优势理论、内部化理论、国际生产折中理论等。

1. 垄断优势理论

Hymer 通过研究 1914—1956 年的数据发现，美国企业的对外投资主要为直接投资，而且投资方向多集中在西欧国家的一些特定行业——机械、电子、钢铁、化工等。这些投资对利率的变化并不敏感，因而如果用传统的利率差理论去解释，效果总是难以令人满意。Hymer 由此提出垄断优势理论——美国企业能够对外投资的根本原因是具有垄断性优势（专有技术、管理经验、融资渠道和销售能力等），而对外直接投资进而实现跨国经营可以保证在更大范围内利用垄断优势，维持较高的垄断价格和利润。

2. 内部化理论

英国里丁大学的 Buckley 和 Casson 及加拿大学者 Rugman 认为，企业在市场存在因组织成本而引起的不完全竞争或中间产品市场缺陷时，为了追求利润最大化，会采用内部市场这种方式，一旦这种行动跨越国界就出现了跨国公司。这一理论在 20 世纪 80 年代由 Williamson 扩展为交易成本论。他们认为，内部交易成本是低于市场交易成本的，企业很难接受以很高的成本将具有垄断优势的无形资产、知识资源等外部化，因而通过国际投资和跨国公司这种扩大国界的形式将优势资源内部化，用内部交易取代外部市场交易，但跨国公司的规模会受到商品和服务的标准化及外部市场安排的限制。介于企业内部交易和市场交易两种方式之间的就是企业间的战略联盟。

3. 国际生产折中理论

英国学者 Dunning 提出的国际生产折中理论建立在各种学说的基础上。他认为，企业是否以及以何种形式参与国际投资和跨国经营企业是由企业的三大优势决定的。这三个优势相互影响、相互结合，构成了企业的整体优势：其一是所有权特定优势，指企业独占无形资产如技术、专利、商标等产生的优势以及由于规模经济所产生的优势，这是企业对生产投入的必要条件，是企业整体优势的基础；其二是内部化特定优势，指企业在内部运用自己的所有权优势以节约或消除交易成本的能力，这是实现企业整体优势的载体；其三是区位特定优势，指企业能否找到在自然禀赋和政策法规方面都适合的海外投资场所，这是实现前两个优势的充分条件。

前几种理论在解释20世纪80年代兴起的发展中国家对外投资时逐渐暴露出不足，因为发展中国家的企业很多并不具备明显的比较优势。因而，理论界不断发展和完善，形成了以小规模技术理论、技术地方化理论等为代表的发展中国家跨国公司理论。

美国经济学家Louis T. Wells于1983年出版了《第三世界的跨国企业》一书，书中最早提出了小规模技术理论。他在分析了1964家发展中国家跨国公司的资料后，认为这些企业具有小规模制造工艺、更适合发展中国家市场的技术等特殊优势，构成了对外投资的基础。英籍印度学者Sanjaya Lall认为，发展中国家企业相较发达国家企业，优势体现在特定条件下，形成技术的吸收改造和专门化、更适用的技术、发展中投资国与发展中东道国之间共同或相似的文化背景与基础等。20世纪90年代之后，与以上实质上并没有脱离"相对优势"逻辑的理论不同，慢慢出现了很多新思想、新观点。例如，英国学者John Cantwell和Paz Estrella E. Tolentino提出了技术创新产业升级理论，认为不断消化、吸收和改造的技术水平和产业升级是对外直接投资的重要因素。

随着我国企业"走出去"步伐的加快，国内学者也进行了很多有益的探讨。吴彬、黄韬认为，发展中国家企业同时经营国内外市场，即便对外投资是亏损的，但只要保证企业在母国市场或第三国市场的利润是增加的，总体来看，企业的总收益就是增加的，也就是说，即使在第一阶段亏损，也会因为经验的积累和竞争力的提高而在第二阶段获得利润，实现综合收益最大化，即"二阶段模式"。冼国明和杨锐则主张"学习模型"，即发展中国家企业的学习型投资——在发达国家的直接投资是为了学习和获取先进的技术、知识和管理经验等，而对其他发展中国家的投资——策略竞争型投资则是为了盈利。但长此以往，对发达国家的投资也会转变成策略竞争型投资。马亚明和张贵岩、楚建波和胡刚等提出"技术扩散和策略竞争解释"，技术落后的企业在有技术优势的国家对外投资，以获取技术扩散的利益，即这也是寻求优势的过程。

二 我国对外直接投资发展现状

自2003年起，我国对外直接投资连年增长，2016年流量达到

1961.5亿美元,蝉联全球第二位,同比增长34.7%,是2002年的72.6倍;对外投资存量达13573.9亿美元,位居全球第六[①]。

(一) 投资主体

截至2016年年底,我国2.44万家境内投资者在国(境)外共设立对外直接投资企业3.72万家。从组织形式(根据企业的工商登记注册情况)来看,最为活跃的主体结构排在前三位的分别是有限责任公司(10536家,占比为43.2%)、私营企业(6386家,占比为26.2%)和股份有限公司(2474家,占比为10.1%)。

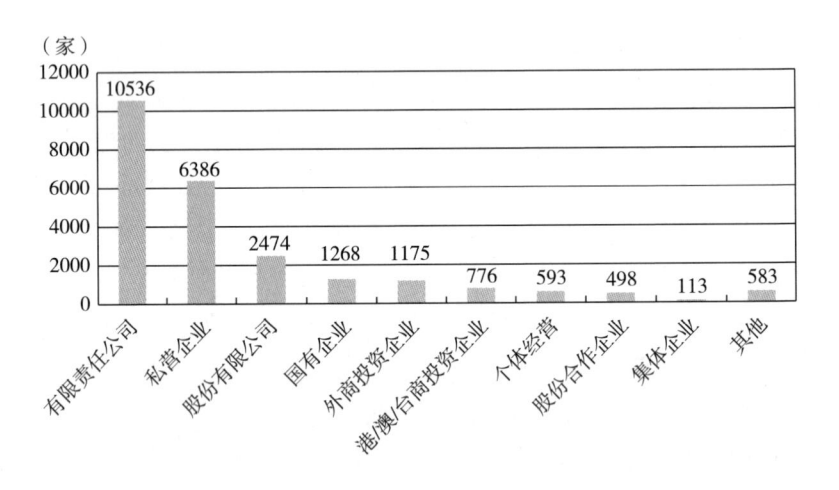

图6-1 2016年年末境内投资者按登记注册类型分类情况

特别值得注意的是,不管从数量还是规模来看,地方企业已经成为对外直接投资的中坚力量,占企业数量的99.3%,投资额1505.1亿美元占全国非金融类流量的83%,同比增长60.8%。从这些企业所在的省市区分布情况来看,主要集中在广东、浙江、江苏、上海、北京、山东、辽宁、福建、湖南、黑龙江,合计占比79.7%。其中,投资者数量最多的广东省,超过5400家,占比22.2%。其次分别是浙江省(12%)和江苏省(10%)。

从投资者分布的行业来看,31.2%(7616家)分布在制造业,其

---

① 资料来源:《中国直接对外投资统计公报》。

次是批发和零售业,共7012家企业,占比为28.7%。排在第三位的是租赁和商务服务业,共2110家企业,占比为8.7%。

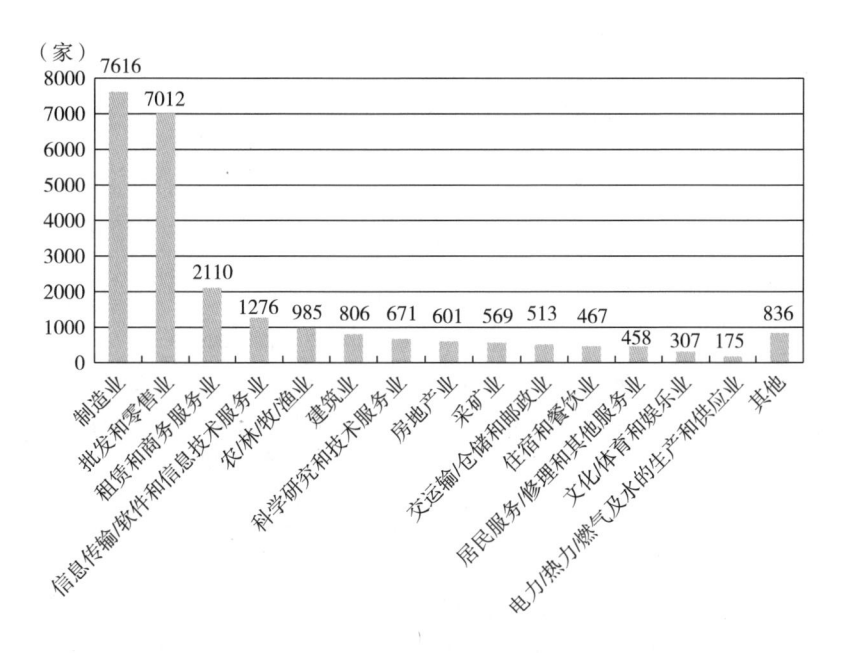

图6-2　2016年年末中国境内投资者行业构成情况

从区域来看,东部地区占比83%,共投资1256亿美元,同比增长63.9%。西部地区占比8.0%,投资115.5亿美元,同比增长55%。中部地区占比7.0%,投资101.1亿美元,同比增长59.7%。东北三省占比2.0%,投资32.5亿美元,同比增长1.4%。

从各省市区情况来看,排在对外直接投资流量前十位的分别是上海(239.68亿美元)、广东(229.62亿美元)、天津(179.40亿美元)、北京(155.74亿美元)、山东(130.24亿美元)、浙江(123.14亿美元)、江苏(122.02亿美元)、河南(41.25亿美元)、福建(41.19亿美元)、河北(30.13亿美元),共计1292.41亿美元,占地方对外直接投资流量的85.9%。

(二)对外投资行业分布

2016年,中国对外直接投资涵盖了国民经济的18个行业大类。其中,租赁和商务服务业流量占比最高,共657.8亿美元,增速高达81.4%,

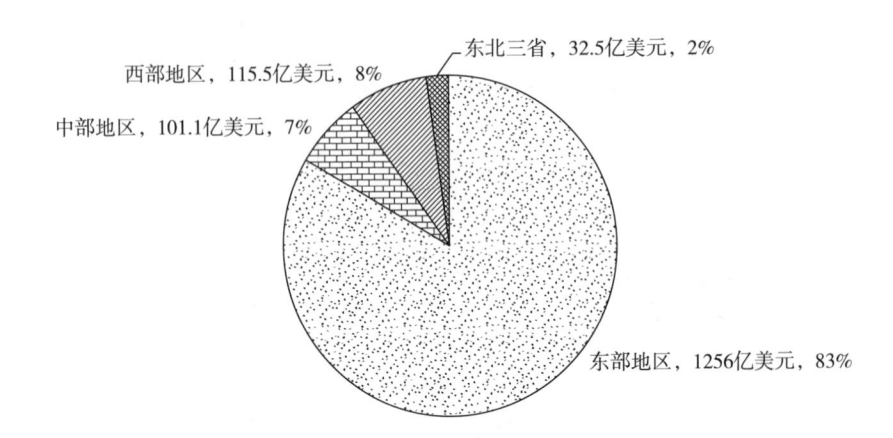

图 6-3　2016 年地方对外直接投资流量按区域分布

注：1. 东部地区包括：北京、天津、河北、上海、江苏、浙江、福建、山东、广东和海南。2. 中部地区包括山西、安徽、江西、河南、湖北、湖南六省。3. 西部地区包括：内蒙古、广西、四川、重庆、贵州、云南、陕西、甘肃、青海、宁夏、新疆、西藏。4. 东北三省包括黑龙江、吉林、辽宁。

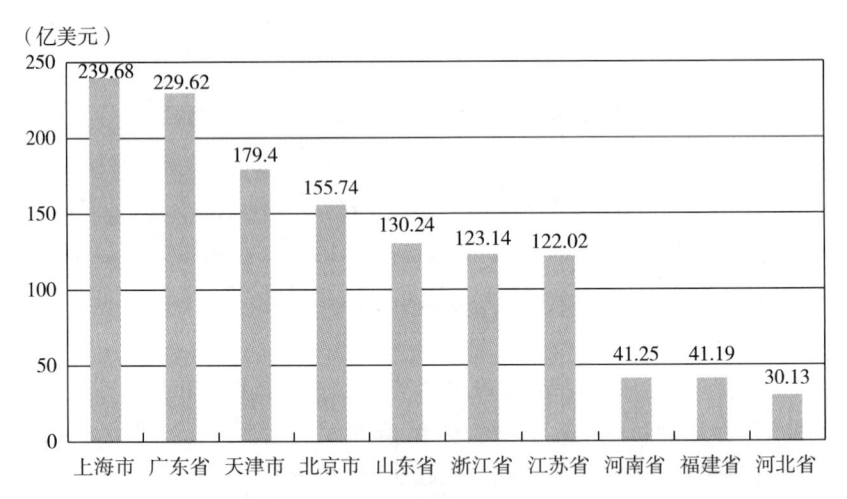

图 6-4　2016 年地方对外直接投资流量前十位的省市区

占当年流量总额的 33.5%，投资主要分布在中国香港、英属维尔京群岛、开曼群岛、荷兰、卢森堡等国家（地区）。

占比第二位的是制造业（14.8%），同比增长 45.3%，达到 290.5 亿美元。其中，49.1%（142.5 亿美元）流向了装备制造业，其余主要是化学原料和化学制品制造业、医药制造业、橡胶和塑料制品业、纺织业、皮革/毛皮/羽毛及其制品和制鞋业、铁路/船舶/航空航天和其他运输设备制造业、食品制造业等。

流量百亿元以上的还有批发和零售业（208.9亿美元，占比为10.7%）、信息传输/软件和信息技术服务业（186.7亿美元，占比为10.7%），房地产业（152.5亿美元，占比为9.5%）和金融业（149.2亿美元，占比为7.8%）。

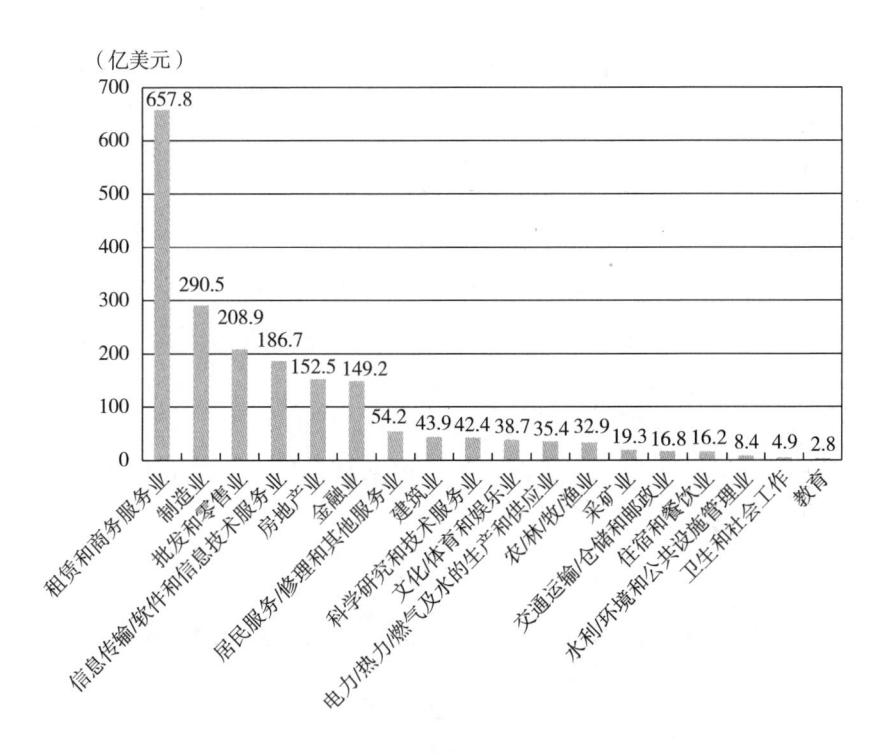

图6-5 2016年对外直接投资流量行业分布

资料来源：2016年中国直接对外投资统计公报。

（三）投资地区

2016年，亚洲地区的直接投资流量占比最高（1302.7亿美元），为66.0%，同比增长20.2%。在亚洲地区投资占比最高的是中国香港（也是流量全球占比最高的地区），高达87.7%，为1142.3亿美元，同比增长27.2%。

拉丁美洲地区流向排位第二，占当年对外直接投资流量的14%，共投资272.3亿美元，同比增长115.9%。其中，主要流向开曼群岛135.2亿美元，英属维尔京群岛122.9亿美元，牙买加4.2亿美元，墨西哥2.1亿美元。

北美洲地区（10%）占比为第三位，共203.5亿美元，同比增长89.9%。其中对美国投资169.8亿美元（流量全球占比第二位），同比增长111.5%；加拿大28.7亿美元（流量全球占比第七位），同比增长83.7%。

排在第四位的是占比为6%的欧洲，投资106.9亿美元，同比增长50.2%。其中流向德国23.8亿美元（全球占比第八位），卢森堡16亿美元、法国15亿美元、英国14.8亿美元，分别占全球排名的第十一位、十二位、十三位，流向俄罗斯联邦12.9亿美元（全球占比第十五位）、荷兰11.7亿美元（全球占比第十七位）。

紧接着的是占比为3%的大洋洲，共52.1亿美元，同比增长34.6%。主要流向澳大利亚（41.9亿美元，全球占比第五位）、新西兰（9.1亿美元，全球占比第二十位）等国家。

排在最末的是非洲，共24亿美元，同比下降19.4%，占比为1%。主要流向南非、加纳、埃塞俄比亚、赞比亚、安哥拉、乌干达、喀麦隆、埃及等国家。

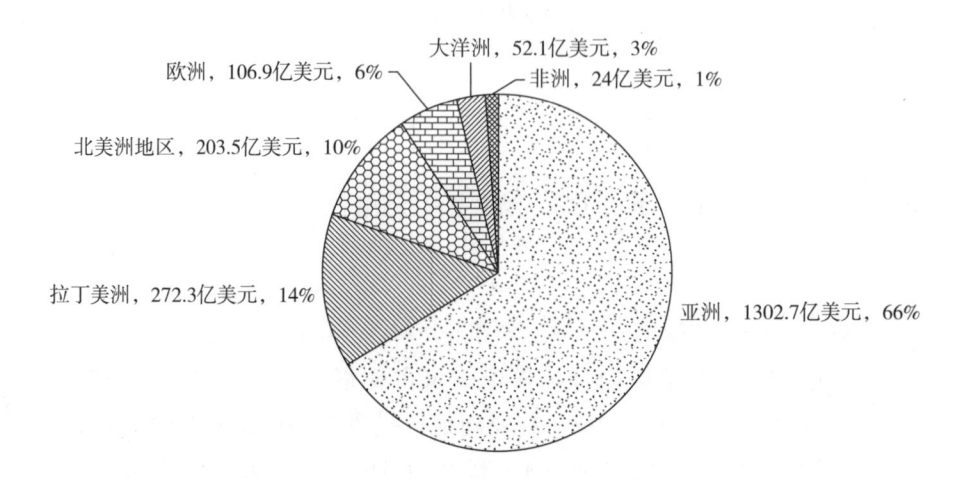

图 6-6　对外直接投资地区分布

第六章 "丝绸之路经济带"背景下西北地区对外投资 | 163

从对外直接投资流量前 20 位的国家（地区）来看，除前面提到的，还有新加坡 31.7 亿美元，马来西亚 18.3 亿美元，越南 12.8 亿美元，韩国 11.5 亿美元，泰国 11.2 亿美元。

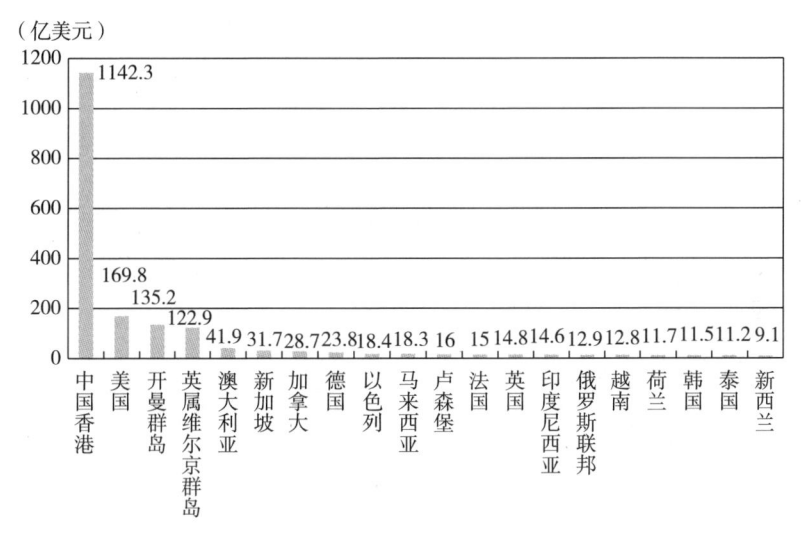

（亿美元）

国家（地区）	金额
中国香港	1142.3
美国	169.8
开曼群岛	135.2
英属维尔京群岛	122.9
澳大利亚	41.9
新加坡	31.7
加拿大	28.7
德国	23.8
以色列	18.4
马来西亚	18.3
卢森堡	16
法国	15
英国	14.8
印度尼西亚	14.6
俄罗斯联邦	12.9
越南	12.8
荷兰	11.7
韩国	11.5
泰国	11.2
新西兰	9.1

图 6-7 2016 年对外直接投资前 20 位国家（地区）分布

（四）投资方式

2016 年企业投资方式中，占比最高的是新增股权投资，共计 1141.3 亿美元，占 58%；其次是使用债券工具投资共计 513.6 亿美元，占比为 26%，当期收益再投资占比最低，为 16%，金额为 306.6 亿美元。

债券工具投资，513.6 亿美元，26%
股权投资，1141.3 亿美元，58%
当期收益再投资，306.6 亿美元，16%

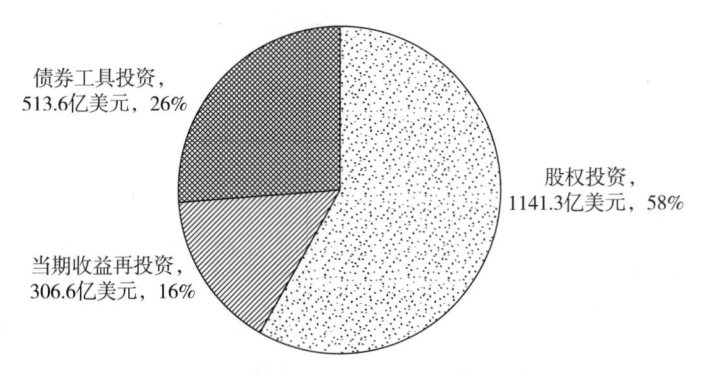

图 6-8 2016 年投资方式占比

2016 年,最为活跃的方式是企业并购,已实施的并购项目交易总额 1353.3 亿美元,共计 765 起,涉及 74 个国家(地区),其中直接投资 4865 亿美元,占并购总额的 63.9%,占当年中国对外直接投资总额的 44.1%;境外融资 488.3 亿美元,占并购金额的 36.1%。这其中,项目金额居榜首的是中国信达资产管理股份有限公司以 88.8 亿美元收购南洋商业银行 100% 股份。从实际并购金额看,排在前十位的国家(地区)分别是美国、中国香港、开曼群岛、巴西、德国、芬兰、英属维尔京群岛、澳大利亚、法国和英国。另外,在"丝绸之路经济带"沿线国家的并购有 115 起,涉及金额 66.4 亿美元,占并购总额的 4.9%,并购投资金额超过 5 亿美元的国家有马来西亚、柬埔寨、捷克等。

第二节 西北地区对外投资现状

一 陕西省对外投资发展现状

2016 年,陕西省对外非金融类直接投资 7.97 亿美元,占各省市投资总额的 0.53%。

表 6-1　　　　　陕西省对外直接投资流量　　　单位:万美元、%

年份	陕西省	各省市合计	占比
2003	21	75714	0.03
2004	234	97282	0.24
2005	234	205748	0.11
2006	302	239705	0.13
2007	2058	525341	0.39
2008	14063	587633	2.39
2009	22462	960250	2.34
2010	26055	1774542	1.47
2011	44816	2356036	1.90

续表

年份	陕西省	各省市合计	占比
2012	60784	3420576	1.78
2013	30789	3641489	0.85
2014	41411	5472587	0.76
2015	62408	9360410	0.67
2016	79687	15051198	0.53

资料来源：《中国直接对外投资统计公报》。

从对外投资存量来看，截至2016年，陕西省共计投资36.12亿美元，占各省市投资总额的0.69%。

表6-2　　　　陕西省对外直接投资存量　　　　单位：万美元、%

年份	陕西省	各省市合计	占比
2004	859	648971	0.13
2005	1365	933018	0.15
2006	2864	1339732	0.21
2007	5667	2174684	0.26
2008	19299	2753598	0.70
2009	41518	3961809	1.05
2010	69786	6016948	1.16
2011	113806	8492697	1.34
2012	179387	12406307	1.45
2013	200287	16490005	1.21
2014	246511	23543706	1.05
2015	285525	34447768	0.83
2016	361166	52405103	0.69

资料来源：《中国直接对外投资统计公报》。

陕西省对外投资主要涉及零售批发业、商业服务业、制造业、房地产业、采矿业等领域。其中，排名前三位的是零售批发业（2.49亿美元，占比为 39.63%）、商业服务业（1.35 亿美元，占比为 21.57%）、制造业（8477 万美元，占比为 13.51%），合计占比 74.71%。而在"丝绸之路经济带"沿线国家的投资主要集中在矿产资源、能源化工、水泥建材、机械制造、现代农业等行业。

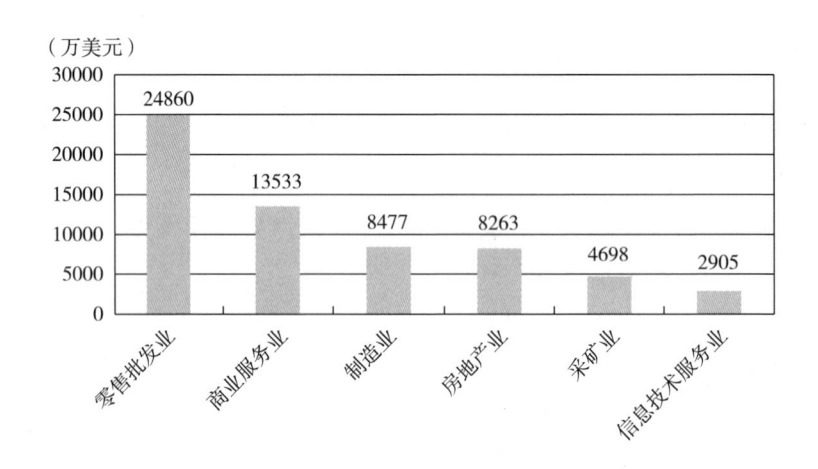

图 6-9　2016 年陕西省对外直接投资行业分布

资料来源：陕西省商务厅 2016 年陕西省对外投资合作业务情况。

2016 年，陕西省对外投资项目主要集中在中国香港、吉尔吉斯斯坦、澳大利亚、美国等国家和地区，投资金额占比分别为 58.5%、8.5%、8% 和 7.2%[①]。特别是在"丝绸之路经济带"沿线 26 个国家开展的境外投资，主要分布在吉尔吉斯斯坦、马来西亚、泰国、印度尼西亚、新加坡等地，涉及 58 个境外投资项目，累计协议投资 12.8 亿美元，投资额 2000 万美元以上的重点境外投资项目共有 9 个，累计协议投资 8.99 亿美元。

截至 2016 年年底，陕西共设立境外企业 329 家、境外机构 112 家，分布在全球 48 个国家和地区，累计实现对外投资 38 亿美元。其中，民营企业已成为陕西对外投资主力军，投资金额占比 72.1%[②]。

[①] 陕西省商务厅 2016 年陕西省对外投资合作业务情况。
[②] 齐小英：《民营企业成为陕西对外投资主力军》，西部网，http://news.cnwest.com/content/2017-05/14/content_ 14869196.htm。

二 甘肃省对外投资发展现状

2016年，甘肃省对外直接投资7.74亿美元，占各省市投资总额的0.51%。截至2016年，甘肃省对外直接投资存量40.77亿美元，占各省市存量总额的0.78%。

表6-3　甘肃省2003—2016年对外直接投资流量、存量

单位：万美元、%

年份	对外直接投资流量	占比	对外直接投资存量	占比
2003	83	0.11	—	—
2004	317	0.33	2024	0.31
2005	3770	1.83	5976	0.64
2006	2087	0.87	8175	0.61
2007	15364	2.92	24550	1.13
2008	35808	6.09	59291	2.15
2009	1852	0.19	61085	1.54
2010	10176	0.57	71158	1.18
2011	64917	2.76	133950	1.58
2012	138209	4.04	268562	2.16
2013	43182	1.19	315985	1.92
2014	27321	0.50	320403	1.36
2015	12293	0.13	321156	0.93
2016	77409	0.51	407739	0.78

资料来源：《中国直接对外投资统计公报》。

三 宁夏回族自治区对外投资发展现状

2016年，宁夏回族自治区对外投资5.78亿美元，占各省市投资总额的0.38%。截至2016年，宁夏回族自治区对外投资存量24.74亿美元，占各省市投资存量总额的0.47%。

表6-4　宁夏回族自治区2003—2016年对外直接投资流量、存量

单位：万美元、%

年份	对外直接投资流量	占比	对外直接投资存量	占比
2003	—	—	—	—
2004	137	0.14	149	0.02
2005	109	0.05	1179	0.13
2006	1818	0.76	2934	0.22
2007	569	0.11	2645	0.12
2008	502	0.09	3729	0.14
2009	1509	0.16	3979	0.10
2010	711	0.04	4672	0.08
2011	1295	0.05	5956	0.07
2012	6421	0.19	11934	0.10
2013	8626	0.24	19624	0.12
2014	33883	0.62	49733	0.21
2015	108959	1.16	160026	0.46
2016	57750	0.38	247420	0.47

资料来源：《中国直接对外投资统计公报》。

四　青海省对外投资发展现状

2016年，青海省对外投资8164万美元，占各省市投资总额的0.05%。截至2016年，青海省对外投资存量2.70亿美元，占各省市投资存量总额的0.05%。

表6-5　青海省2003—2016年对外直接投资流量、存量

单位：万美元、%

年份	对外直接投资流量	占比	对外直接投资存量	占比
2003	102	0.13		
2004	—	—	102	0.02
2005	100	0.05	203	0.02
2006	80	0.03	283	0.02

续表

年份	对外直接投资流量	占比	对外直接投资存量	占比
2007	110	0.02	340	0.02
2008	202	0.03	492	0.02
2009	209	0.02	751	0.02
2010	138	0.01	890	0.01
2011	173	0.01	1304	0.02
2012	1280	0.04	3149	0.03
2013	3596	0.10	9062	0.05
2014	1601	0.03	10132	0.04
2015	7826	0.08	22292	0.06
2016	8164	0.05	27027	0.05

资料来源：《中国直接对外投资统计公报》。

五　新疆维吾尔自治区对外投资发展现状

2016年，新疆维吾尔自治区对外投资12.57亿美元，占各省市投资总额的0.84%。截至2016年，新疆对外投资存量43.91亿美元，占各省市投资存量总额的0.84%。

表6-6　　　　新疆2003—2016年对外直接投资流量、存量

单位：万美元、%

年份	对外直接投资流量	占比	对外直接投资存量	占比
2003	121	0.16	—	—
2004	3500	3.60	7028	1.08
2005	1757	0.85	11019	1.18
2006	856	0.36	14622	1.09
2007	29674	5.65	50117	2.30
2008	14933	2.54	82835	3.01

续表

年份	对外直接投资流量	占比	对外直接投资存量	占比
2009	21934	2.28	96511	2.44
2010	16887	0.95	119581	1.99
2011	41242	1.75	162709	1.92
2012	48312	1.41	210033	1.69
2013	33321	0.92	240230	1.46
2014	63612	1.16	309731	1.32
2015	68756	0.73	380983	1.11
2016	125694	0.84	439085	0.84

注：新疆数据包括新疆维吾尔自治区与新疆生产建设兵团。

资料来源：《中国直接对外投资统计公报》。

新疆企业对外投资近 80% 主要集中在亚洲，尤其是中亚五国（占总投资额的比例约 75%）。经自治区发展改革委核准备案的 64 家企业中，投资规模在 3 亿美元以上的有 4 家，1 亿美元至 3 亿美元的有 13 家，5000 万美元至 1 亿美元的有 9 家，1000 万美元至 5000 万美元的有 23 家，500 万美元至 1000 万美元的有 7 家，小于 500 万美元的有 9 家。可以看出，近 80% 的企业投资额仅占到投资总额的 5%，而约 20% 的企业投资额却占到投资总额的 95% 以上[①]。投资规模较大的企业（约占 85% 以上的对外实际投资额）主要包括广汇石油、华凌集团、金风科技、特变电工股份、紫金矿业西北公司等。

新疆企业在境外投资地区参与建设了很多工业园区，主要包括：格鲁吉亚华凌国际经济特区、格鲁吉亚华凌自由工业园、新疆三宝集团与乌鲁木齐经开区共建哈萨克斯坦中国工业园、塔城国际中塔工业园、中泰新丝路塔吉克斯坦农业纺织产业园等。

总体而言，西北地区对外投资规模还较小，2016 年对外投资总额 34.87 亿美元，仅占全国各省市投资总额的 2.32%。截至 2016 年，西

---

① 苏可乔：《新疆企业对外投资现状、问题和对策》，新疆维吾尔自治区发展和改革委员会网站，http://www.xjdrc.gov.cn/info/9923/20817.htm。

北地区对外投资存量 148.24 亿美元，占各省市存量总额的 2.83%。

第三节 "丝绸之路经济带"背景下西北地区对外投资对策

"丝绸之路经济带"倡议提出后，沿线国家积极响应，各参与方不断探索和创新投资方式，一大批高质量、高效率的投资项目顺利实施。2014—2016 年，我国对沿线国家的投资累计超过 500 亿美元，在沿线 20 多个国家建设了 56 个境外经贸合作区，给这些国家创造近 11 亿美元税收，带来了 18 万个就业岗位。然而，作为"丝绸之路经济带"重镇的西北地区，经济发展水平相对落后，对外投资规模仍然有限，离打造新疆"丝绸之路经济带核心区"，陕西、甘肃、宁夏、青海"形成面向中亚、南亚、西亚国家的通道、商贸物流枢纽、重要产业和人文交流基地"之区位定位还有一定距离，如何抓住"丝绸之路经济带"建设的机遇，提升对外投资规模和品质，对西北地区的经济发展和企业升级转型来说至关重要。

一 "丝绸之路经济带"给西北地区对外投资带来的机遇

（一）投资领域不断延伸

"丝绸之路经济带"倡议的提出，逐步改变了以往我国在沿线国家直接投资领域较少、产业单一的局面，从基础设施、自然资源、高新能源等领域延伸到现代化服务、高端产品、汽车、高新技术和金融五个产业。而现代化服务业和高新技术又可以继续细分，涵盖了教育、医疗、物流、机械电子、医疗医药、智能终端等各个行业，例如已经成为我国走向世界一张名片的高铁技术，已在很多发展中国家落地。对西北地区来说，除了本身具有优势的矿业、太阳能、风能、石油、天热气等能源产业外，还有一大批已具规模的上市医疗医药、机械电子、交通运输、科技类公司，例如西安国际医学投资股份有限公司、西安达刚路面机械股份有限公司、新疆百花村股份有限公司、德力西新疆交通运输集团股份有限公司、恒康医疗集团股份有限公司和海默科技（集团）股份有限公司等。"丝绸之路经济带"沿线国家投资领域的扩展为这些企业

"走出去"创造了非常好的先决条件。

（二）产业结构优化升级

经济新常态背景下，我国国内产业迫切需要优化升级，即提升第二、第三产业竞争力、促进各产业内部纵深化发展。对于西北地区来说，最突出的区位优势是有丰富的能源和矿产资源，特别是风能和太阳能等新能源发展迅速、技术先进，而传统上主要以石油化工、有色金属、钢铁煤炭等资源和原材料工业为主的制造业，则需要发展更多的新型加工业；在森林、草原、戈壁、盆地、山川等纵横交错的地理条件基础上，已经发展了具有特色养殖、种植及加工和销售的多样化农牧业产业体系，但需进行纵向延伸；服务业仍以传统类为主，现代服务业如物流、教育、旅游等占比还比较低。在"丝绸之路经济带"战略政策的支持下，西北地区企业既可以通过与沿线发达国家创办合资企业，构造"软硬结合"的学习模式——硬件上引进和研究这些企业的先进技术、新生产工艺和新产品，软件上学习其先进的管理手段和管理经验；也可以与沿线其他发展中国家创办合资企业，对外输出农业技术开发、农产品生产加工等技术，延伸农业产业链，使那些在国内失去价格竞争力的企业能够以较低的要素成本重新焕发活力。通过这些举措，推动产业结构优化，促进升级转型。

（三）资源整合更加便利

任何国家和地区都会因为自身禀赋条件的限制，而很难具备经济发展所需的每一种要素。换言之，资源的整合是必需且必要的。从前述西北地区的产业发展也可以看出，因为自然条件和地理位置的限制，多集中于一些传统、高耗能高污染、资源型行业的发展，并且由于路网规模小、密度低，运输成本高、运输紧张，与国内其他省份和地区资源交换的成本也比较高。而"丝绸之路经济带"战略的实施，使和中亚国家在地理空间位置上相互毗邻的西北地区具备了与沿线国家交流的便利，有了在海外建立企业的优势，能够根据企业的发展战略和市场需求在一个更大的空间对有关的资源进行重新配置，包括交通、运输、通信、金融等各种服务，便于企业吸收和借鉴国外的先进技术，更加凸显企业的核心竞争力。

二 "丝绸之路经济带"给西北地区对外投资带来的挑战

（一）政策支持缺乏

从国家层面看，继商务部令 2014 年第 3 号《境外投资管理办法》、发改委 2014 年第 9 号令《境外投资项目核准和备案管理办法》对促进和规范境外投资做了总体指引之后，公安部、海关总署、国资委、质检总局、全国工商联、国家知识产权局、外交部等部门相继颁布实施了一系列政策，内容丰富但较零散，还没有形成统一的管理办法或者法律法规。从西北地区来看，政府力量多聚焦于"引进来"，先后颁布了有关"招商引资促进外资增长"各项措施的实施方案。相比之下，"走出去"的政策建设薄弱得多，对外投资的总体战略规划缺位、优惠政策支持力度不足、资本市场资金支持不够等不足极为明显，这些不利因素将直接影响企业对外投资的步伐。

（二）外汇管制限制

我国现行《外汇管理条例》第 17 条规定，境内机构、境内个人向境外直接投资或者从事境外有价证券、衍生产品发行、交易，应当按照国务院外汇管理部门的规定办理登记。第 27 条规定人民币汇率实行以市场供求为基础的、有管理的浮动汇率制度。这样的管理制度虽然能够保障汇率的基本稳定，但是就对外投资来说，却是有阻碍作用的：境内企业向外直接投资时，需要得到外汇管理局的文件批准，从大的方面讲，直接限制了货币的自由流通；从小的方面讲，相当于给企业对外投资的流程又增加了一个步骤，直接影响了跨国企业的投资效率，给企业的投资和经营活动造成了一定的障碍。

（三）国际局势复杂

尽管经济全球化的发展态势非常明显，各国也都公开表示欢迎外国企业进入本地市场进行投资，但事实上，国际投资壁垒仍然存在。这些壁垒甚至慢慢地从隐性的变成显性的，以税收设定、反垄断企业法、限制特殊行业等形式，尽力地保护着本土企业。例如，2018 年 3 月 22 日美国总统特朗普签署了总统备忘录，依据"301 调查"结果，将对从我国进口的商品大规模征收关税，并限制我国企业对美投资并购。

此外，"丝绸之路经济带"战略沿线的中亚、西亚和东南亚地区的众多国家，本身就在地缘政治和能源利益等因素的影响下，政治局势非常复杂。在我国提出"丝绸之路经济带"战略之后，更是引起了一些国家对此战略目的的怀疑。包括美国主导的、遏制中国海上崛起的"亚太再平衡"战略，以及以美国为首的澳大利亚、文莱、加拿大等十二个国家确定的将太平洋地区贸易标准提高到更高层次的跨太平洋伙伴关系，给我国对"海上丝绸之路"沿线国家投资难度加大。在种种复杂的局势下，再加上对自身地位的担忧，部分沿线国家对"丝绸之路经济带"战略表现出质疑甚至反对态度，例如，担心影响自己在南亚地区地位的印度，就并不欢迎我国这一战略的实施。

即便是在那些欢迎我国"丝绸之路经济带"政策推行的国家，因为宗教信仰的差异、语言习惯的不同，增加了对外直接投资的成本，以及各国在经济建设水平、经济制度、引进外资政策、文化氛围、法律制度等方面存在巨大的差异，也使我国企业对外投资时面临更大的财务风险、人力资源风险、干预风险等。

（四）企业"软硬件"不足

1．"软件"支撑不够

首先，西北地区企业"走出去"的意识不够强。中共十一届三中全会拉开了我国"对外开放"的序幕，经过几十年的发展，相继建设了深圳、珠海等经济特区，长江三角洲、珠江三角洲等经济开放区，经济发展取得了非常显著的成果。但西北地区限于地处内陆，人口稀少、自然条件贫瘠和基础设施建设缓慢等，造成经济发展水平低、开放程度远不如港口开放城市、经济开发区。尽管随着"西部大开发"国策的实施，与东部地区的差距有所缩小，但总体来看，落后仍然不可忽视，展现在微观层面的，则是大多数企业的经营理念相对仍然比较落后，更多停留在关注"引进来"，而忽略了"走出去"，没有形成全球化的经营意识；还有一部分企业尽管认识到需要"走出去"，但这种认识是片面的、不够准确的，没有在经营方式、技术水平等方面做好准备，而是为了开拓市场盲目采取收购或者扩张的方式，反而离既定目标差距越来越大。

其次，西北地区企业国际化经营能力缺失。当然，不仅是西北地区如此，放眼全国，仅三十余家企业可以入围世界500强，这个数字远远低于美国和英国等发达国家。而这些入围的企业也多是能源类、通信类的中央企业，民营企业入围者寥寥无几。这从侧面反映了我国企业国际化经营能力的缺失。但是企业如果想"走出去"，就必须具备能够在国际市场立足和发展的经营能力，包括具备自身核心的竞争力、拥有可以"走出去"的品牌和技术，建立产权清晰、权责明确、管理科学的现代企业管理制度，具备能够准确认识和分析国际市场、应对别国市场规则的能力等。

2. "硬件"数量不足

（1）对外投资资金不足。对外投资给企业的资金充裕度提出了非常高的要求。或者说，必须具备畅通的融资渠道、便捷的融资方式以保证资金链的连续和稳定。然而，融资难、融资贵一直是限制很多企业发展的主要障碍之一。特别是西北地区金融市场起步晚、发展缓慢，更是为企业获得充裕的投资资金增加了难度。而又因为国外金融制度的差别，想要从东道国融得所需资金必须付出更大的代价。一旦资金流出现问题，会给投资项目甚至是企业的稳定经营产生非常不利的影响，严重者甚至可能以失败或破产草草收场。

（2）国际化人才短缺。"人才"是企业的第一资源，特别是当企业开展对外投资时，更是需要大量的国际化人才——"国际化"对人才的高要求是多方面、多层次的：第一层次是基本素质方面，要具备基本的外语沟通能力，对东道国的国情、制度有一定的了解，具有跨文化交流的能力；第二层次是专业技能方面，不仅要掌握所在行业的生产技术和管理技能，熟悉东道国行业的发展情况，还要掌握国际商务惯例、国际营销知识等；第三层次是综合能力方面，要具备较强的创新能力包括创新意识、创新精神等，要有宽广的国际化视野和应对复杂变化的能力。受到传统体制、人才培养方式、人力资源管理模式等因素的限制，我国国际化人才缺失情况严重。尤其是西北地区，更是因为地处偏远、自然条件艰苦、薪酬体系竞争力差等，想要吸引到高素质的人才难上加难。

（3）信息获取渠道不畅。信息的重要性显而易见，它的真实性和及时性能够有效保障企业对外投资的顺利开展。一方面，企业需要获取的信息是多元化、多层次的，大到包括东道国的法律制度、税收政策、审批流程、外汇制度、劳工问题等，小至项目落地地区的各种政策、市场变化等；另一方面，投资的整个过程都需要全面信息的支撑，包括立项审批、经营管理以及整合融资阶段。但是由于种种限制，西北地区企业能够获取各种信息的渠道并不畅通，尽管我国商务部对外投资和经济合作司通过"走出去"公共服务平台发布了"国别（地区）指南"，给西北地区企业了解东道国情况提供了一定的支持，但对外投资是个动态的过程，需要持续获得所在国的政治、经济、法律、市场、社会制度、风俗习惯等信息。信息的缺失极有可能加大投资风险，让企业陷入被动境地。

（4）风险管理技术落后。正是因为对外投资面临更复杂的环境，企业不仅在外部要面对更大的政治风险、政策风险、经济风险、市场风险等，还要应对来自内部的人力资源风险、决策风险、财务风险、技术风险等。这些使企业的风险管理难度加大，对全面的风险管理提出了非常高的要求。然而，我国很多企业的风险管理理念落后，对风险没有正确的认识。很多企业顾忌到成本而不愿意选择保险等方式去分散风险。这在国际投资市场上是很危险的，企业想要"走出去"，必须提高风险管理意识，针对不同的投资主体和投资风险采取不同的管理和控制措施。

三 "丝绸之路经济带"背景下西北地区对外投资发展对策

（一）加大政策支持力度

政策支持是多层面的，包括国家层面统一纲领的制定和完善，也包括各级地方政府推动政策的实施。

1. 国家层面

（1）完善法律法规建设，夯实基础保障。正如前文所述，多部门、多部法律法规和管理办法使管理过程繁杂无序，缺乏系统性和长期性，长此以往势必限制我国企业的对外投资行为。而从发达国家的对外投资活动管理经验来看，完善的法律法规体系能够有效地保护对外投资企业的合法权益，约束企业的市场行为，规避相应的政治及经济风险。例如，日本政府为从法律层面确保对外投资企业的地位，先后颁布了《外资法》《外汇法》《境外拓展对策资金贷款制度》《日本贸易振兴机构法》《境外投资信用保证制度》等多部法律和制度，促进了日本企业的对外投资发展。美国在第二次世界大战后制定了《经济合作法》《对外援助法》等，以保证 1948 年"欧洲复兴计划"的顺利实施，此外，还加强了海外投资保证制度，以奖励、促进和保护私人海外投资的安全。之后相关法律政策根据不同时期海外经济利益发展的需求，不断修正与完善，例如，《对外服务岗位的重要人士：商业代表指南》《居住境外的美国人安全指南》《美国境外企业安全指南》《纵览海外安全防范》《如何保护美国海外商业信息》《美国海外商业旅行者安全指南》以及美国国务院外交安全局的相关文件等。这些法律为对外投资提供了非常充分的法律支撑，给予参与企业充分的自信与坚实的保障。因而，当务之急是梳理我国现有法律法规，借鉴发达国家的立法经验，尽快出台完整、系统的符合国际规范和我国国情的《对外投资法》，为我国企业的对外投资活动提供坚实的法律依据和完备的法律保障。

（2）加强投资协定磋商，优化投资环境。从国家发展战略高度，加速构建统一的、多元的投资争端解决机制：增强与他国的双边和多边投资协定磋商，尽快签订和修订双边文件，以保证发生投资争议时能够有效解决。例如德国政府为保障德国企业在国外的经济利益，已和 140 余个国家和地区签订了双边协定，形成了有效的境外投资保护网络。而截至 2016 年年底，尽管我国已经与 104 个国家签订了双边投资协定，但其中 70 多个是比较过时的[①]，例如，中国与外国"鼓励和相互保护投资协定"关于争议解决，2000 年以前生效的仅提到设立专门的仲裁庭，2009 年以后的则包含了更为多元的解决方案，如利用有管辖权的法院、解决投资争端国际中心等渠道。

同时，加大"丝绸之路经济带"战略实施目的的宣传，尽可能地降低东道国对我国企业对外投资行为的质疑，避免无形贸易壁垒的出现，减少和化解经济摩擦，以保证企业可以面对一个更加优化的投资环境。

（3）制定统一管理办法，简化流程手续。由国家有关部门出台统

---

① 刘立峰：《中国对外投资面临的困难及政策调整》，东方财富网，http://finance.eastmoney.com/news/1351，20170821768354316.html。

一的对外投资管理办法，这也是各地区一直都在呼吁的。譬如由商务部牵头，整合现有各部门出台的各种政策、办法，从这样几方面做出统筹规划：首先，更加明确对外投资的战略地位，从国家层面强调其重要性，提高地方政府和企业的认识。其次，优化申请、审批以及各项政策的对接流程，改变以往多部门参与的多头管理状态，减少、合并企业对外投资所需要的环节，降低企业在国内渠道沟通的各种成本。最后，加大对外投资的财政政策和税收政策支持力度。财政政策方面，主要方式是政府提供补贴，包括对符合国家战略利益的项目提供补助或者给予贷款利息的支持，积极引导国家各类开发银行及政策性银行加大对对外投资项目的资金支持等。税收政策方面，制定企业对外投资项目的税收优惠政策，降低企业税负，增强企业资金实力。

（4）构建信息共享平台，实时预警风险。鉴于国际局势愈加复杂，企业对外投资风险加大，从国家层面继续完善"走出去"服务平台和"丝绸之路经济带"网站的建设，以确保信息来源的统一性、权威性，改变信息分割和屏蔽的现状，实现真正的信息共享。信息共享平台可以提供以下几方面的服务：第一，及时发布国家及各地区的"指引性信息"——对外投资的发展战略和规划，包括对外投资的战略目标、任务和政策，对外投资的地区和国家，对外投资的领域和部门，投资的形式和渠道，投资的规模等，以便于企业在当中能够发现投资机会、调整企业战略和发展方向等。第二，加强"丝绸之路经济带"投资项目信息共享，完善境外投资的信息库和信息反馈、情况交流服务系统，细化投资指南和研究报告，提供投资目的地国家或地区的环境标准、绿色技术等相关资料，建立数据库、知识库及信息系统，实现信息共享，提供信息咨询服务，打造投资企业了解东道国政治、经济、技术发展情况的官方渠道，以便企业能够正确地选择投资区域和投资项目，合理确定投资规模。第三，提供数据处理、数据分析、数据可视化等管理决策支持服务，对投资对象地区环境、投资的相关信息进行研究，总结和汇集的实践经验及案例，利用大数据和云处理平台，建立风险识别和评估机制，对各驻外经商机构、各地商务主管部门和有关商（协）会收集的涉及驻在国、本地区和本行业企业的境外安全风险信息进行整理、分析和评估，实现风险实时预警，对外投资企业提供技术层面的支持和帮助。

（5）推动货币金融合作，改善融资环境。一方面，有条件、有计划、有步骤地放开外汇管制，减少对外投资外汇登记制度的流程，提升货币的流通效率。另一方面，从政策层面和货币金融监管部门的角度，为防范对外投资的货币金融风险，积极推进"丝绸之路经济带"沿线范围内的人民币国际化，不但可以有效降低汇率波动风险及国际收支风险，而且有助于保障投资东道国金融体系的稳定性，以在更高的层面上规避多币种汇兑中面临的汇率风险。

（6）成立专业保险机构，分散投资风险。国外投资环境日益复杂，传统的出口贸易保险无法分散汇兑损失、战争及政治暴乱、政府违约等政治风险，而商业保险公司又因为考虑到政治风险的不可控性，缺乏承保此类业务的动力。因而，目前主要的承保机构为针对出口贸易风险的出口信用保险公司。这样造成的局面是一方面，很多风险并未被承保，另一方面，难以满足日益增长的对外投资需求。而综观其他对外投资国，普遍建立了海外投资保险制度——这一制度被公认为是"促进和保护国际投资普遍行之有效的重要制度"。因而，就我国目前保险主体情况来看，当务之急是设立专门的海外投资保险机构，开发相应的保险产品以有效分散外汇风险、征用风险和战争灾害等。

2. 西北地区地方政府层面

（1）制订地区规划，提升战略高度。依据西北地区各省市经济发展情况、产业优势集中情况、对外投资现状，制定符合本地的战略规划，颁布"促进对外投资增长"的实施办法，提高对外投资的战略高度，改变以往只注重"引进来"、轻视"走出去"的局面，积极倡导有条件、有能力、有规模的企业勇于迈出这一步，特别是在国家供给侧改革和去产能的要求指引下，大力引导新疆百花村、德力西新疆交通运输集团、恒康医疗、海默科技等新兴产业、现代服务业企业"走出去"，推动重点领域如节能环保、生态建设、教育、医疗、社会养老和食品药品安全等产业的对外投资，促进产业结构和对外投资结构优化升级。

（2）强化优惠政策，促进项目落地。在国家优惠政策的基础上，西北地区各省市应当依据当地的财政、税收以及产业特色，推出更多更具有针对性的措施。例如由政府成立"走出去"扶持专项资金，明确管理方式和办法，对企业境外投资提供专项资金的财政支持；各地政府根据是否服务于"丝绸之路经济带"、是否开发利用短缺资源、促进产能转移以及技术性项目等条件建立当地的重点企业名录，给予这些企业更多的税收优惠，减轻企业的税收负担；在企业"走出去"的前几年，给予所得税减免以鼓励企业将所获利润充实资本金；如果企业以实物作为投资的，还可针对出境设备、器材、原材料及散件等实行统一的出口退税政策。

（3）引入多方参与，拓宽融资渠道。地方政府应当积极鼓励地方银行、证券公司等金融机构建立与企业对外投资项目的联合协作机制，通过提供风险评估、提供绿色信贷、协助发行债券等多种方式，取消对外投资的各种资金限制，放宽企业对外投资的融资条件，创新金融工具和产品，帮助企业筹集资金，积极参与"走出去"项目，给予更多金融支持。鼓励地方政府建立当地的"丝路基金"，尝试用外汇储备建立海外产业投资基金，推动成立对外承包工程担保基金。继续完善对外投资的资本市场支持，建立全方位的境外投资金融服务保障，以降低企业"走出去"的资金门槛。

（4）成立专门机构，做好服务工作。成立专门的管理机构，一方面，协助企业完成审批手续，缩减审批时间，提高工作效率；另一方面，提供各种技术帮助、咨询等服务，例如组织高校、科研院所帮助对外投资企业从事技术开发和研究工作，提供智力支持。定期组织培训班，为对外投资培训技术人员等。提供法律、财务、税务、知识产权和认证等方面的咨询服务。通过实地走访、全程跟进等方式，及时了解企业需求，为那些有特殊需求的企业提供一对一服务，帮助企业做好海外投资的决策工作。

（二）加强企业"软硬件"建设

1. 紧抓历史机遇，强化"走出去"意识

在"丝绸之路经济带"战略发展背景下，西北地区一大批有实力、有能力"走出去"的企业应当打开思路、转变观念，明确"走出去"一定是利大于弊：可以学习国外先进的技术和管理手段，获取重要原料或资源，拓宽国内、国外市场，能够积极参与国际市场竞争与合作，提升企业的国际竞争力，进而提升企业的整体实力。因而，西北地区企业需紧抓这一历史机遇，重新审视企业的整体发展战略，根据自身产业的特点和条件，制定科学合理的对外投资战略。包括明确企业的经营方向，结合企业产品、服务的优势和特色，选择适合企业的海外市场制定国际化发展战略、科学的市场战略和本土化战略。

2. 完善经营管理模式，提升国际化经营管理能力

西北地区企业应大力改进经营管理模式，坚持以人为本的经营管理思想，不断学习和借鉴国外、国内发达地区先进的经营管理理念，创新思维观念和工作方法，做到经营有道、管理有序。包括建立规范的企业规章制度，不断完善人才培养机制，严格执行财务管理制度，培养素质精良的管理团队，重视企业经济财务管理人员专业素质的长期培训和提高，积极推动经营管理工作规范化，提升企业的市场核心竞争力。

3. 培育国际化人才，打造高端人才队伍

人才是企业创造利益的中坚力量，特别是对外投资业务所需的国际化高素质人才，更是对"走出去"的成败起到了关键作用。为改变以往人才"引不来"和"留不住"的局面，西北地区企业必须明确人才需求，通过以下方式逐步完善人才培养体系，打造一支高素质、国际化的人才队伍：培养新鲜血液——开展校企合作，"定制化"培养熟悉管理、财务、国际商法和国际通行规则等涉外专业知识和了解当地经济发展状况的开拓型和创新型专门人才；提高现有人员管理能力——通过参加培训、对外交流学习等方式促使现有熟知企业情况的管理人员转变观念，学习其他企业的管理经验，进而掌握涉外的知识和技能，成为企业"走出去"的基石；引进外来高端人才——通过股权激励、薪酬激励等多种方式吸引在基础设施项目管理、国际资本运作、国际事务协调等领域已有丰富实践经验的国际高端人才，克服地域限制，带来多样化的对外投资经历；建立科学有效的激励约束机制——最大限度地调动企业人才的工作积极性；建立学习和共享机制，建立知识学习、知识共享的友好环境，激励员工通过持续的学习不断吸纳新的思想和理念及持续提升工作技能。

4. 建立项目管理机制，提升对外投资效率

为提升对外投资项目管理的效率，保障投资顺利进行，企业应当建立完备的项目管理机制：第一，建立立项审查制度，投资、财务、市场

等部门联动，翔实调研投资的范围、额度、形式、时间、市场前景、预计收益与潜在风险以及与企业现有业务的契合度等，形成完备的立项书，评估项目的可行性。第二，健全有效的评审制度，在必要时可聘请第三方对投资项目进行评估审查，以获得项目真实的评估情况。第三，加强项目过程管理。注重过程管理，对投资实施活动中各项事务进行监控，及时解决出现的问题。第四，制订应急方案，例如当战争、暴乱等政治风险出现时，立即开启应急方案，以最大可能地减少投资可能遭受的损失。

5. 提升风险管理水平，增强风险抵御能力

事实上，我国很多企业本身对风险管理的重视程度就不够，存在很大的侥幸心理。但面对更为复杂的国际环境，西北企业一定要改变以往这种陈旧的观念，积极提升风险管理水平，用各种先进的风险管理技术武装自己，增强企业的风险抵御能力：①成立专门的风险管理部门。风险管理工作贯穿项目实施的整个过程，涉及每一个其中的工作人员，为了统筹规划风险管理工作，企业应当成立风险管理部门，负责企业此项工作的指引和落实。②建立信息库，提高风险识别能力。通过国家的"走出去"服务平台和"丝绸之路经济带"网站及企业在东道国的工作人员建立高级别、权威的信息网络，构建综合性的风险指标体系，根据不同国家情况时刻观测战略整体风险、投资环境风险、经济波动风险和政治风险等，综合考察系统性风险与非系统性风险、经济风险与非经济风险，并积极采用定量测度方法对各风险及总体风险分别进行量化。③采用多种方式分散风险。科学考量企业的风险情况，采取各种先进的风险管理手段，建立企业整套的风险处理方案。例如，对能够采用保险方式分散的风险，积极进行保险方案的洽谈和签订，争取优惠的费率和服务内容；对不能投保的风险，采用证券化、转移合同等其他方式进行分担。

尽管西北地区目前对外投资流量、存量数目都较小，但相信随着"丝绸之路经济带"战略的实施，政府的积极引导，企业国际化软硬件越来越坚实，一定会有更多的西北企业"走出去"，成为对外投资领域新的主力军。

第七章 "丝绸之路经济带"背景下西北地区金融发展

第一节 金融与区域经济发展

一 金融发展与经济增长关系的理论研究历程

金融与区域经济发展之间关系的探讨由来已久。早在20世纪，西方不同流派的经济学家就提出了各种观点，包括"无关系、被动作用、正向作用"等。其中，古典经济学和"新古典学派"的经济学家多数主张"无关系"——即金融发展和经济增长之间并无联系。古典经济学家在萨伊定律的基础上，提出了货币中性和信用媒介论——产出、就业等实际的经济变量不会随货币供给量的变化而发生变化。之后的一些经济学家大多强调要消除货币对经济的不利影响，如 K. Wicksell、Joan Robinson（1952）则提出"企业引导金融发展"，也认同金融体系对经济增长具有被动作用。即使是货币学派的代表人物 M. Friedman，也认同货币的重要性仅在短期中体现，而在长期中，实际产出并不会受到货币供给变化的影响，这种变化仅能引起物价水平的变动。"新古典学派"经济学家 Robert Lucas（1986）认为，人们会在货币供给量变化之前调整自己的行为——因为人们都是理性的，故而菲利普斯曲线即使在短期内也是垂直的，货币供给量的变化不会对产出和就业产生影响。

随后，货币增长理论和新古典货币增长理论都得到了发展。J. M. Keynes 在 Wicksell 货币增长理论的基础上，创立了一种新的货币分析方法和货币经济理论——提出管理货币通货的政策主张，在理论体系的各个环节都渗入货币分析。随后几篇具有代表性的文章一一发表——J. Stein 和 H. Rose. Stein 的《货币与生产能力的增长》（1966）、Rose 的《经济增长理论中的货币问题》（1966）、Stein 的《新古典的和 Keyness – Wicksell 型的货币增长模型》（1969）和《货币增长理论展望》（1970）。而新古典货币增长理论则是在经济增长模型中引入货币因素，最初由 Tobin 于 1955 年在《动态总体模型》一文中提出，随后他又在 1965 年发表的《货币与经济增长》一文中，进一步提出实际可支配收入中应当包含货币收支，这样将会对人们的消费和储蓄行为产生深远的影响，而当这种影响变成持续性的，货币供给量就会对长期经济增长产生实质性的作用。随后这一模型得到了全面阐述和发展——H. Johnson 的《新古典的单一部门增长模型》（1966）、D. Levhair 和 D. Parinkin 的《货币在单一部门增长模型中的作用》（1968）。

而自 Joseph A. Schumpeter 于 1912 年在成名作《经济发展理论》中开创性地提出非常信用理论——金融中介提供的服务是技术创新和经济增长的原动力之后，越来越多的经济学家开始认同金融发展对经济增长的正向作用——这种正向作用表现在多方面。其中，John G. Gurley 和 Edward S. Shaw 认为，各种金融中介特别是非货币经济中介体在储蓄——投资中能够发挥重要作用，他们在《经济发展的金融方面》（1955）、《金融中介和储蓄—投资过程》（1956）两篇文章中重点阐述了金融与经济的关系，并紧接着在《金融理论中的货币》（1960 年由布鲁金斯学会出版）一书中阐述了金融的转化作用——把储蓄者的储蓄转化为投资者的投资，这种转化作用能够提高全社会的生产性投资水平；Hugh T. Patrick 于 1966 年提出了金融发展的"需求追随"和"供给领先"两种模式，前者指经济的增长会产生对金融服务的更多需求，进而会推动金融不断发展，后者强调金融服务的供给先于需求，金融业的发展助长了实质经济成长，这种模式多存在于经济发展的早期，随着经济发展会被需求追随型金融取代；John Hicks 认为，金融体系对资本形成从而对英国工业革命起到了极为重要的作用（《经济史理论》，1969）。

Goldsmith 的《金融结构和金融发展》（1969）一书则是为这一研

究打开了新的视角：越来越多的学者开始将实证分析这一工具引入两者关系的分析过程中。Goldsmith 通过分析 35 个国家 1860—1963 年的相关数据，"找出一国金融机构、金融工具存量和金融交易流量的主要经济因素，阐明这些因素怎样通过相互作用而促成金融发展"[①]。Ronald. I. Mckinnon（1973）通过实证分析证明了金融市场对经济增长的积极作用，得出人均 GDP 的增长与金融中介机构的规模之间存在正相关关系，而他也在首部著作、金融发展理论的奠基之作——《经济发展中的货币和资本》中成功地分析了金融压抑的危害。与其有相似观点的 Edward S. Shaw（1973）则在分析金融中介与经济发展之间关系的基础上提出了"金融深化"的概念。Ronald. I. Mckinnon 和 Edward S. Shaw 的研究具有里程碑的意义——这标志着金融发展理论的正式形成。基于此，B. Kapur（1976）、W. Galbis（1977）、M. J. Fry（1978，1980，1988）、T. Mathieson（1980）、A. Gelb（1989）等完善并发展了金融抑制模型，并对发展中国家的发展过程进行了实证分析。而鉴于发展中国家金融自由化的结果一度令人失望，Hellman、Murdock 和 Stiglitz 在《金融约束：一个新的分析框架》（1997）一文中提出了金融约束的理论分析框架，他们认为在金融市场化过程中需要通过一定程度的金融约束来达到金融深化的目标，金融约束为私有机构获取租金收益——区别于金融抑制为政府获取租金收益，而金融约束能够实现最佳效果的前提条件是必须有稳定的宏观经济环境、较低的通货膨胀率、正的实际利率和政府对企业和银行的经营没有或有很少的干预等这些前提条件。

进入 20 世纪 90 年代以后，关于发达国家和新兴国家以及转轨经济国家的实证研究成果越来越多。例如 R. G. King 和 R. Levine 通过 80 个国家从 1960—1989 年的样本数据考察了资本积累与生产率提高的途径。R. Levine 提出金融工具、金融市场和金融制度等的发展降低了信息与交易成本，影响了储蓄水平、投资决策、技术创新以及长期增长速度。

我国现代金融市场的飞速发展得益于改革开放各项政策的颁布实施，自 1980 年起经历了萌生、积极探索前进、飞速发展等阶段。因而

---

① 雷蒙德·W. 戈德史密斯：《金融结构与金融发展》，上海人民出版社 1994 年版，第 44 页。

学术界关于金融与经济增长关系的探讨起始较晚，但也有很多有价值的结论。谈儒勇在《中国金融发展和经济增长关系的实证研究》（1999）一文中运用OLS进行了我国金融发展与经济增长间关系的线性回归，得出了以下结论：金融中介发展和经济增长之间有显著的、很强的正相关关系；股票市场发展和经济增长之间有不显著的负相关关系；金融中介发展和股票市场发展之间有显著的正相关关系[1]。郑江淮、袁国良在《中国转型期股票市场发展与经济增长关系的实证研究》（2000）一文中研究表明股票市场对经济增长的作用机制，认为我国股票市场的发展与居民储蓄率之间显著正相关，表明存在股票市场对经济增长的作用机制[2]。周立、王子明（2002）则对中国各地区1978—2000年的数据进行了实证分析，结果表明两者密切相关，因而金融发展水平的提高能够对长期的经济增长带来良好的影响[3]。

当然也有部分学者基于改革开放到2000年左右数据的分析及结合当时我国金融市场的发展现状，认为其对经济增长的作用发挥得还不显著。还有一些学者描述了我国各地区金融发展水平和地区差距状况，探讨了区域间金融促进作用的差异。

二 金融与促进经济增长的相互促进机制

尽管在学术界还存在这样的一些争议，但随着我国金融体制改革逐步深化，金融体系在经济社会中的地位越来越重要，不仅体现在"西部大开发""丝绸之路经济带""经济新常态"等各项促进经济增长的国策制定上，也体现在越来越多的普通居民从仅持有固定资产转向更多地持有金融资产。因而，我们很有必要梳理下金融发展与经济增长的相互促进机制。

（一）金融发展促进经济增长的机制

金融对经济增长的促进作用主要是通过金融体系的功能来实现的。

---

[1] 谈儒勇：《中国金融发展和经济增长关系的实证研究》，《经济研究》1999年第10期。

[2] 郑江淮、袁国良：《中国转型期股票市场发展与经济增长关系的实证研究》，《管理世界》2000年第6期。

[3] 周立、王子明：《中国各地区金融发展与经济增长实证分析：1978—2000》，《金融研究》2002年第10期。

1. 提高储蓄率，拓宽投资资金来源

一个成熟、发达的金融市场能够解决的首要问题一定是可以满足经济主体的资金需求——这种需求是双向的：有闲散资金的经济主体期望收入的一部分可以用于储蓄，以获得收益（这一点在我国尤为突出，居民人均储蓄连续雄踞全球首位，当然原因是多方面的，一方面，消费和储蓄习惯受传统文化"未雨绸缪"思想的影响；另一方面，投资渠道少，以致出现常年活期储蓄和定期储蓄居高不下的状况。当然，这一现状随着我国利率市场化、理财、保险产品的增加，会逐步得到改善）；有生产扩张等需求的经济主体需要解决资金来源问题。而这两种需求如果单纯依靠供需双方来解决，要么交易成本很大，要么因为信息不对称而效率很低。因而金融体系的发展有效畅通了资金流通的渠道，储蓄率提高进而提高了储蓄向投资转化的比率。这种转化对经济发展带来的积极影响是极大的，可用于生产、经济发展的资本大幅增加，进而推动经济增长。

2. 优化公司治理，提高经营效率

公司治理结构若出现重大问题，将影响公司正常的经营，影响公司效益的获取，进而影响整个社会的经济增长率。而在现代企业所有权和经营权相分离的情况下，如何约束管理人员的行为显得尤为重要。在金融体系中，股票市场、银行借贷体系、抵押合同等众多安排都被认为可以减少监督、信息获取成本，有效提升公司治理效率。例如，股东可以通过股东大会和董事会，对企业重大的经营策略进行投票表决，监督企业的经营活动，股权交易增加了业绩不好的企业被接管的风险；银行通过代理监督，能够克服股东监督存在的中小股东"搭便车"问题和大股东侵占上市公司资金问题，并节约监督成本；内部人和外部投资者通过建立抵押合同，降低了监督和执行成本，提高了投资效率。

3. 分散风险，加强风险管理

最初人们关注最多的是金融系统对流动性风险的分散，主要解决了那些需要长期资本投入的项目流动性较差的问题。因为储户多不愿意长期放弃对于储蓄的控制，这与高回报的长期项目的资本需求相矛盾。流动的资本市场于是提供了这样的便利：储户可以便捷地进行金融资产包括银行存款、证券等的买卖，而长期项目也可以因此获得资本投资。随着金融系统产品越来越丰盛，风险管理作用的发挥也开始不再局限于流动性风险。例如，保险产品可以为企业的正常生产、项目的顺利实施提供经济保障，一旦发生意外事故或保障范围内的自然灾害使经济主体受损时，可从保险公司获得赔付，帮助企业迅速恢复生产。（当然，保险的作用不仅限于此，集聚了大量资金的保险行业对金融市场的影响也越来越大）因而保险行业的"稳定器"和"助推器"功能能够为经济平稳发展和不断增长保驾护航。除此之外，还有证券市场、互助基金等，能够提供多种风险交易、风险共担、风险分散的工具。

4. 优化资源配置，促进产业优化升级

资本的有效流动一定是建立在信息畅通的基础上。如若投资者特别是个体投资者需要依靠自己去收集企业、市场和经营者的信息，不仅可能会花费大量的时间和精力，这种花费还极有可能是无效的。高代价的信息获取势必将阻碍资本流向最有价值的用途上。金融中介和金融市场的出现，更专业地筛选出了那些有较大获利可能性的企业或项目，包括那些最有希望创造出新产品及新生产过程的企业。这样，给新兴产业提供了技术创新所需的大量长期资金，激发了企业家的创新能力，推动了整个社会创新活动的进行。长此以往，推动了资源向优势产业的聚集进而优化了产业结构。

（二）经济增长促进金融发展的机制

经济发展决定了金融发展的物质基础，也是其发展的现实条件。一方面，经济发展创造了更多的财富，这些增加的财富引致了金融规模的扩大，并且促使大量金融机构不断改进服务以适应更多经济主体的变化。并且经济运行状况也会决定金融资源的配置和运行效率，丰富的金融资源往往聚集在那些经济较为发达的地方。另一方面，各种经济政策及制度的安排影响了金融的发展，例如2014年8月13日，国务院发布《国务院关于加快发展现代保险服务业的若干意见》（以下简称"保险业新国十条"），以改革创新的理念和思路加快了现代保险服务业的发展。类似这样鼓励金融业发展的宏观政策会产生很多积极的影响。

总而言之，经济增长与金融发展之间一定是相辅相成、相互促进、共同发展的。金融体系的发展会促进经济增长，而较高的经济发展水平又为金融体系的发展提出了更高需求，促进其发展。

三 "丝绸之路经济带"的金融促进政策

早在1991年,邓小平同志视察上海时就指出:"金融很重要,是现代经济的核心,金融搞活了,一盘棋活,全盘皆活。"近些年来,多项促进金融制度改革、金融深化和金融发展的政策实施,特别是"西部大开发""丝绸之路经济带"等重要战略的部署通常都辅以相应的金融举措。自"丝绸之路经济带"战略提出后,金融支持的力度更是被提到一个新的高度。整体框架体现在2014年12月24日的国务院常务会议精神中,国务院总理李克强部署加大金融支持企业"走出去"力度,推动稳增长调结构促升级。金融支持"丝绸之路经济带"的总体思路是:以"规划先行、金融先导"为基本原则,以规划整合各方资源,以金融"走出去",统筹带动中国技术、装备、标准等中国因素和企业"走出去",创新金融体系,服务实体经济,发挥好开发性金融的主导作用,拓展"丝绸之路经济带"金融服务布局[①]。

2015年3月,国家发改委、外交部、商务部联合发布了《推动共建丝绸之路经济带和21世纪海上丝绸之路的愿景与行动》(以下简称《愿景与行动》),这被认为是"丝绸之路经济带"战略顶层规划的文件。《愿景与行动》中提出了"丝绸之路经济带"沿线国家间的"五通",即政策沟通、设施联通、贸易畅通、资金融通、民心相通,认为资金融通是"丝绸之路经济带"建设的重要支撑;而且还明确指出要"深化金融合作,推进亚洲货币稳定体系、投融资体系和信用体系建设。扩大沿线国家双边本币互换、结算的范围和规模。推动亚洲债券市场的开放和发展。共同推进亚洲基础设施投资银行、"金砖国家"开发银行筹建,有关各方就建立上海合作组织融资机构开展磋商。加快丝路基金组建运营。深化中国—东盟银行联合体、上合组织银行联合体务实合作,以银团贷款、银行授信等方式开展多边金融合作。"同时指出,中国将加强与沿线有关国家的沟通磋商,在"在基础设施互联互通、产业投资、资源开发、经贸合作、金融合作、人文交流、生态保护、海

---

① 李克强主持召开国务院常务会议(2014年12月24日),中国政府网,http://www.gov.cn/guowuyuan/2014-12/24/content_ 2796001.htm。

上合作等领域,推进了一批条件成熟的重点合作项目。"可见,在"丝绸之路经济带"战略实施中,金融需要积极发挥支撑保障作用。资金融通是"丝绸之路经济带"连接各个环节的重要纽带,能够较好发挥金融的支持作用,有利于为"丝绸之路经济带"重大项目的落地提供切实可行的支撑以及降低项目的风险性。

2016年8月17日,习近平总书记在推进"丝绸之路经济带"建设工作座谈会上提出推进"丝绸之路经济带"建设8项要求,其中,就金融方面提出：要切实推进金融创新,创新国际化的融资模式,深化金融领域合作,打造多层次金融平台,建立服务"丝绸之路经济带"建设长期、稳定、可持续、风险可控的金融保障体系。各地相关部门也积极响应,推出多项优惠政策措施,积极助力"丝绸之路经济带"建设。

第二节　西北地区金融发展现状

一　陕西省金融发展现状

作为中华民族的重要发源地之一,陕西省的货币与金融历史非常悠久。中华人民共和国成立后第一家开业的银行是1950年成立的中国人民银行西安分行,根据陕西省金融统计年鉴的统计数据,当时陕西境内有金融业务机构38个,金融从业人员也仅仅有一千人左右。这一局面随着改革开放政策的实施得到了大幅度的改变,1979年拉开了金融体制改革的大幕,相继成立了中国农业银行、中国银行、中国工商银行陕西分行、中国人民保险公司陕西省分公司。1985年《陕西省企业发行股票、债券暂行管理办法》的实行标志着陕西股票市场开始发展,第一家企业"陕解放"上市。1986年诞生了陕西同业拆借市场,票据承兑市场开始全面经营业务,陕西省的金融市场进入了初步发展的阶段。随后的几年,中国人民建设银行陕西分行、交通银行西安分行、太平洋保险公司西安分公司等相继成立。1993年年末国务院出台了《关于金融体制改革的决定》,这一决定明确了人民银行作为中央银行的地位和职能。自20世纪90年代末期开始,陕西省金融业进入了全面快速发展的阶段，商业银行、农村信用社、证券、保险、信托等金融机构得到全面发展，不论是机构数量还是金融总量都得到了快速的提升。

（一）银行业

陕西省银行业发展稳健，资产规模不断扩大，截至2016年年末，共有法人机构140家，从业人数10.17万人，机构网点7034个，资产总额4.52万亿元，实现净利润383.6亿元，同比减少49.6亿元。

表7-1　　　　　　2016年陕西省银行业金融机构情况

机构类别	营业网点 机构个数（个）	营业网点 从业人数（人）	营业网点 资产总额（亿元）	法人机构（家）
一、大型商业银行	1912	43144	15680.2	0
二、国家开发银行和政策性银行	82	2144	4985	0
三、股份制商业银行	423	9645	7307.9	0
四、城市商业银行	488	9171	5350.9	2
五、小型农村金融机构	2841	25584	8001.1	103
六、财务公司	3	286	685.4	3
七、信托公司	0	1172	254.8	3
八、邮政储蓄	1254	9082	2638.7	0
九、外资银行	13	342	166.1	0
十、新型农村机构	18	912	80.9	27
十一、其他	0	242	50	2
合计	7034	101724	45201	140

注：营业网点不包括国家开发银行和政策性银行、大型商业银行、股份制银行等金融机构总部数据；大型商业银行包括中国工商银行、中国农业银行、中国银行、中国建设银行和交通银行；小型农村金融机构包括农村商业银行、农村合作银行和农村信用社；新型农村金融机构仅包括村镇银行；"其他"包括比亚迪汽车金融公司和长银消费金融公司。

资料来源：中国人民银行网站—陕西省金融运行报告《陕西省统计年鉴》，下同。

陕西省存贷款余额连年上升，截至2016年年底，存款余额35255.5亿元，同比增长8.76%，是1978年存款余额18.5亿元的1905.7倍；贷款余额23921.75亿元，同比增长9.93%，是1978年贷款余额 35.26 亿元的 678.4 倍。但从图 7-1 能够明显看出的是，存贷款余额的增速都已放缓，自 2009 年起开始呈下降趋势。究其原因，就存款余额来说，主要是由于银行理财及其他进入产品对存款的分流；而贷款余额增速放缓的原因主要是陕西省政府债务置换力度较大、进出口银行贷款业务剥离以及直接融资对间接融资的替代、银行资产端结构调整下多元资金供给渠道对传统信贷业务的挤出效应[①]。

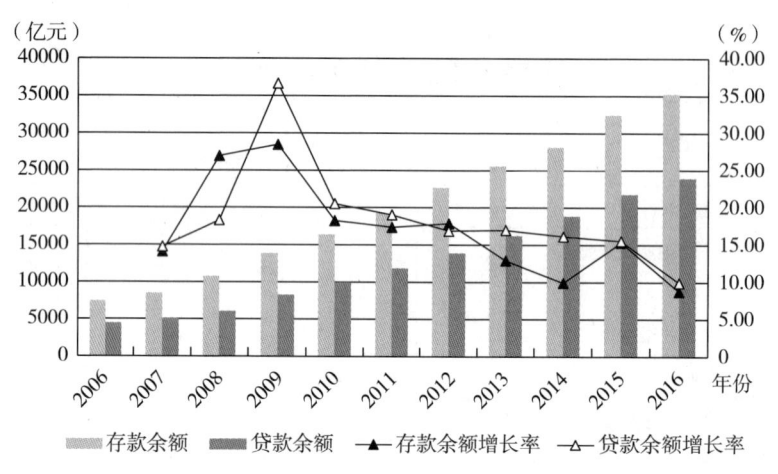

图 7-1　陕西省 2006—2016 年存贷款余额及增速

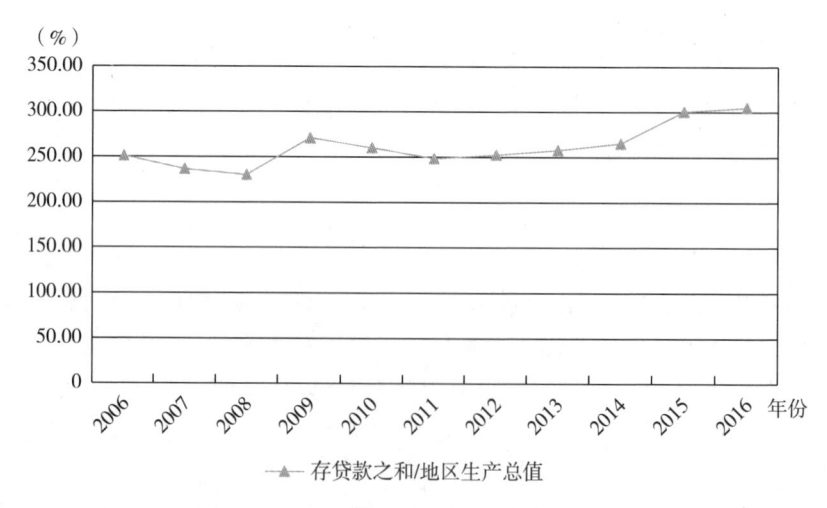

图 7-2　陕西省 2006—2016 年存贷款余额与 GDP 的比较

---

① 中国人民银行网站—陕西省金融运行报告。

从图 7-2 可以看出，陕西省存贷款余额与 GDP 之比大体呈现上升趋势，说明银行机构的规模还是在不断扩大，对地区生产总值的贡献也一直在增加。

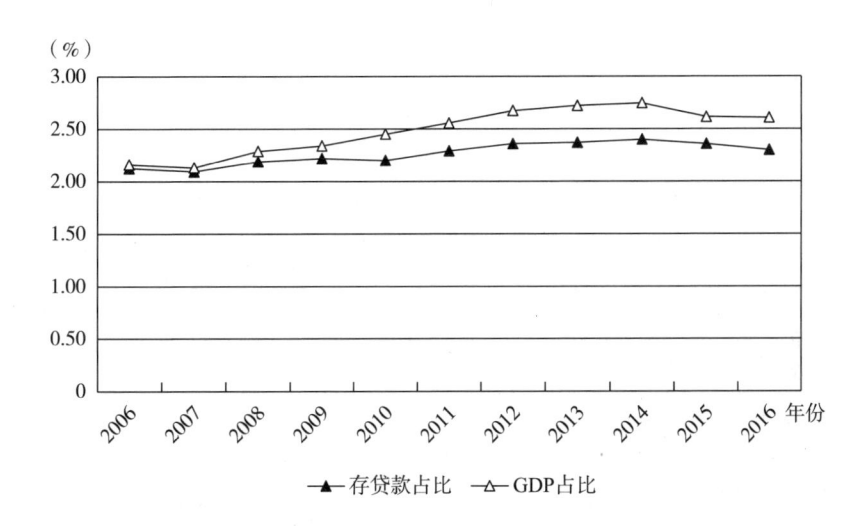

图 7-3　陕西省 2006—2016 年存贷款、GDP 全国占比

陕西省存贷款全国占比近十年来都维持在 2%—2.5%，GDP 全国占比略高于此，并且从图 7-3 中的趋势可以看出，差距自 2007 年起逐渐拉大。

（二）证券业

自 1985 年第一家企业"陕解放"上市股票市场开始发展，经过三十余年的调整、改革和持续的创新，陕西省证券业组织体系不断健全，融资功能显著增强。截至 2016 年，总部设在辖内的证券公司和期货公司各 3 家，3 家法人证券公司总资产 610.1 亿元，同比下降 5.1%；实现营业收入 44.3 亿元、净利润 14.2 亿元，同比分别下降 34.2% 和 41.7%。3 家法人期货公司总资产 71.5 亿元，同比下降 10.1%，实现营业收入 2.6 亿元，同比下降 1.5%[①]。但总体来看，2016 年市场交易活跃度下降，累计代理证券交易额 42928.2 亿元，同比下降 41.7%。

---

① 中国人民银行《陕西省金融运行报告》。

年末在国内上市的公司有 45 家，市价总值 6437.8 亿元，同比下降 7.3%。在 A 股市场融资 377.2 亿元，从债券市场融资 1651 亿元。两家公司在深证 A 股实现首次公开募股，分别为环球印务和晨曦航空。

表 7-2　　　　　　　　陕西省 2016 年证券业基本情况

项目	数量
总部设在辖内的证券公司数（家）	3
总部设在辖内的基金公司数（家）	0
总部设在辖内的期货公司数（家）	3
年末国内上市公司数（家）	45
当年国内股票（A 股）筹资（亿元）	377.2
当年发行 H 股筹资（亿元）	0.0
当年国内债券筹资（亿元）	1651.0
其中，短期融资券筹资额（亿元）	974.5
中期票据筹资额（亿元）	260.6

注：当年国内股票（A 股）筹资额是指非金融企业境内股票融资。

（三）保险业

陕西省保险行业稳步发展，截至 2016 年，总部设在辖内的保险公司 1 家，保险公司的分支机构共 55 家，其中财产险 25 家，人身险 30 家，实现保费收入 714.7 亿元，其中财产险保费收入 191.4 亿元，人身险公司 523.4 亿元。保险密度 1875 元/人，在全国排名第 17 位（全国均值 2258 元），保险深度 3.7%，全国排名第 15 位，比全国均值低 0.43 个百分点。

表 7-3　　　　　　　　陕西省 2016 年保险业基本情况

项目	数量
总部设在辖内的保险公司数（家）	1
其中，财产险经营主体（家）	1
人身险经营主体（家）	0
保险公司分支机构（家）	55

续表

项目	数量
其中，财产险公司分支机构（家）	25
人身险公司分支机构（家）	30
保费收入（中外资，亿元）	714.7
其中，财产险保费收入（中外资，亿元）	191.4
人身险保费收入（中外资，亿元）	523.4
各类赔款给付（中外资，亿元）	238.4
保险密度（元/人）	1875.0
保险深度（%）	3.7

尽管从图7-4来看，财产险和人身险保费收入增速明显，但从全国总值来看，占比并不高，例如，从图7-5可知，2016年财产险收入占全国收入的2.19%，人身险占比为2.36%。保险深度自2006年起曲折中上升，2016年相较2006年上升了1.23个百分点。而保险赔付与给付则自2006年起不断增长，2016年全年各类赔款给付238.4亿元，社会保障功能充分发挥。

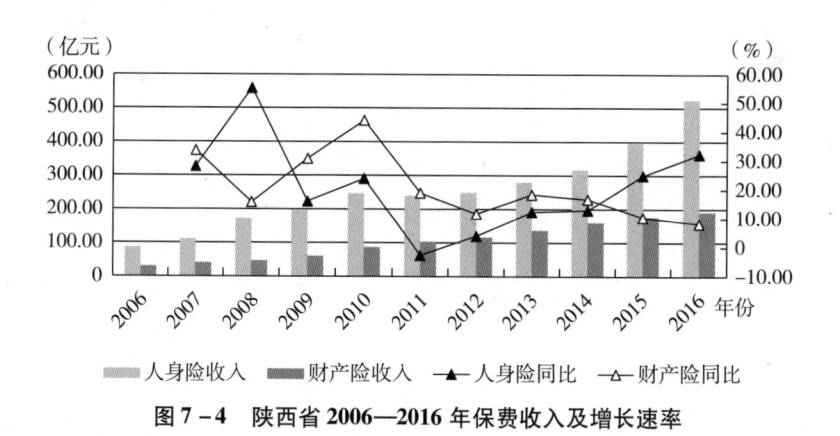

图7-4 陕西省2006—2016年保费收入及增长速率

二 甘肃省金融发展现状

1949年9月，中国人民银行甘肃省分行及24个分支机构的建立拉开了甘肃省社会主义金融事业的序幕。到1978年年底，全省共有金融机

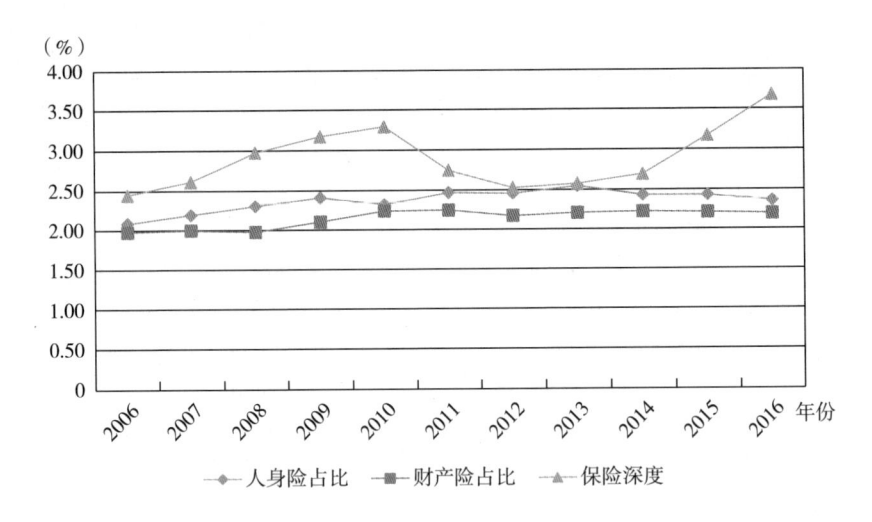

图 7-5　陕西省 2006—2016 年保费收入全国占比及保险深度

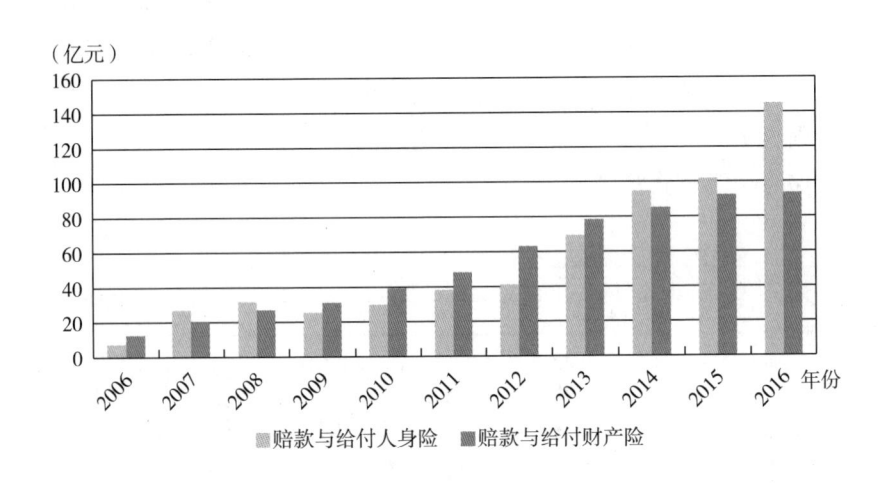

图 7-6　陕西省 2006—2016 年赔款与给付

构 1110 个，从业人员 7400 人。自中共十一届三中全会之后，甘肃省金融业的发展进入了新的阶段，先后恢复或分设了四大国有独资商业银行，积极引进了地区性股份制商业银行，培育了省内第一家商业银行——兰州市商业银行。同时，保险公司、信托投资公司、租赁公司、证券公司等也开始获得发展。1993 年，长风宝安实业股份有限公司作为省内首家上市公司发行了股票后，多家企业通过资本市场筹得资金。

经过 60 余年的发展，甘肃省金融组织体系逐步健全，金融业务领域不断拓展，金融业服务水平也有了非常显著的提高。

（一）银行业

甘肃省银行业运行稳健，资产规模不断扩大，截至 2016 年，共有法人机构 447 个，机构网点 5810 个，从业人员 6.41 万人，资产总额 2.46 万亿元。

表 7－4　　　　　甘肃省 2016 年银行业金融机构情况

机构类别	机构个数（个）	从业人数（人）	资产总额（亿元）	法人机构（家）
一、大型商业银行	364	8425	6790	0
二、国家开发银行和政策性银行	61	1619	3902	0
三、股份制商业银行	1724	22665	2115	0
四、城市商业银行	332	7696	5013	2
五、城市信用社	0	0	0	0
六、小型农村金融机构	2312	19053	5057	84
七、财务公司	3	76	177	3
八、信托公司	1	270	50	1
九、邮政储蓄	605	2868	780	0
十、外资银行	0	0	0	0
十一、新型农村机构	407	1338	300	356
十二、其他	1	108	453	1
合计	5810	64118	24637	447

资料来源：中国人民银行网站—甘肃省金融运行报告，《甘肃省统计年鉴》，下同。

甘肃省存贷款余额持续上升，截至 2016 年年底，存款余额 17411.68 亿元，同比增长 7.87%，是 1978 年存款余额 32.14 亿元的 541.74 倍；贷款余额 15650.47 亿元，同比增长 17.74%，是 1978 年贷款余额 30.44 亿元的 514.14 倍。存款动力有所减弱的原因是比较复杂的，从宏观方面来看，经济下行、产业结构不合理、企业效益下降等因素起到了制约作用；从微观方面来看，表外理财快速发展、互联网金融分流、债券及贷款增势趋缓、票据业务规模缩小、财政体制改革等因素也进一步影响了存款的增速。尽管贷款增速同样放缓，但结构更趋合理，基础设施建设、涉农贷款、微小企业贷款、保障性住房贷款增速都较快。例如截至2016年年末投放绿色信贷余额1103.4亿元，较上年增加277.8亿元，增长33.7%，高于甘肃省各项贷款增速17.6个百分点，占甘肃省各项贷款余额的6.9%。

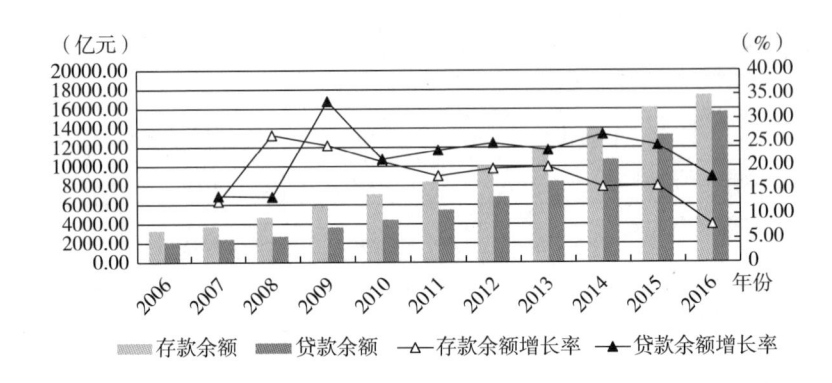

图7-7 甘肃省2006—2016年存贷款余额及增速

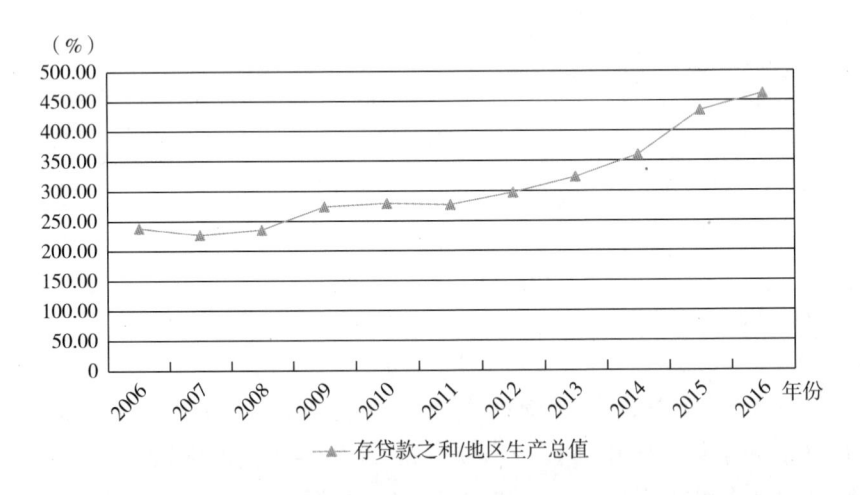

图7-8 甘肃省2006—2016年存贷款余额与GDP的比较

从图7-8可以看出，甘肃省存贷款余额与GDP之比逐年上升，显示出银行业不断增长的实力及对地区经济的贡献。

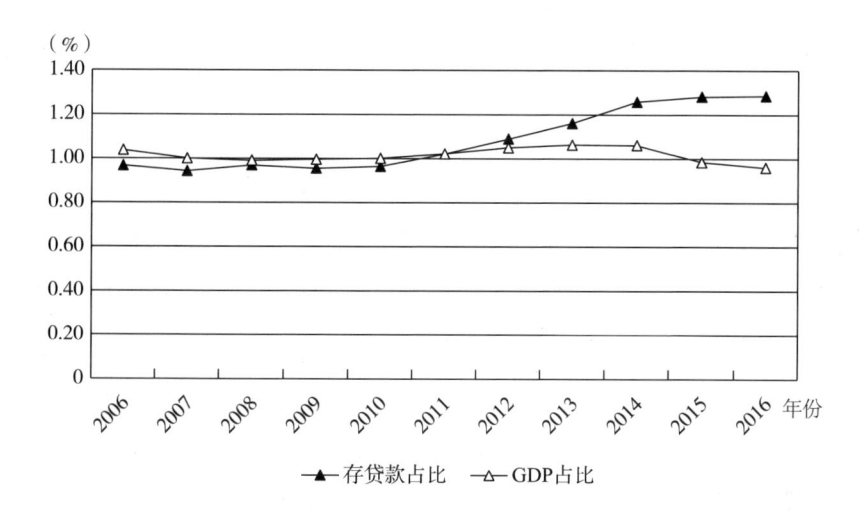

第七章 "丝绸之路经济带"背景下西北地区金融发展 | 199

图 7-9　甘肃省 2006—2016 年存贷款、GDP 全国占比

甘肃省存贷款全国占比和 GDP 全国占比都比较低，近十年来都维持在 1% 左右，自 2012 年起，存贷款占比呈上升趋势，与 GDP 占比的差距也越来越大，特别是 2015 年、2016 年的 GDP 占比较往年有所下降。

（二）证券业

截至 2016 年年末，总部设在甘肃省辖内的证券公司和期货公司各 1 家，上市公司 30 家。当年 A 股市场筹资 99 亿元，债券市场筹资 302 亿元。总体来看，市场交易活跃度较往年有所下降，例如证券交易额、股票交易额分别下降 50.9%、54%，营业收入和利润更是下降了 60% 以上。

表 7-5　　　　　　　甘肃省 2016 年证券业基本情况

项目	数量
总部设在辖内的证券公司数（家）	1
总部设在辖内的基金公司数（家）	0
总部设在辖内的期货公司数（家）	1
年末国内上市公司数（家）	30
当年国内股票（A 股）筹资（亿元）	99

续表

项目	数量
当年发行 H 股筹资（亿元）	0
当年国内债券筹资（亿元）	302
其中：短期融资券筹资额（亿元）	39
中期票据筹资额（亿元）	76

（三）保险业

甘肃省保险业发展迅速，实力和质量都有所提升。截至 2016 年年底，甘肃省辖内共有保险公司分支机构 25 家，其中人身险公司 12 家，财产险公司 13 家（黄河财产保险股份有限公司 2016 年已获批筹建，并于 2018 年 1 月收到开业批复，实现了甘肃省保险法人机构数量为零的突破）。保费收入共 308 亿元，其中财产险收入 109 亿元，人身险收入 198 亿元。保险密度 1183 元/人，在全国排名第 26 位，比全国均值少 1075 元，保险深度 4.3%，在全国排名第 10 位，较全国均值高 0.14 个百分点。

表 7-6　　　　　　　　甘肃省 2016 年保险业基本情况

项目	数量
总部设在辖内的保险公司数（家）	0
其中：财产险经营主体（家）	0
人身险经营主体（家）	0
保险公司分支机构（家）	25
其中：财产险公司分支机构（家）	13
人身险公司分支机构（家）	12
保费收入（中外资，亿元）	308
其中：财产险保费收入（中外资，亿元）	109
人身险保费收入（中外资，亿元）	198
各类赔款给付（中外资，亿元）	109
保险密度（元/人）	1183
保险深度（%）	4.3

甘肃省保费收入近两年增速放缓，尽管从保险深度这个指标来看，在全国范围内排名较前，但深究起来，GDP全国占比多年来都徘徊在1%，经济发展总体落后，虽然人身险、财产险保费收入在地区生产总值的占比相对较高，但在全国保费收入的占比也仅是1%左右，仍然有很大的提升空间。

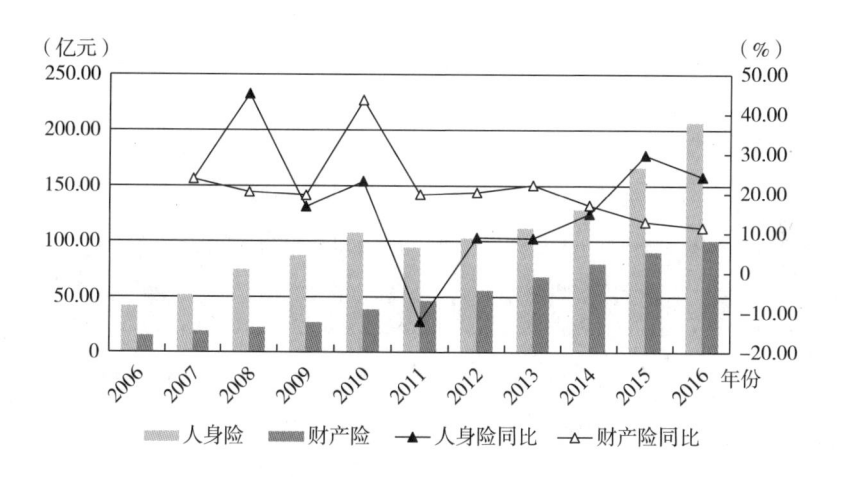

图7-10 甘肃省2006—2016年保费收入及增长速率

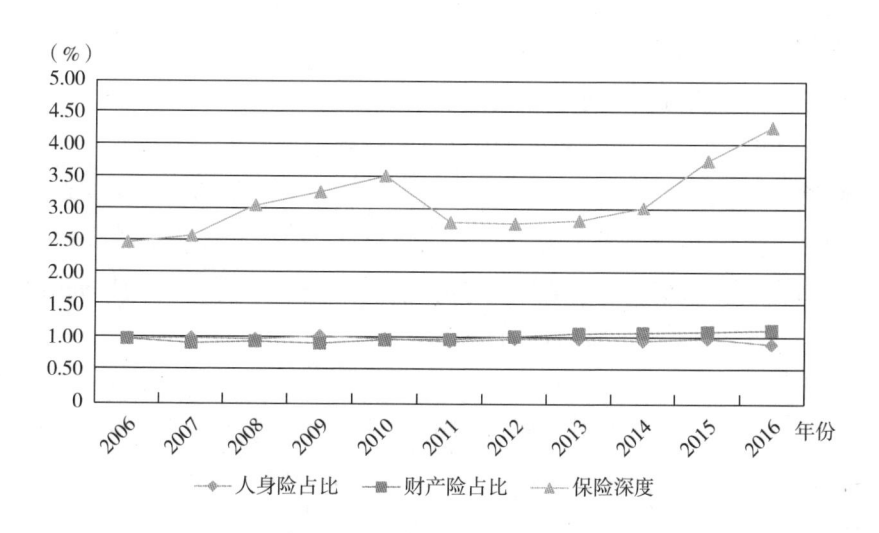

图7-11 甘肃省2006—2016年保费收入全国占比及保险深度

从赔偿和给付来看，数额连年增长，对社会的保障作用发挥越来越显著，特别是民生方面，甘肃省全国首创"两保一孤"特困人群保险试点覆盖 97.2 万贫困人口，提供风险保障超 295 亿元，累计有 421 人次享受到 674.6 万元的保险补偿①。

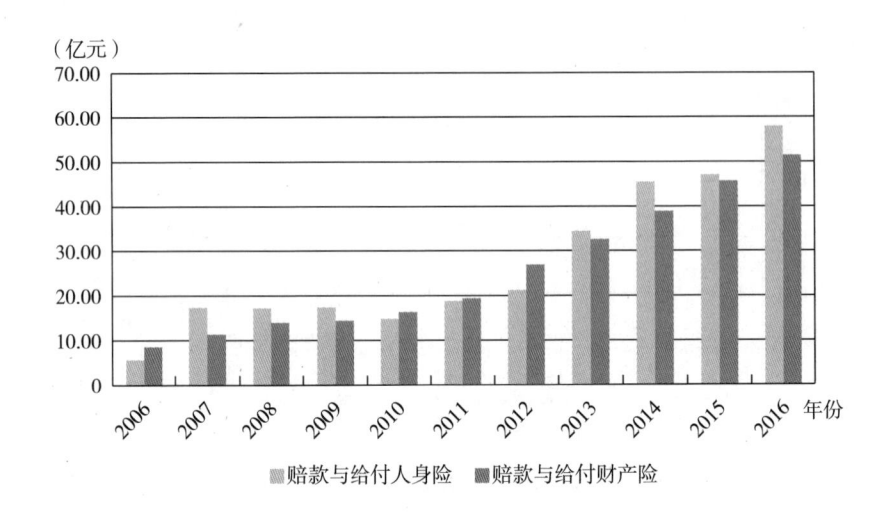

图 7-12 甘肃省 2006—2016 年赔款与给付

三 宁夏回族自治区金融发展现状

自 1978 年之后，宁夏紧随国家政策开始金融体系的改革，推行金融组织多元化，农村信用社、商业银行、保险公司、证券公司等相继获得了发展。并根据当地民族特色，因地制宜，率先开展伊斯兰金融业务，不仅尊重了少数民族的民族风俗和宗教信仰，也扩大了当地的融资渠道，更好地吸纳了当地人民的闲散资金。

（一）银行业

宁夏银行业发展稳健，截至 2016 年年底，共有法人机构 38 家，机构网点 1333 个，从业人员 2.35 万人，资产总额 8309 亿元，较上年增加 9.5%。

---

① 中国人民银行《甘肃省金融运行报告》。

表7-7　　宁夏回族自治区2016年银行业金融机构情况

机构类别	营业网点 机构个数(个)	营业网点 从业人数(人)	营业网点 资产总额(亿元)	法人机构(家)
一、大型商业银行	510	10738	2577	0
二、国家开发银行和政策性银行	16	537	1632	0
三、股份制商业银行	31	1146	474	0
四、城市商业银行	133	3131	1821	2
五、小型农村金融机构	388	5796	1423	20
六、财务公司	1	25	40	1
七、邮政储蓄	202	1130	202	0
八、新型农村机构	52	963	140	15
合计	1333	23466	8309	38

资料来源：中国人民银行网站—宁夏回族自治区金融运行报告，《宁夏回族自治区统计年鉴》，下同。

宁夏存贷款余额连年上升，截至2016年年底，存款余额5460.63亿元，同比增长13.2%，是1978年存款余额7.18亿元的760.53倍；贷款余额5695.96亿元，同比增长10.59%，是1978年贷款余额5.43亿元的1048.98倍。从2009年起，存贷款余额增速明显放缓，但信贷结构有所优化。人民银行通过再贷款、再贴现等货币政策工具引导金融机构加大对国民经济重点领域和薄弱环节的支持力度，涉农、小额贷款、集中连片特困地区各项贷款等都较往年有所增长。

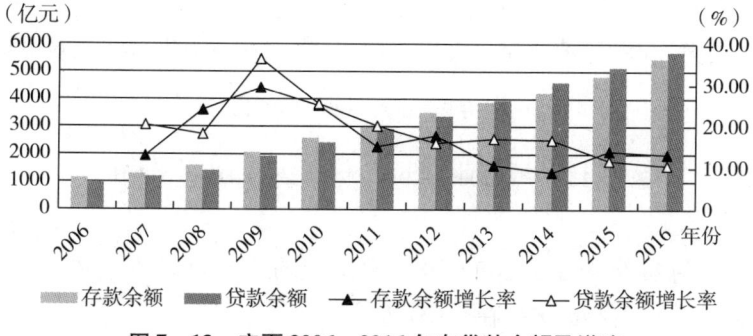

图7-13　宁夏2006—2016年存贷款余额及增速

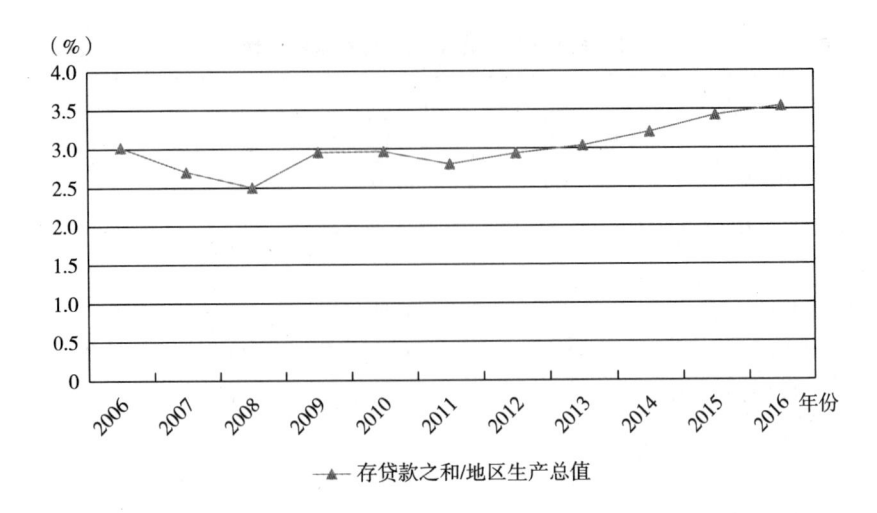

图 7-14　宁夏 2006—2016 年存贷款余额与 GDP 的比较

从图 7-14 可以看出，宁夏存贷款余额与 GDP 之比尽管在 2008 年、2011 年有所波动，但总体趋势仍然是上升的。

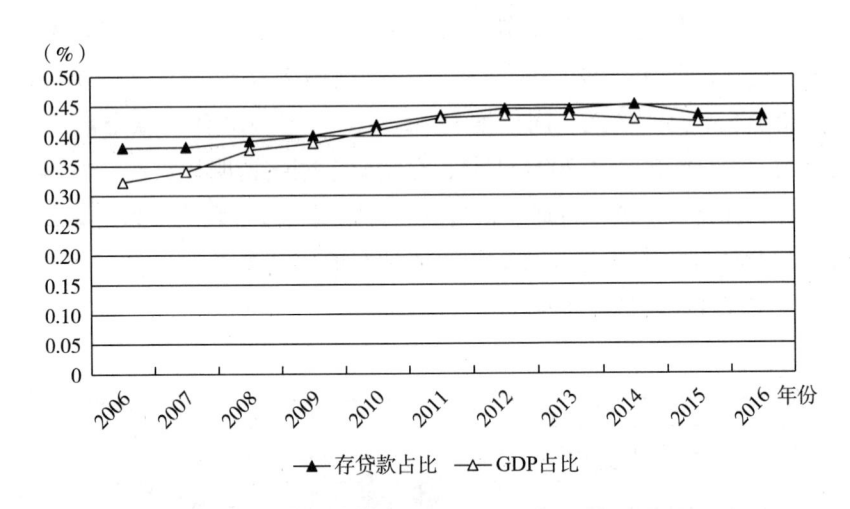

图 7-15　宁夏 2006—2016 年存贷款、GDP 全国占比

宁夏存贷款全国占比和 GDP 全国占比曲线形状基本一致，但占比都比较低，近几年都维持在 0.4% 左右。

(二) 证券业

宁夏证券市场的起步是比较晚的，截至 2016 年年末，辖内证券公司、基金公司、期货公司都还没有突破零。在国内上市的公司 12 家，A 股市场筹资 91 亿元，债券市场筹资 86 亿元。受资本市场交易波动影响，证券经营主体收入、营业利润都下降 60% 以上。

表 7-8　　宁夏回族自治区 2016 年证券业基本情况

项目	数量
总部设在辖内的证券公司数（家）	0
总部设在辖内的基金公司数（家）	0
总部设在辖内的期货公司数（家）	0
年末国内上市公司数（家）	12
当年国内股票（A 股）筹资（亿元）	91
当年发行 H 股筹资（亿元）	0.0
当年国内债券筹资（亿元）	86
其中，短期融资券筹资额（亿元）	16
中期票据筹资额（亿元）	19

(三) 保险业

宁夏保险业发展迅速，2016 年建信财产保险有限公司成立，成为首家总部设在宁夏的保险公司。截至 2016 年年末，宁夏共有保险公司分支机构 20 家，其中财产险公司 8 家，人身险公司 12 家。保费收入 134 亿元，其中财产险收入 46 亿元，人身险收入 88 亿元。保险密度 1985 元/人，在全国排名 14 位，较全国均值少 273 元。保险深度 4.25%，在全国排名 11 位，较全国均值高 0.09 个百分点。

表 7-9　　宁夏回族自治区 2016 年保险业基本情况

项目	数量
总部设在辖内的保险公司数（家）	1
其中，财产险经营主体（家）	1
人身险经营主体（家）	0

续表

项目	数量
保险公司分支机构（家）	20
其中，财产险公司分支机构（家）	8
人身险公司分支机构（家）	12
保费收入（中外资，亿元）	134
其中，财产险保费收入（中外资，亿元）	46
人身险保费收入（中外资，亿元）	88
各类赔款给付（中外资，亿元）	43
保险密度（元/人）	1985
保险深度（%）	4.25

宁夏保费收入增速明显，特别是人身险自2011年起增速连年上升。为构筑脱贫攻坚保险防线，宁夏保险业做了很多有益的尝试，率先推出"扶贫保"专项扶贫保险产品，着力解决因意外事故、因病因灾致贫返贫问题。"扶贫保"以建档立卡贫困户为服务对象，提供家庭意外伤害、大病补充医疗、借款人意外伤害和优势特色产业四类保障，并以县级统筹模式进行保费补贴。

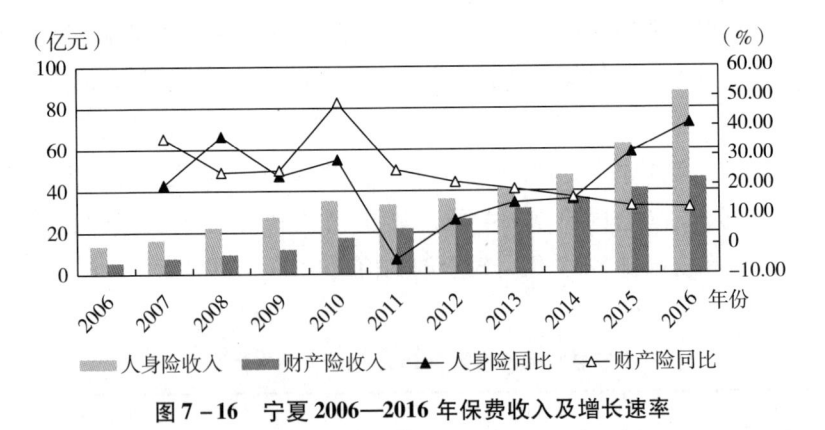

图7-16 宁夏2006—2016年保费收入及增长速率

但从全国范围来看，宁夏保险业的发展与发达省份相比，差距仍然很大，人身险收入占比不到0.4%，财产险占比也仅0.5%，尽管保险

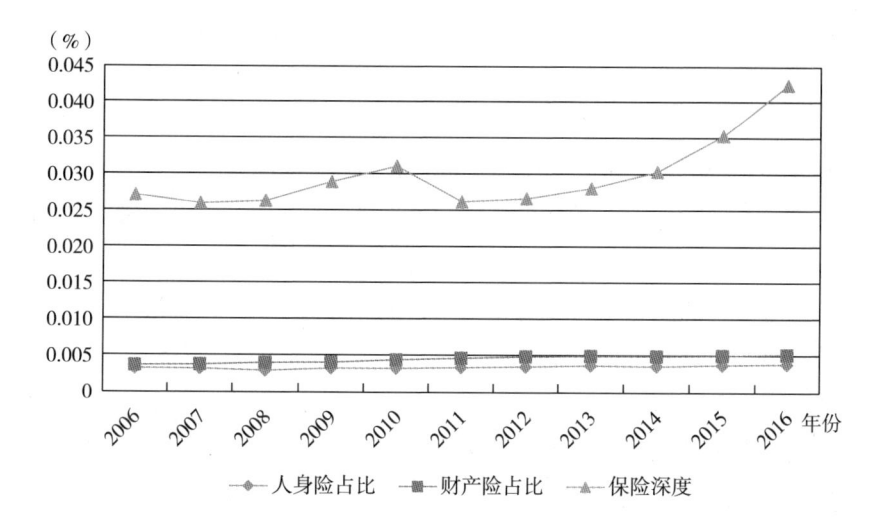

深度有所提升,但要提升的空间还很大。

图 7-17 宁夏 2006—2016 年保费收入全国占比及保险深度

从赔偿和给付来看,保险对社会的保障作用发挥越来越显著,特别是精准扶贫方面,"扶贫保"四大类产品已覆盖全区 86% 的建档立卡户和 92% 的建档立卡人口,累计提供风险保障 456.4 亿元,支付赔款 1122.4 万元,3000 多个因灾、因病、因意外而雪上加霜的贫困家庭得

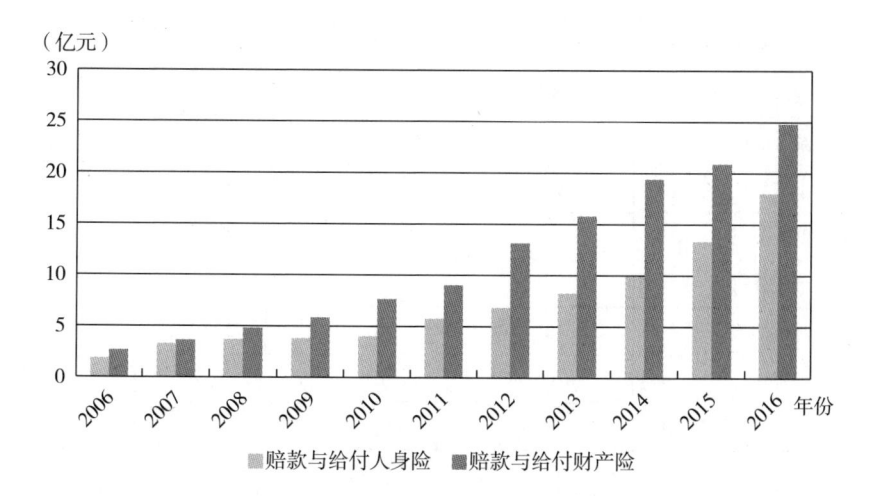

图 7-18 宁夏 2006—2016 年保险赔款与给付

到了保险补偿和给付①。

四 青海省金融发展现状

中国人民银行青海省分行于1949年10月20日成立,拉起了社会主义金融业的序幕。1978年之后青海省金融业也随着经济体制的改革开始了一系列的变革,各类金融机构先后恢复和成立,金融组织主体逐步多元化。1995年1月6日,青海百货股份有限公司和青海三普药业股份有限公司的股票上市发行,之后,国库券交易市场、商业汇票的承兑贴现市场也逐步开始发展。

(一) 银行业

青海省银行业稳步发展,截至2016年年底,共有法人机构130家,机构网点1215个,从业人员1.93万人,资产总额8543亿元。

表7-10　　青海省2016年银行业金融机构情况

机构类别	营业网点			法人机构（家）
	机构个数（个）	从业人数（人）	资产总额（亿元）	
一、大型商业银行	426	9504	3030	0
二、国家开发银行和政策性银行	27	548	2178	0
三、股份制商业银行	26	919	589	0
四、城市商业银行	81	1561	1083	1
五、城市信用社	0	0	0	0
六、小型农村金融机构	376	4344	1031	31
七、财务公司	1	29	95	1
八、信托公司	1	304	72	1
九、邮政储蓄	181	961	300	0
十、外资银行	0	0	0	0
十一、新型农村机构	96	1175	75	96

---

① 中国人民银行《宁夏金融运行报告》。

续表

机构类别	营业网点 机构个数(个)	营业网点 从业人数(人)	营业网点 资产总额(亿元)	法人机构(家)
十二、其他	1	108	453	1
合计	1215	19345	8543	130

资料来源：中国人民银行网站—青海省金融运行报告《青海省统计年鉴》，下同。

青海省存贷款余额连年上升，截至2016年年底，存款余额5570.17亿元，同比增长6.86%，是1978年存款余额10.12亿元的550.41倍，增速较往年有所下降是因为工业企业资金周转速度放缓；贷款余额5579.76亿元，同比增长11.87%，是1978年贷款余额6.86亿元的813.38倍。贷款更多向涉农、扶贫贴息、小型企业贷款、下岗失业人员小额担保贷款倾斜，这几类贷款增速均远远高于贷款余额的增速。

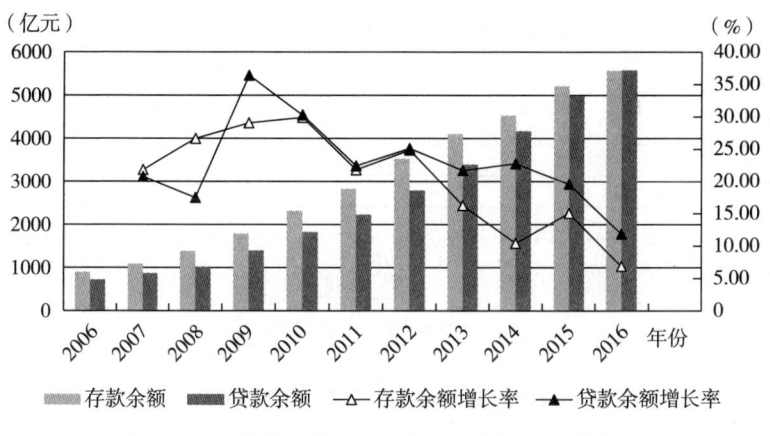

图7-19 青海省2006—2016年存贷款余额及增速

从图7-20可以看出，青海省存贷款余额与GDP之比总体趋势是上升的，但是增速明显放缓。

青海省存贷款全国占比自2009年起开始呈上升趋势，近两年都在0.45%左右波动，GDP全国占比曲线则基本平稳略有上升，但占比都比较低，近几年都维持在0.3%左右。

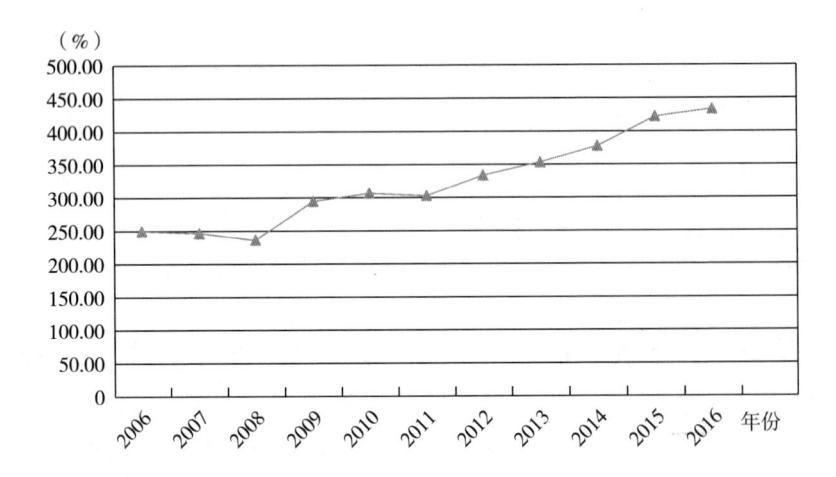

图 7-20　青海省 2006—2016 年贷款余额与 GDP 的比较

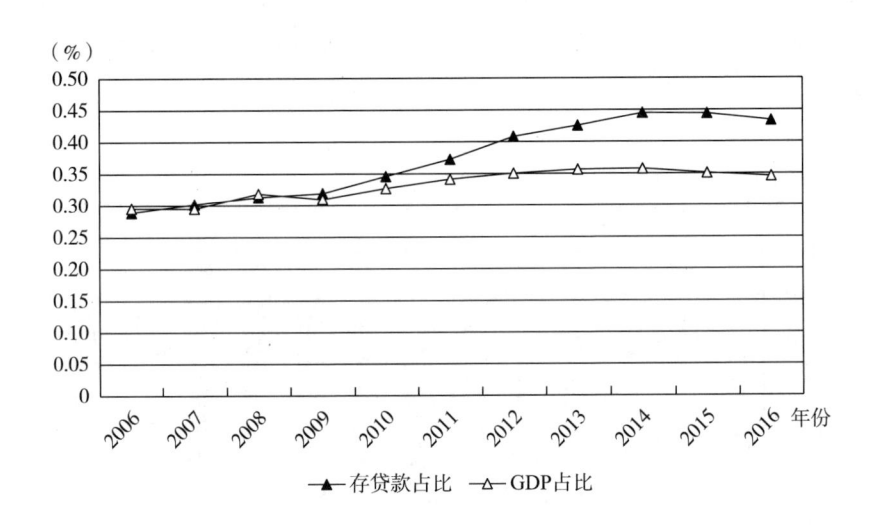

图 7-21　青海省 2006—2016 年存贷款、GDP 全国占比

（二）证券业

青海省证券市场起步比较晚，截至 2016 年，总部在辖内的证券公司和期货公司各 1 家。国内上市公司 12 家，A 股市场筹资 53 亿元，债券市场筹资 59 亿元。

（三）保险业

截至 2016 年，青海省辖内的保险公司法人数目仍然为零，保险公司的分支机构共 16 家，人身险公司和财产险公司各 8 家。保费收入 69 亿元，其中人身险保费收入 37 亿元，财产险保费收入 32 亿元，各类赔款给付 27 亿元。保险密度 1159 元/人，全国排名比较靠后，第 27 位，比全国均值低 1099 元。保险深度 2.67%，全国排名 28 位，比全国均值低 1.49 个百分点。

表 7-11　　　　　　　青海 2016 年证券业基本情况

项目	数量
总部设在辖内的证券公司数（家）	1
总部设在辖内的基金公司数（家）	0
总部设在辖内的期货公司数（家）	1
年末国内上市公司数（家）	12
当年国内股票（A 股）筹资（亿元）	53
当年发行 H 股筹资（亿元）	0.0
当年国内债券筹资（亿元）	59
其中：短期融资券筹资额（亿元）	38
中期票据筹资额（亿元）	19

表 7-12　　　　　　　青海省 2016 年保险业基本情况

项目	数量
总部设在辖内的保险公司数（家）	0
其中：财产险经营主体（家）	0
人身险经营主体（家）	0
保险公司分支机构（家）	16
其中：财产险公司分支机构（家）	8
人身险公司分支机构（家）	8
保费收入（中外资，亿元）	69
其中，财产险保费收入（中外资，亿元）	32
人身险保费收入（中外资，亿元）	37
各类赔款给付（中外资，亿元）	27
保险密度（元/人）	1159
保险深度（%）	2.67

青海省保费收入增速自 2012 年起都维持在 10% 以上，特别是人身险近两年都保持在 30% 左右。近年来，当地保险机构积极参与金融精准扶贫工作，大力推广精准扶贫小额贷款保证保险业务，提高贫困地区建档立卡贫困户小额扶贫贷款可获得性。

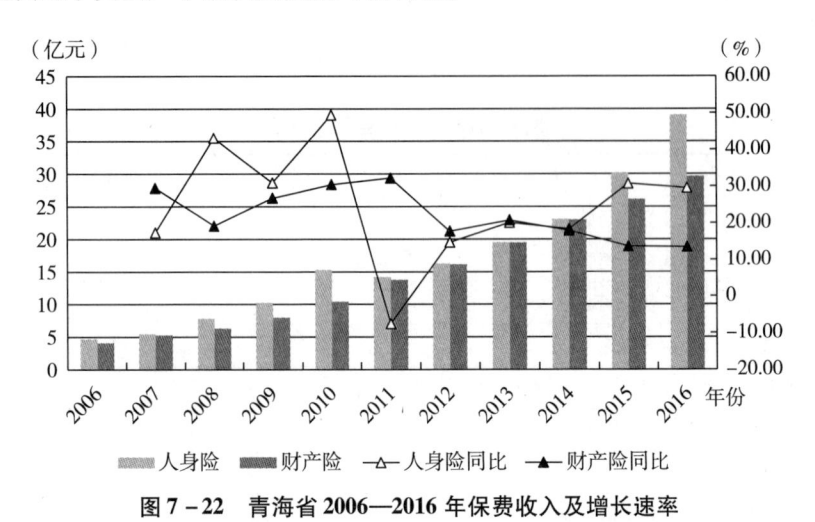

图 7-22 青海省 2006—2016 年保费收入及增长速率

尽管这几年保费收入增速较快，但从全国范围来看，占比仍比较低，人身险占比不到 0.2%，财产险占比近几年在 0.6% 左右，保险深度自 2011 年起，都呈上升趋势。

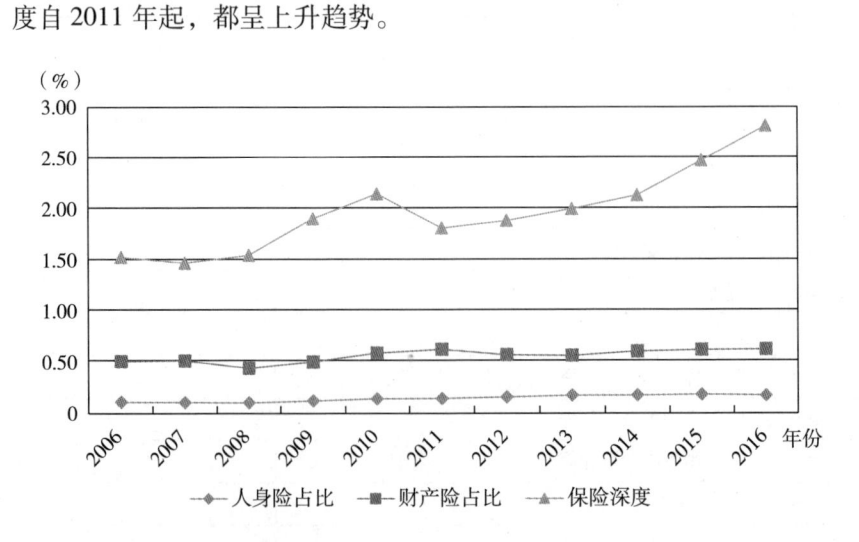

图 7-23 青海省 2006—2016 年保费收入全国占比及保险深度

从赔偿和给付来看，2016 年同比增长 34.7%，有效发挥了保险的保障功能，特别是根据当地的自然条件和农牧业特色，在农业保险险种、大病保险、责任保险等方面都有很大的投入和提高。例如，农业保险品种增加至 20 个，森林保险计划投保面积 2367 万亩，同比增长 10.2%，藏系羊、牦牛保险承保区域扩展至 6 个县；大病保险保费收入 2.3 亿元，报付金额 2.3 亿元，报付金额占患者总医疗费用的 16.4%，同比提高 1.1 个百分点。

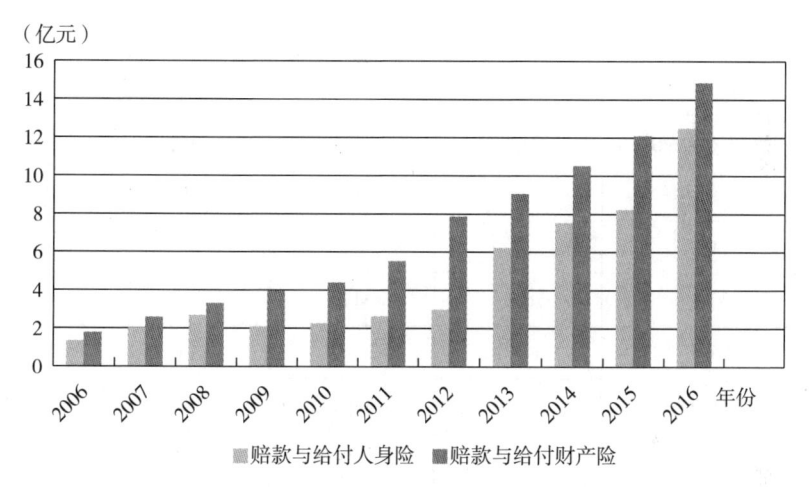

图 7-24 青海省 2006—2016 年赔款与给付

五 新疆维吾尔自治区金融发展现状

1950 年 1 月中国人民银行新疆省分行（1955 年 10 月改为中国人民银行新疆维吾尔自治区分行）成立后，为恢复新疆经济和建设新疆奠定了基础，而金融业 1978 年后得到前所未有的发展机遇和挑战，商业银行、城市信用社、保险公司等相继成立。自 1994 年 2 月 2 日新宏信（现为宏源信托）股票发行上市，新疆证券市场也开始发展。

（一）银行业

新疆银行业规模持续增长，截至 2016 年，共有法人机构 119 家，机构网点 3596 个，从业人员 6.06 万人，资产总额 2.65 万亿元，增长 11.9%。

表7-13　　新疆维吾尔自治区2016年银行业金融机构情况

机构类别	营业网点 机构个数(个)	营业网点 从业人数(人)	营业网点 资产总额(亿元)	法人机构(家)
一、大型商业银行	1255	30086	9981	0
二、国家开发银行和政策性银行	75	2317	4218	0
三、股份制商业银行	116	2938	1821	0
四、城市商业银行	228	5891	4816	6
五、城市信用社	0	0	0	0
六、小型农村金融机构	1149	13299	4146	84
七、财务公司	0	16	7	0
八、信托公司	0	439	108	2
九、邮政储蓄	646	3430	862	0
十、外资银行	3	64	14	0
十一、新型农村机构	124	1902	33	26
十二、其他	0	248	537	1
合计	3596	60630	26544	119

资料来源：中国人民银行网站—新疆维吾尔自治区金融运行报告、《新疆维吾尔自治区统计年鉴》，下同。

新疆存贷款余额连年上升，截至2016年年底，存款余额1.87万亿元，同比增长9.48%，是1978年存款余额32.07亿元的583.1倍，其中住户存款增速加快，企业存款动力下降；贷款余额1.46万亿元，同比增长11.59%，是1978年贷款余额18.26亿元的799.56倍，信贷重点调整为民生领域，高耗能行业明显收缩。

从图7-26可以看出，新疆存贷款余额与GDP之比在2008年略有下降，但总体趋势仍然是上升的。

新疆存贷款全国占比和GDP全国占比曲线形状基本一致，GDP占比略高于存贷款占比。

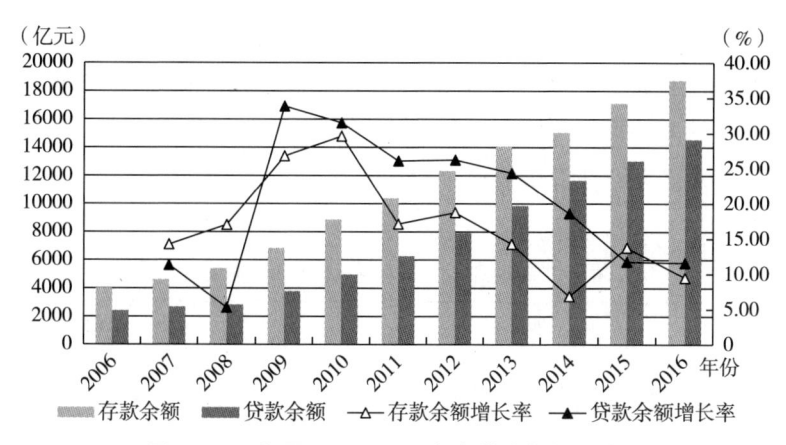

图 7-25　新疆 2006—2016 年存贷款余额及增速

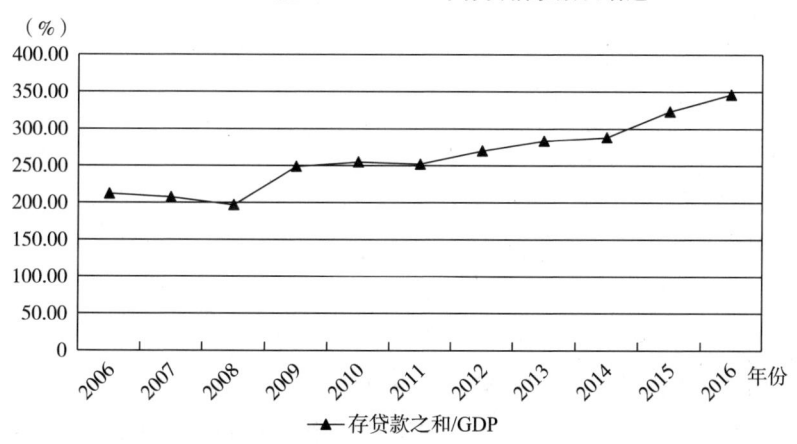

图 7-26　新疆 2006—2016 年存贷款余额与 GDP 的比较

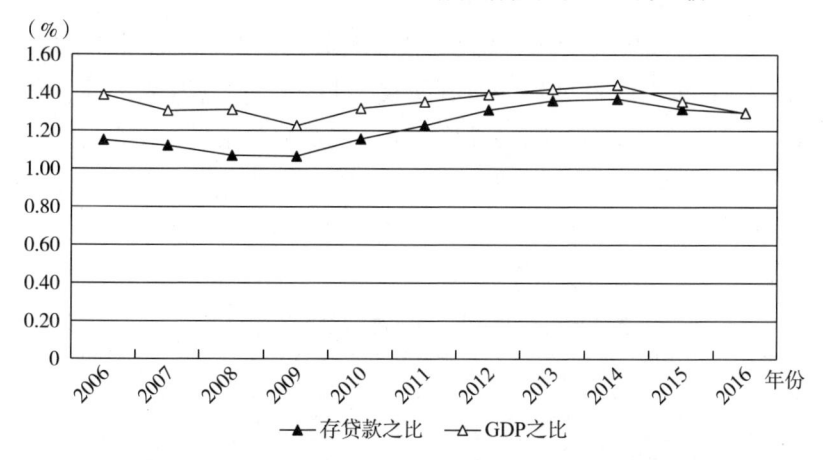

图 7-27　新疆 2006—2016 年存贷款、GDP 全国占比

(二) 证券业

新疆证券业尽管1994年才起步，但发展迅猛。截至2016年年末，总部设在辖内的证券公司和期货公司各2家，上市公司47家，A股市场筹资274亿元，债券市场筹资856亿元。

表7-14　新疆维吾尔自治区2016年证券业基本情况

项目	数量
总部设在辖内的证券公司数（家）	2
总部设在辖内的基金公司数（家）	0
总部设在辖内的期货公司数（家）	2
年末国内上市公司数（家）	47
当年国内股票（A股）筹资（亿元）	274
当年发行H股筹资（亿元）	0.0
当年国内债券筹资（亿元）	856
其中，短期融资券筹资额（亿元）	333
中期票据筹资额（亿元）	144

(三) 保险业

中华人民共和国成立的第二家具有法人资格的保险公司——中华联合财产保险股份有限公司总部最初就设在新疆乌鲁木齐市，2010年12月才正式迁往北京。前海财险注册成立后成为第二家总部设在新疆的保险公司。截至2016年年末，新疆共有保险分支机构31家，其中财产险公司18家，人身险公司13家。保费收入440亿元，其中财产险保费收入153亿元，人身险保费收入287亿元。各类赔款给付共155亿元。保险密度1864元/人，全国排名第18位，低于全国均值394元；保险深度4.57%，全国排名第八位，高出全国均值0.41个百分点。

表7-15　新疆维吾尔自治区2016年保险业基本情况

项目	数量
总部设在辖内的保险公司数（家）	2
其中，财产险经营主体（家）	2

续表

项目	数量
人身险经营主体（家）	0
保险公司分支机构（家）	31
其中，财产险公司分支机构（家）	18
人身险公司分支机构（家）	13
保费收入（中外资，亿元）	440
其中，财产险保费收入（中外资，亿元）	153
人身险保费收入（中外资，亿元）	287
各类赔款给付（中外资，亿元）	155
保险密度（元/人）	1864
保险深度（%）	4.57

新疆人身险保费收入增速自2011年起呈上升趋势，2016年增速达28%；财产险保费收入增速放缓，2016年增速为7%。业务稳步增长的主要原因是保险业的改革转型和对民生经济助力的加大。例如大力推广精准扶贫保险、涉农环境污染责任保险、重大技术装备保险、绿色保险等，帮助地方经济结构调整转型。继续推进农业保险试点改革，保费规模连续三年位居全国第一[①]。

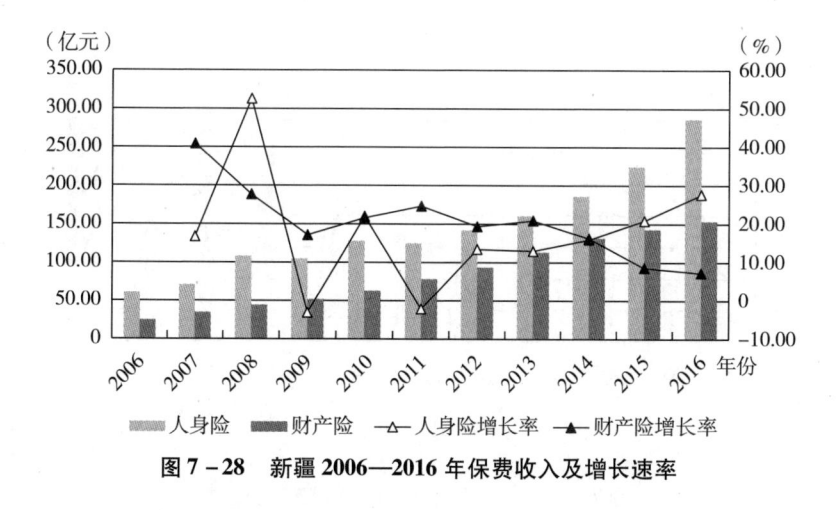

图7-28 新疆2006—2016年保费收入及增长速率

① 中国人民银行《新疆金融运行报告》。

新疆保险深度近年来持续上升，但人身险和财产险的保费收入全国占比都比较低，均不足2%。

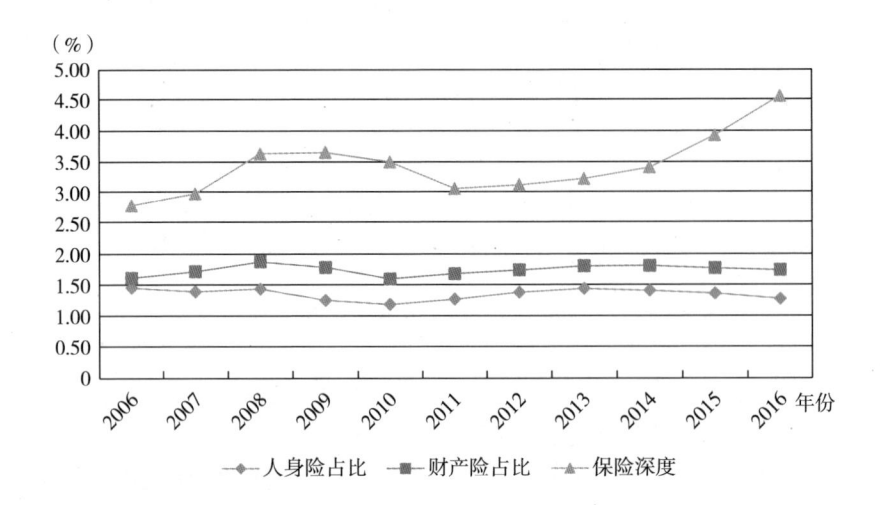

图 7-29　新疆 2006—2016 年保费收入全国占比及保险深度

从赔偿和给付来看，保险对社会的保障作用发挥越来越显著，2016年赔付额总计 155 亿元，较上年增长 13.2%。

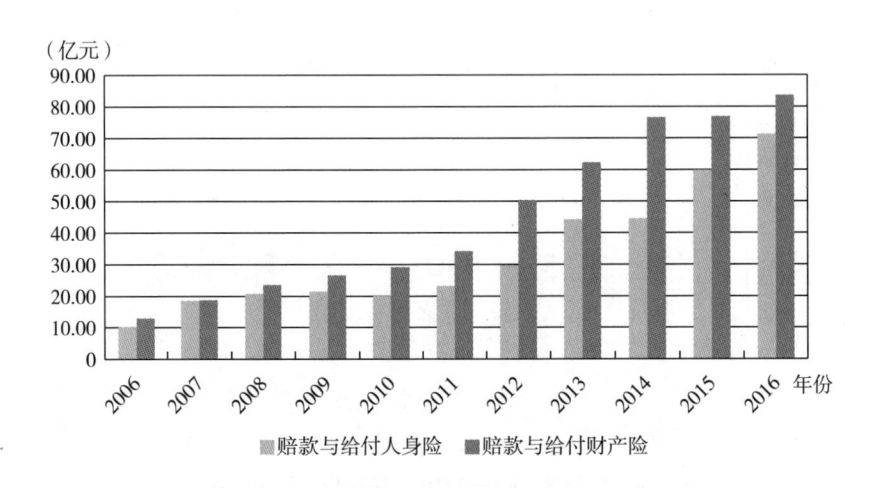

图 7-30　新疆 2006—2016 年赔款与给付

六 "丝绸之路经济带"战略实施的金融需求

尽管从上述西北各省的金融发展现状描述中可以看出,银行资产、证券融资金额、保费收入等指标连年增长,机构网点数量、上市企业数量和从业人员数量等也不断增加,西北地区金融业规模不断扩大,在绿色信贷、伊斯兰金融、扶贫金融等方面做出了颇多有成效的探索,但是相比东部发达省份来看,不论是规模还是深度差距都非常大。而作为"丝绸之路经济带"特别是"丝绸之路经济带"建设的重点区域,基础设施建设、产能过剩企业的重组和优化、新产业和新技术的发展、和其他国家的投资合作等,对西北地区的资金融通、风险保障等都提出了更高的需求,当然,也带来了更多的发展机遇。

(一)"设施联通"投资需求

基础设施互联互通是"丝绸之路经济带"建设的优先领域,也是其余互通战略实施的基石,内容包括交通基础设施、能源基础设施、通信干线网络建设等。我国西北五省区经济发展相对滞后,基础设施建设总体落后于全国平均值,"联而不通、通而不畅"的问题比较严重,离互联互通的要求差距还比较大。例如,2017年通车的兰新高铁是甘肃、青海、新疆三省、自治区的第一条高速铁路,同时也是我国西北部高寒风沙区域的第一条建成通车的高速铁路,它的建成具有非常重要的意义,使新疆与内地间形成一条全天候、大能力的快速铁路通道,大幅缩短了行车时间。但是相比我国东部已经四通八达的高铁网络,显而易见,西北地区的基础设施建设提升空间还是很大。而诸如铁路干线建设、公路网建设和港口改造、能源与其他矿产资源的勘探开发、电信固网宽带的升级改造和智能化电网建设这类项目的建设和实施都需要大量的资金。根据亚洲开发银行(亚行)最新发布的旗舰报告《满足亚洲基础设施建设需求》,亚洲及太平洋地区(亚太地区)若保持现有增长势头,到2030年其基础设施建设需求将超过22.6万亿美元(每年1.5万亿美元)。若将气候变化减缓及适应成本考虑在内,此预测数据将提高到 26 万亿美元，即每年 1.7 万亿美元[①]。可以预见，由此催生的融资需求，一定可以为债券承销、股权融资、融资类理财等投融资业务的发展带来广阔的发展空间。

（二）"贸易畅通"融资需求

投资贸易合作是"丝绸之路经济带"建设的重点内容。从经济资源和产业结构的角度看，沿线各国和地区之间本身就有很强的互补性，在农业、能源、制造和高科技等领域都具有非常广阔的合作空间，而随着区域一体化、贸易自由化进程的推进，相信区域之间的贸易合作将会越来越紧密。以甘肃为例，占据外贸总额的 70% 以上是金川、酒钢等支柱产业的资源型产品进口，而中亚、西亚地区则相反，矿产石油资源富集但轻工业、工业等生产领域落后，需要进口大量生产和生活用品。这给西北五省区的贸易发展提供了很大的契机——借助新疆与中西亚国家边界贸易口岸，依托欧亚大陆桥的交通便利，有助于扩大与沿线国家的贸易往来。但是，贸易的快速扩张也将催生海量的贸易融资需求，出口信贷、服务贸易项下的融资、成套设备信保融资、跨境供应链金融等服务需求将会非常旺盛。

（三）金融国际化需求

作为"丝绸之路经济带"建设的重要支撑，国家级顶层合作倡议中提出，资金融通包括深化金融合作，推进亚洲货币稳定体系、投融资体系和信用体系建设，加强金融监管等。这实际上是对我国金融业发展提出了加速国际化的要求。当然，"国际化"的内涵是非常丰富的，包括人民币国际化、金融机构国际化、金融市场国际化以及金融监管的国际化。过去多国家间的贸易结算更多的是采用美元为基准货币支付和结算，汇率、货币兑换等容易受到美国货币政策的影响，而人民币国际化能够有效解决贸易结算中货币不统一带来的弊端，保障了贸易互通的公平，让交易更加便捷。此外，"丝绸之路经济带"战略的实施离不开金融的支持，面对如此多的合作国家和企业，势必要求我国的金融机构和

---

① 亚洲基础设施需求较前期预测翻一番，每年超过 1.7 万亿美元，https://www.adb.org/zh/news/asia-infrastructure-needs-exceed-17-trillion-year-double-previous-estimates。

金融市场能够更加国际化，例如，我们"支持沿线国家政府和信用等级较高的企业以及金融机构在中国境内发行人民币债券，符合条件的中国境内金融机构和企业可以在境外发行人民币债券和外币债券，鼓励在沿线国家使用所筹资金"。当然，伴随着金融风险的加大，也要求各国之间能够有更深入、更全面的金融监管合作。

（四）风险管理需求

风险管理的需求是两方面的，一方面，参与"丝绸之路经济带"建设的企业因为风险加大而对风险管理的需求逐步提高。进入一个更开放的市场，企业经营的不确定性也随之增大，面临的风险包括金融风险——东道国经济动荡、金融危机等所引发的资产贬值、汇兑限制和汇率动荡等，也包括政治风险——沿线国家政局动荡所引发的地缘冲突等。根据中国出口信用保险公司发布的 2015《国家风险分析报告——"丝绸之路经济带"沿线国家》，处于 6 级或 6 级以上国家的政治和经济前景不好，商业环境不良，国家整体风险已经是中等甚至偏高状态，这类风险等级的国家达到 38 个，占到 64 个沿线国家的 50% 以上。这些风险如果不能有效进行管理，将会给企业的经贸合作甚至是正常经营带来很大的隐患。而在现代风险管理理念和市场经济体系中，保险产品是非常有效的一项措施：海外投资险等产品可以在交通运输、电力、电信、建筑、高铁等产能输出过程中维护投资安全；出口信用保险可以在大型成套设备出口融资中有效撬动信贷杠杆；商业保险可以给出口国更加频繁的各方人员提供人身和财产的安全保障；等等。

另一方面，金融机构自身面临的风险也在加剧。例如西方国家因为感受到海陆路的失控而施加的阻力所带来的地缘政治风险，可能会影响很多项目实施的进度；沿线国家经济发展相对落后，财力不足、效率较低、法律法规不健全、信用体系不完善等问题导致自身融资成本上升、相关金融机构的信贷风险加大，这些都将可能延缓金融投资的回收期。因而，增加的风险对参与其中的金融机构的风险管理水平都提出了更高的要求。

综上所述，"丝绸之路经济带"规划的长期性决定了对金融服务需求将是长期而全面的，长期大量的资金、金融机构之间的深入合作、全方位的风险保障等都是必不可少的要件。

第三节 "丝绸之路经济带"背景下西北地区金融发展对策

"丝绸之路经济带"战略的顺利实施离不开金融业的支持；同时，各种需求也为推动金融业的发展提供了非常大的助力，打开了更为广阔的发展空间。特别是发展水平均较低的西北地区，更是应当紧抓这一历史机遇，攻坚克难，加速推动金融业发展。

一 政府政策推动，做好顶层设计

"丝绸之路经济带"顶层设计方案中"资金融通"部分为金融业的发展指明了总体方向，但在具体推动政策制定过程中，各地区政府一定要结合当地的经济和金融发展现状，因地制宜，做出更具有操作性和推动作用的切实可行的实施方案。

西北地区各省市已在这方面做了很多有益的尝试，先后制定出台了金融业支持"丝绸之路经济带"建设的指导意见或行动计划，引导金融机构以"丝绸之路经济带建设"金融需求为出发点，积极创新金融服务模式，提供全方位、多角度的金融服务。总结来看，有效的引导政策需要包含以下几个方面：

（一）强化金融战略地位，提升各界金融意识

从政府层面在指导意见、实施办法等纲领性文件中强化金融发展的战略地位，落实习近平总书记"金融是现代经济的核心，金融安全是国家安全的重要组成部分"的重要讲话精神。进一步明确金融业发展的重要性，与实体经济之间相互促进的积极作用，特别是在少数民族地区，加强宣传力度，逐步改变人们对金融行业的错误认识和排斥心理，让金融业更加融入少数民族地区的居民生活、产业发展的方方面面。

（二）加大监督协调力度，创建和谐市场环境

加快政府监管部门职能的转变，在创建公平竞争环境、培育市场化创新机制等方面积极作为。在政府机构改革完成后，进一步明确包括人民银行、银保监会、证监会及外汇局、商务、税务、海关等监督管理部门在市场准入、业务管理、违规处理等方面的职责，加强各机构之间的

监管合作，密切关注和防范跨行业、跨市场、交叉性的金融风险，定期与各金融机构召开座谈会、沟通会，了解实务界需求，解答金融机构在经营过程中出现的困惑，坚决打击市场竞争中出现的违法犯罪行为，维护市场主体的合法权益，积极推动金融业稳健发展。

二 完善金融体系，打好"硬件"基础

（一）加快机构网点建设，深化融资体系改革

制定适合当地经济发展特色的优惠政策，吸引和鼓励更多金融机构在西北地区"落户"。从金融机构数量上看，西北地区远远少于东部地区，极不利于市场的公平竞争，以保险公司为例，目前国内寿险、产险公司合计有170余家，而陕甘宁青新保险分支机构数量分别是55家、25家、20家、16家和31家（截至2016年底），其中截至目前青海省还没有一家法人机构。究其原因，地处偏远、交通不便、人均收入低、经济发展缓慢等阻碍了金融机构的进入。从金融机构结构上看，银行、保险公司、证券公司等传统类型居多，信托、金融租赁、第三方支付公司等类型公司数目较少，金融市场结构不均衡。因而，政府应当通过税收优惠、财政补贴等方式，积极鼓励具有全国牌照的内外资各类型金融机构在西北地区开设分支机构，引进进出口银行、进出口保险公司等政策性金融机构，同时推动民营银行、证券、保险、信托、金融租赁等本地法人机构的设立，以促进金融市场多元化发展，不断拓宽融资渠道，更好地服务经济发展，服务民生。

（二）培育引进专业人才，打造高素质人才队伍

人才一直是西北地区经济发展的稀缺资源。引不来、留不住，很多企业都面临着这一人力资源管理难题。相比东部省份，西北地区本身不具备地理优势和薪酬吸引力，自然环境恶劣、生存条件差、经济发展落后、平均待遇偏低等因素，使人才流失速度非常快。因而，为了打造高素质的金融人才队伍，政府和金融机构必须同时发力：政府从薪酬（薪资体系、福利待遇等）、生活服务（落户、住房补贴、子女教育等）等方面加大激励措施力度，吸引外来人才；增加高等学校、科研院所等机构教育资源投入，大力培育本地化人才；给予企业人才引进专项资金支持，鼓励企业以各种方式引进、留住国内外金融人才，最终实现人才

链、产业链和创新链的融合。

金融机构应当根据本企业的情况，制订完善的人力资源管理方案：从各个渠道广泛吸纳人才，包括校园招聘、社会招聘、从外引进等；与高等院校、权威培训机构合作，定期化召开各种培训班，做到知识更新常态化；定期选派骨干人员去国内外金融机构学习先进的管理经验和理念；制定科学的轮岗和晋升机制，构建科学的绩效考核指标和薪酬福利体系，打造高素质的金融人才队伍。

（三）提升风险管理能力，有效防范系统风险

金融市场的飞速发展、"引进来""走出去"项目的实施等，使金融风险愈加复杂，并且不再局限于当地，这就要求金融机构必须调整和优化风险管理战略，建立覆盖所有业务线、全部分支机构和工作人员的全面风险管理体系，提升风险管理能力以更加有效地防范和化解各种风险。包括合理确定企业的风险偏好，审慎对待各种融资项目，密切关注外资企业所在国和对外投资企业东道国的政治、经济、法律、文化等，对项目实施的风险进行持续、细致的考察，防范出现国别风险；密切关注国家各项相关政策包括宏观政策、产业政策、环保政策等的调整和变化，实时跟进利率、汇率的市场波动曲线；建立科学有效的风险预警制度，强化应急预案，提升应急响应能力，通过规模、周期、收益等要素的合理组合有效防范风险。

三 创新产品服务，提升"软件"实力

（一）大力开发跨境人民币产品

"丝绸之路经济带"建设贸易互通、资金互通等使政府和企业对跨境人民币产品提出了更多需求，特别是处在"丝绸之路经济带"要塞的西北各省市，金融机构要充分利用跨境人民币业务政策，积极探索和创新，推出更多结算、融资、担保、风险管理等领域的人民币产品。鼓励西北地区跨国企业开展跨境人民币双向资金池业务，使跨国企业集团享受到办理经常项下跨境人民币集中收付款及净额轧差结算的政策红利。推动跨境电子商务活动使用人民币计价结算，协助有条件的企业在沿线国家发行人民币债券，为企业提供境外结算和投资信息咨询、担保、在投资国当地开立账户、兑换和结算服务等，创新更加便捷高效的

人民币支付工具和方式。

（二）细化保险保障产品

在上一章对外投资发展中就有提到，投资环境复杂、风险多样化，要求企业采用多种手段转移、分散风险，而保险就是其中一种非常有效的风险管理方式。但细看我国保险市场上的现有产品，在承保风险范围、保险服务等方面都存在很大的不足。因而各保险公司特别是西北地区当地法人机构，要积极探索，创新保险产品，提供差异化保险服务，为地区经济的发展保驾护航。例如丰富出口信用保险和海外投资保险产品，研究开发适合"丝绸之路经济带"国家风险的信用保险、保证保险和责任保险等，为企业海外投资项目和出口合同量身定制保险方案，分散企业在经营借贷、贸易赊销、预付账款、合约履行等方面的风险，积极探索政府、保险公司、其他金融机构等多方参与、风险共担的合作经营模式。

（三）提供差异化金融服务

面对市场上越来越多样的金融服务需求，各金融机构要找准定位，结合自身的优势和特点，提供差异化的金融服务。例如政策性银行应当利用积极推动开发性金融发展，商业性金融机构则要利用在当地的资源优势，帮助企业解决信息渠道和语言不通的问题，提供开户结算、验资登记、律师顾问、政府谈判甚至是项目选址等全方位的服务。

针对"丝绸之路经济带"沿线国家伊斯兰宗教和文化特色，在充分了解和尊重其信仰的基础上，设计一套符合伊斯兰教规的金融服务制度，大力发展伊斯兰金融业务（宁夏回族自治区已经做了很多有益的尝试），满足当地人民的资金需求。

立足当地地理区位优势，加大昆仑文化、丝路文化、黄河文化资源开发支持力度，助力昆仑文化旅游、丝路历史文化旅游、生态自然旅游、民族文化旅游等的发展。

西北地区金融业借力"丝绸之路经济带"战略的实施，通过政策推动、创新金融产品和服务、大力引进高素质金融人才等措施，相信不久的将来，定会逐步缩小和东部省份的差距，为促进西北地区经济发展做出更大的贡献。

参考文献

［1］白永秀、王泽润：《"西兰乌"经济带：内涵、范围与路径选择》，《西北大学学报》2016年第6期。

［2］胡鞍钢、马伟、鄢一龙：《"丝绸之路经济带"：战略内涵、定位和实现路径》，《新疆师范大学学报》（哲学社会科学版）2014年第2期。

［3］刘万华：《论"丝绸之路经济带"建设的目标定位与实施步骤》，《内蒙古社会科学》2014年第6期。

［4］李新武、张丽、郭华东等：《"丝绸之路经济带"干旱—半干旱区生态环境全球变化响应的空间认知》，《中国科学院院刊》2016年第5期。

［5］汪晓文：《"丝绸之路经济带"建设中的产业合作研究》，《经济问题》2015年第5期。

［6］高友才、汤凯：《"丝绸之路经济带"节点城市竞争力测评及政策建议》，《经济学家》2016年第5期。

［7］任海军、唐晶：《"丝绸之路经济带"生态保护一体化战略研究》，《兰州大学学报》2015年第3期。

［8］何义霞：《"丝绸之路经济带"：战略考量、前景展望与建设思路》，《当代世界与社会主义》2014年第4期。

［9］杜忠潮、黄波、陈佳丽：《关中—天水经济区城市群人口经济与资源环境发展耦合协调性分析》，《干旱区地理》2015年第1期。

［10］张原、王珍珍、陈玉菲：《基于"丝绸之路经济带"建设的西安外向型经济发展对策》，《西安财经学院学报》2015年第3期。

[11] 刘小伟：《基于GTAP模型的我国新丝绸之路经济带核心区一体化发展评估》，《产经评论》2015年第3期。

[12] 樊秀峰：《流通视角：丝绸之路经济带建设国内段实施路径》，《中国流通经济》2015年第4期。

[13] 张建君：《论丝绸之路经济带甘肃黄金段的战略重点》，《甘肃理论学刊》2015年第7期。

[14] 卫玲、戴江伟：《丝绸之路经济带：超越地理空间的内涵识别及其当代解读》，《兰州大学学报》2014年第1期。

[15] 龚新蜀、乔姗姗、胡志高：《丝绸之路经济带：贸易竞争性、互补性和贸易潜力》，《经济问题探索》2016年第10期。

[16] 于磊杰、徐波：《丝绸之路经济带：西北三省基于资源禀赋优势的产业体系布局研究》，《未来与发展》2014年第10期。

[17] 程广斌、王永静：《丝绸之路经济带：西部开发的新机遇》，《宏观经济管理》2014年第4期。

[18] 马莉莉、张亚斌、王瑞：《丝绸之路经济带：一个文献综述》，《西安财经学院学报》2014年第4期。

[19] 杨恕、王术森：《丝绸之路经济带：战略构想及其挑战》，《兰州大学学报》2014年第1期。

[20] 白永秀、王颂吉：《丝绸之路经济带：中国走向世界的战略走廊》，《西北大学学报》2014年第4期。

[21] 苏丽娟、陈兴鹏：《丝绸之路经济带背景下贸易一体化与经济增长研究》，《兰州大学学报》2017年第1期。

[22] 王聪：《丝绸之路经济带核心区产业转型与合作：新结构经济学视角》，《人文杂志》2015年第3期。

[23] 顾华祥：《丝绸之路经济带核心区经济协调发展研究》，《新疆师范大学学报》2016年第5期。

[24] 袁洲、何伦志：《丝绸之路经济带核心区贸易关系分析与中国应对》，《新疆师范大学学报》2016年第5期。

[25] 龚新蜀、李津津：《丝绸之路经济带核心区战略性新兴产业选择与评价》，《科技管理研究》2016年第21期。

[26] 杨巧红、田晓娟：《丝绸之路经济带建设背景下的西北地区经济

转型研究》,《开发研究》2015 年第 3 期。

[27] 高新才、朱泽钢:《丝绸之路经济带建设与中国贸易之应对》,《兰州大学学报》2014 年第 6 期。

[28] 任保平:《丝绸之路经济带建设中区域经济一体化的战略构想》,《开发研究》2015 年第 2 期。

[29] 董锁成等:《丝绸之路经济带经济发展格局与区域经济一体化模式》,《资源科学》2014 年第 12 期。

[30] 张强、杜志成:《丝绸之路经济带上区域生态安全评价研究》,《生态经济》2016 年第 10 期。

[31] 李泽红等:《丝绸之路经济带生态环境格局与生态文明建设模式》,《资源科学》2014 年第 12 期。

[32] 张乃丽、徐海涌:《我国西北五省区与中亚五国贸易潜力研究》,《山东社会科学》2016 年第 4 期。

[33] 王广宇、张倩肖、董瀛飞:《中国与中亚五国贸易的竞争性和互补性研究》,《经济问题探索》2016 年第 3 期。

[34] 刘伟、张辉主编:《"一带一路"产业与空间协同发展》,北京大学出版社 2017 年版。

[35] 李孟刚、蒋志敏:《产业经济学》,高等教育出版社 2008 年版。

[36] 高新才、腾堂伟、童长凤:《西部地区产业结构调整与特色优势产业发展》,载韦苇《中国西部经济发展报告 2005》,社会科学文献出版社 2005 年版。

[37] 苏建军、徐璋勇:《西部地区产业结构演变及转型发展研究》,《宁夏社会科学》2015 年第 1 期。

[38] 褚志远、何炼成:《整体趋同中的结构差异——西北五省区与全国第三产业发展的比较》,《西北大学学报》(哲学社会科学版)2007 年第 3 期。

[39] 赵斌:《中国西北地区主导产业选择研究》,博士学位论文,北京交通大学,2011 年。

[40] 吴艳、温晓霞、高茂盛:《西北地区种植业结构的演变与调整》,《西北农业学报》2009 年第 4 期。

[41] 郝武峰:《"一带一路"战略背景下西北地区经济发展空间拓展路

径研究》，博士学位论文，贵州财经大学，2017年。

[42] 陈曦、张锐、曹芳萍：《西北地区产业结构演变及优化研究》，《北京林业大学学报》（社会科学版）2017年第12期。

[43] 凌波：《区域竞争力研究的进展与方向》，《学习与实践》2007年第11期。

[44] 薛继亮、李录堂、王敏：《中国西北地区产业竞争力的提升》，《西部商学评论》2007年第11期。

[45] 苏毅、马志林：《"一带一路"背景下我国西部地区产业发展空间维度解析——基于西北五省区的产业研究》，《改革与战略》2016年第5期。

[46] 人民论坛课题组：《中国区域人才竞争力指数调查报告》，《人民论坛》2017年第5期。

[47] 郝武峰：《"一带一路"战略背景下西北地区经济发展空间拓展路径研究》，博士学位论文，贵州财经大学，2017年。

[48] 刘刚：《"一带一路"战略下中国西部对外开放路径选择——以贵州为例》，博士学位论文，对外经济贸易大学，2016年。

[49] 丁阳：《"一带一路"战略中的产业合作问题研究》，对外经济贸易大学，2016年。

[50] 孙天昊：《"一带一路"战略中的经济互动策略研究》，博士学位论文，东北财经大学，2016年。

[51] 刘海霞、常文峰：《机遇、挑战、对策："丝绸之路经济带"背景下西北地区生态文明建设》，《西北工业大学学报》（社会科学版）2017年第4期。

[52] 群英卓玛：《"丝绸之路经济带"建设中的生态环境建设》，《太原城市职业技术学院学报》2017年第10期。

[53] 刘海霞、马立志：《西北地区生态环境问题及其治理路径》，《实事求是》2016年第4期。

[54] 李家勇：《西北地区生态环境现状及其对策》，载《中国科学技术协会、吉林省人民政府.新世纪新机遇新挑战——知识创新和高新技术产业发展》（下册），中国科学技术协会、吉林省人民政府，2001年。

［55］刘国城编著：《生态平衡浅论》，中国林业出版社 1982 年版。

［56］郝百慧：《"丝绸之路经济带"建设中的西安对外贸易布局研究》，博士学位论文，西安工业大学，2017 年。

［57］严妮飒、王亚东：《"丝绸之路经济带"战略对我国西部地区发展的机遇与挑战》，《北方经济》2015 年第 7 期。

［58］万华：《"丝绸之路经济带"战略下的西部机遇》，《中国市场》2015 年第 25 期。

［59］吕晓军：《西部民族地区对外贸易现状及对策》，《企业经济》2012 年第 1 期。

［60］张蕙：《中国西部地区对外贸易发展研究》，博士学位论文，中央民族大学，2007 年。

［61］袁杰：《西北地区对外贸易活动的现状及发展》，《内蒙古大学学报》（人文社会科学版）2005 年第 2 期。

［62］卫玲、戴江伟：《丝绸之路经济带：形成机理与战略构想》，《西北大学学报》2014 年第 4 期。

［63］苏可乔：《新疆企业对外投资现状、问题和对策》，http：//www.xjdrc.gov.cn/info/9923/20817.html，2018 年 2 月。

［64］雷蒙德·W. 戈德史密斯：《金融结构与金融发展》，上海人民出版社、上海三联书店 1994 年版。

［65］谈儒勇：《中国金融发展和经济增长关系的实证研究》，《经济研究》1999 年第 10 期。

［66］郑江淮、袁国良：《中国转型期股票市场发展与经济增长关系的实证研究》，《管理世界》2000 年第 6 期。

［67］周立、王子明：《中国各地区金融发展与经济增长实证分析：1978—2000》，《金融研究》2002 年第 10 期。